本书系教育部人文社科基金课题研究成果，获西南财经大学中央高校基本科研业务费专项资金资助(SUPPORTED BY THE FUNDAMENTAL RESEARCH FUNDS FOR THE CENTRAL UNIVERSITIES)

企业一线员工体面劳动研究

QIYE YIXIAN YUANGONG
TIMIAN LAODONG YANJIU

卿涛 王婷◎著

西南财经大学出版社
Southwestern University of Finance & Economics Press
中国·成都

图书在版编目(CIP)数据

企业一线员工体面劳动研究/卿涛,王婷著.—成都:西南财经大学出版社,2020.11
ISBN 978-7-5504-4621-2

Ⅰ.①企… Ⅱ.①卿…②王… Ⅲ.①企业管理—职业培训—研究—中国
Ⅳ.①F279.23

中国版本图书馆 CIP 数据核字(2020)第 211117 号

企业一线员工体面劳动研究
卿涛 王婷 著

责任编辑:植苗
封面设计:何东琳设计工作室
责任印制:朱曼丽

出版发行	西南财经大学出版社(四川省成都市光华村街 55 号)
网　　址	http://www.bookcj.com
电子邮件	bookcj@foxmail.com
邮政编码	610074
电　　话	028-87353785
照　　排	四川胜翔数码印务设计有限公司
印　　刷	郫县犀浦印刷厂
成品尺寸	170mm×240mm
印　　张	17.5
字　　数	336 千字
版　　次	2020 年 11 月第 1 版
印　　次	2020 年 11 月第 1 次印刷
书　　号	ISBN 978-7-5504-4621-2
定　　价	88.00 元

前言

这些年我一直比较关注员工在组织中的工作生活质量、工作体面性、工作环境和工作氛围等问题。2013年申报的教育部人文社科基金项目“企业一线员工体面劳动测量及其实现途径研究”获准立项，更增加了我对企业一线员工体面劳动的研究兴趣。

我最早接触到“体面劳动”这个概念是在2010年。2010年4月，胡锦涛总书记在全国劳动模范和全国先进工作者表彰大会上发表重要讲话时强调指出：“要切实发展和谐劳动关系，建立健全劳动关系协调机制，完善劳动保护机制，让广大劳动群众实现体面劳动。”同年9月，胡锦涛总书记又在第五届亚太经合组织人力资源开发部长级会议上强调：“要强化政府促进就业的责任，实施更加积极的就业政策，实施相应的财政、金融、产业等方面政策，建设覆盖城乡的公共就业服务体系，健全面向所有困难民众的就业援助长效制度，完善就业与社会保障的联动机制，促进体面劳动，构建和谐劳动关系。”看到这两段讲话，我对“体面劳动”这个概念产生了兴趣。

1999年6月，国际劳工组织新任局长索马维亚在第87届国际劳工大会上首次提出了“体面劳动”（decent work）这一新概念，其内容主要是指通过促进就业、加强社会保障、维护劳动者基本权益，以及开展政府、企业组织和工会三方的协商对话，来保证劳动者在自由、公正、安全和有尊严的条件下工作，核心是强调劳动者在工作中的权利、就业平等、社会保障和社会对话。2010年，温家宝总理在政府工作报告中强调：“我们所做的一切都是要让人民生活得更加幸福、更有尊严，让社会更加公正、更加和谐。”2013年4月28日，习近平总书记在同全国劳动模范代表座谈时的讲话中不仅强调了“劳动是财富的源泉，也是幸福的源泉”，还强调指出“全社会都要贯彻尊重劳动、尊重知识、尊重人才、尊重创造的重大方针，维护和发展劳动者的利益，保障劳动者的权利。要坚持社会公平正义，排除阻碍劳动者参与发展、分享发展成果的障碍，努力让劳动者实现体面劳动、全面发展”。2019 年，中国共产党第十九届四中全会通过的《中共中央关于坚持和完善中国特色社会主义制度、推进国家治理体系和治理能力现代化若干重大问题的决定》提到了“健全劳动关系协调机制，构建和谐劳动关系，促进广大劳动者实现体面劳动、全面发展”，这也是彰显中国特色社会主义制度优越性的重要表现。

以上论述充分说明党和国家领导人对我国劳动者工作的体面性非常重视，尤其是企业一线员工，他们是企业发展的“基石”，是企业完成生产和服务的主力军。然而，长期以来我国企业一线员工面临劳动合同签订率较低、社会保险参与率较低、工资收入保障水平较低的“三低”状况和工伤及职业病较多、加班较多、劳动争议较多的“三多”状况，这在一定程度上成为影响劳动关系和谐与稳定的重要因素。基于此，我认为，相比其他劳动者而言，企业一线员工的体面劳动问题是更应该受到关注的问题。于是，我带着团队一边做企业调研，一边完成教育部的课题申报，并有幸获准立项。几年来，围绕课题我们进行了关于体面劳动的系列研究。除了针对一线员工的体面劳动进行系统的研究外，我们还针对知识型员工①的体面劳动进行了较深入的研究，取得了一些研究成果。

在本书的定稿阶段恰遇新型冠状病毒肺炎疫情全球横行，劳动者的生命、劳动者的健康、劳动者的权益以及劳动者的尊严都受到空前的威胁，也使我对体面劳动以及与之相关的劳动者的工作生活质量、工作环境和工作氛围等问题有了更新且更深入的认识，也为我今后的管理实践和学术研究带来了更大的挑战，同时也提供了更大的提升空间。

本书由我规划设计并与王婷博士共同完成，其中第 7 章和第 8 章由宋傲龄女士完成，郑乔丹女士对书稿的整理完善做出了重要贡献。本书的出版还得到了西南财经大学出版社的谢廖斌女士、林伶女士以及西南财经大学科研处的大力支持，在此一并表示感谢！

卿　涛

2020 年 10 月于成都

---

① “知识型员工”这一概念是美国学者彼得·德鲁克（1959）提出的，指的是“那些掌握和运用符号和概念，利用知识或信息工作的人”。其实，当时他指的是某个经理或执行经理。在今天，知识型员工实际上已经被扩大到大多数白领。

目录

1 绪论

1.1 研究背景

1.1.1 体面劳动概念的兴起

1999年6月，在第87届国际劳工大会上，由国际劳工组织新任局长索马维亚向大会提交了名为《体面劳动》的报告，文中首次提出“体面劳动”这一新概念。所谓“体面劳动”，就是指通过促进就业、加强社会保障、维护劳动者基本权益，以及开展政府、企业组织、工会三方的协商对话，来保证劳动者在自由、公正、安全和有尊严的条件下工作。其核心是强调劳动者在工作中的权利、就业平等、社会保障和社会对话。国际劳工组织之所以提出“体面劳动”这一概念，目的是将其作为一个全球化条件下的战略目标，以应对在劳动领域和社会领域中出现的各种问题。在“体面劳动”这一概念中，“体面”一词是指劳动者在劳动过程中享有人的基本权利与尊严，其劳动不是被强迫的。体面劳动是有人格尊严的劳动，在劳动中能够让劳动者感受到自我实现，并且劳动的过程是安全的、有权利保障的。体面劳动的关键是实现以劳动为核心的劳动者的权益，加强和体现以人格尊严为核心的社会保护。

最初“体面劳动”这一概念更多的是作为一种广义的概念提出的，研究难度较大，但自“体面劳动”被提出以来，理论界一直在对其进行关注与研究。据闫燕等（2019）的统计，在国外数据库 Web of Science，EBSCO，ScienceDirect，ProQuest，Wiley 和国内数据库中国知网上以“decent work”和“体面劳动”为关键词进行文献收集。截至2019年3月底，其共收集到发表在 SCI 期刊和 SSCI 期刊上的英文文献53篇，而发表在 CSSCI 期刊上的中文文献则有81篇。这些中英文文献所涉及的领域涵盖了哲学、社会学、法学、管理学、经济学等学科，其中管理学视角下的论文达到了57篇。近几年，学者们开始关注体面劳动微观层面的研究，特别是在管理学和心理学交叉领域中，这大大丰富了体面劳动的研究内容。这些研究大多是涉及体面劳动的内涵、体面劳动的测评指标、体面劳动的实证研究以及对特定人群的研究等方面。从国外研究现状和趋势来看，学者们在世界范围内广泛开展与体面劳动相关的实证研究，发现发展中国家的体面劳动水平偏低，而发达国家的体面劳动水平相对较高，这说明体面劳动水平与经济水平有关。相关研究从正面和侧面给政府提出了建议，如增加就业机会、保护劳动者权利等。国内关于体面劳动的研究还处于推进阶段，主要集中在探索一些特殊就业群体的就业质量问题，如体面劳动与工会、体面劳动与非正规就业、体面劳动与劳工权益保护、体面劳动的实现以及一些实证研究等。研究的广度涉及劳工问题的方方面面，研究的深度却还有限；研究的类型也更多地集中于理论研究，应用研究比较薄弱；具体到体面劳动指标体系的构建，研究成果还不多见。国内学者对于体面劳动的研究还远远滞后于国内实践的需要，尚缺乏微观层面对体面劳动内涵的研究，而且缺乏一套科学可行的符合我国企业特点及我国员工文化背景的量表来综合反映体面劳动的内涵以及影响机制。

1.1.2 转型期劳动者的尊严和地位

中国经济发展取得的辉煌成就都是在党和政府的领导下，千千万万的普通劳动者辛勤奉献的结果。在中国经济取得辉煌成就的同时，普通劳动者应该更充分地共享经济发展的成果。从宏观层面来看，贫富差距、通货膨胀等因素导致普通劳动者的劳动报酬在初次分配中的比重有所下降；从微观层面来看，劳动者的福利待遇、工资水平和劳动条件等与经济发展水平还不够匹配，一些劳动者的合法权益还没有得到充分维护。虽然“劳动伟大，创造光荣”的口号依旧不变，但无可否认，在劳动过程中，劳动者的尊严并没有得到完全保障。这主要体现在：一是劳动者的收入水平较低且差距较大。对于这些普通劳动者来讲，虽然GDP（国内生产总值）增长快速，但是自己的报酬水平却偏低。不仅如此，贫富差距过大的现状也较严重。此外，拖欠和随意克扣工人工资的现象还存在，这些都严重损害了劳动者的合法权益。二是劳动者的就业歧视问题还较严重。这主要表现为身份歧视，这是中国二元经济体制下户籍制度分割所导致的不公平的现象。三是由于工作环境差，劳动者工伤事故率非常高。一些企业为了追求高利润，忽视工作场所的环境建设和对劳动者安全的保护，对劳动者的身心造成伤害。四是社会保障体系不健全，保障水平偏低。虽然通过几十年的发展，我国的社会保障制度建设水平有了很大的提高，但是保障水平偏低、覆盖面不全、保障不公平的现象仍然存在。这些现象的发生导致员工的地位和尊严有所降低，迫切需要引起社会足够的重视。

1.1.3 中国推动体面劳动的议程

作为国际劳工组织的重要成员国之一，我国在国际劳工组织的帮助下，也加快了推进体面劳动的议程。从2001年MOU[①]的签订到2007年体面劳动国别计划[②]的实施，其间相关部门召开了多次会议来阐述体面劳动的内涵以及在我国开展的重要作用，并将此项观念深入广大劳动者心中，表达了我国中央政府为劳动者争取体面性工作的强大决心和信念。胡锦涛总书记在2010年4月和9月的全国劳动模范和全国先进工作者表彰大会以及第五届亚太经合组织人力资源开发部长级会议上分别强调："要切实发展和谐劳动关系，建立健全劳动关系协调机制，完善劳动保护机制，让广大劳动群众实现体面劳动。""要强化政府促进就业的责任，实施更加积极的就业政策，实施相应的财政、金融、产业等方面政策，建设覆盖城乡的公共就业服务体系，健全面向所有困难民众的就业援助长效制度，完善就业与社会保障的联动机制，促进体面劳动，构建和谐劳动关系。"2010年，温家宝总理在政府工作报告中强调："我们所做的一切都是要让人民生活得更加幸福、更加有尊严，让社会更加公正、更加和谐。"2013年4月28日，新一届国家领导人习近平总书记在同全国劳动模范代表座谈时的讲话中不仅强调了"劳动是财富的源泉，也是幸福的源泉"，还强调指出："全社会都要贯彻尊重劳动、尊重知识、尊重人才、尊重创造的重大方针，维护和发展劳动者的利益，保障劳动者的权利。要坚持社会公平正义，排除阻碍劳动者参与发展、分享发展成果的障碍，努力让劳动者实现体面

---

① MOU是management of understanding的简称，国际协议一种通常的叫法，直译为谅解备忘录。我国则将其称作"协议"，是指国家、政府、政党、团体或个人间就一定问题经谈判、协商后达成的共同决定，通常用文件形式来体现。"谅解"旨在表明"协议"双方要互相体谅，妥善处理彼此的分歧和争议。

② 体面劳动国别计划（DWCP）是国际劳工组织在国家层面上的综合行动框架。中国的体面劳动国别计划是为三方合作伙伴共同实施而准备的，基于原劳动和社会保障部与国际劳工组织共同签署的谅解备忘录和中国的"十一五"规划（2006—2010年）草拟而成，全面体现了劳工组织倡导的"体面劳动议程"，同时它还考虑了联合国发展援助框架（UNDAF），以及在中国开展的技术合作项目和活动的优秀经验。

劳动、全面发展。”习近平总书记的讲话，为新形势下普通劳动者的就业问题提出了新的思路，也为劳动者的保障与监察工作提出了新的、更高的要求。2019年，中国共产党第十九届四中全会通过的《中共中央关于坚持和完善中国特色社会主义制度、推进国家治理体系和治理能力现代化若干重大问题的决定》再次强调“促进广大劳动者实现体面劳动、全面发展”，深入论证了人民的美好生活在体面劳动中得以实现，这也是彰显中国特色社会主义制度优越性的重要表现。

1.1.4 员工态度和行为的重要性

近20年，敬业度兴起并成为我们亟须关注的重要管理概念。最早对敬业度进行深入研究的是西方的一些咨询公司，其中最具代表性的是美国的盖洛普咨询公司（The Gallup Organization）、翰威特咨询公司（Hewitt Associates）和韬睿咨询公司（Towers Perrin）。盖洛普咨询公司于2004年对美国的12种行业、24家公司、2 500多个经营部门的105 000多名员工的相关数据进行分析研究，结果表明，员工敬业度是影响员工绩效和企业经营绩效的最重要因素之一；敬业的员工是推动企业利润增长的主要动力，企业所有的利润和顾客忠实度几乎都由这些敬业的员工所创造；同时，美国经济因企业员工的不敬业而导致的损失每年高达上千亿美元。翰威特咨询公司于2005年通过对全球的1 500家企业进行调查研究后发现，敬业的员工人数达到或超过员工总数60%的企业比普通的企业具有更高的生产能力和经营能力；而敬业的员工人数不到员工总数25%的企业，其生产经营能力将明显低于其他企业。虽然员工敬业度对企业乃至整个国民经济的发展是如此重要，但是学术界对于员工敬业度的研究仍然很少（Seek，2006）。作为一个最新兴起的具有较大实践价值的研究领域，员工敬业度逐渐变成组织行为学和人力资源管理领域的研究热点。近日发布的2019年中国员工敬业度调研结果这样描绘了中国员工当前的敬业度状态：“相比美国市场及全球高绩效企业，中国员工整体敬业度得分仍偏低。”现代企业为了更好地适应外部环境的变化，在雇佣政策方面，都希望用工更富有弹性，故企业除了雇佣一部分短期季节工外，也普遍缩短了与员工签订的合同期，对企业一线员工更是如此。由于一线员工工作劳动量大且工作时间长，所以员工敬业度水平普遍偏低，更需要深层次探究影响敬业度的前因变量。

此外，随着快速变化成为组织外部环境的主要特征（Lee et al.，1991），员工对这种外部变化做出自发、灵活且成功的应对，对组织发展也愈发重要

(Somech et al., 2004)。组织公民行为是指个体自主的、非强制性的行为，它虽不被正式报酬体系所明确或直接规定，但却有助于促进组织高效运作（Farh et al., 1997）。这类行为能协调组织活动，激发内部成员间的合作，提高整体资源的利用效率，并对员工的绩效、奉献意愿、离职等具有显著的预测作用。由此可见，对于组织的高效运作和可持续发展而言，组织公民行为有着重要的意义。也因此，如何激发这类行为，从而保证组织平稳运行、提升组织整体效能，就成为学术界和实务界共同关注的话题。

已有文献资料表明，体面劳动感知作为一种正向的心理体验，会对个体的态度、动机、行为等产生积极的影响和作用。那么，企业一线员工的体面劳动感知究竟是否会对其敬业度和组织公民行为产生影响？且这种影响又是通过怎样的机制发挥作用？解答以上问题具有重要的理论价值和实践意义。

1.2 研究意义

1.2.1 理论意义

1.2.1.1 界定一线员工体面劳动感知的概念化定义，为在中国情境下开展对体面劳动的研究打下基础

工作是否体面是不同员工在不同环境中的意义建构过程，在这一意义建构过程中，员工与组织双方对同一信息在不同的环境中有不同的理解。同一环境中，双方对同一信息也存在不同的理解，如信息接收者（员工）所理解的信息含义不完全等同于信息生产者（组织）的本意。正是由于在同一环境中，组织和员工对“体面性”存在不同的理解，所以导致双方在达成同一目标时出现“鸿沟”，即由于信息的不连续性而形成的理解差距，为了跨越“鸿沟”，需要找出解决渠道以弥补双方出现的差距。所以，本书从意义建构理论出发，构建体面劳动感知的概念化定义。本书发现并解释了一些在中国文化背景下的对工作体面性理解的独特现象，如组织文化抑制、总体排放依赖、内外反应有别以及家庭参照依赖、自己人效应等参照物选择中的“中国特色”，这些“现象”可为深入探索体面劳动感知的本土现象及“普适性”的验证奠定基础。本书从体面劳动的文化价值入手，结构化体面性的绝对意义和相对意义，这两种意义解释了体面劳动感知的绝大部分变异。

1.2.1.2 开发企业一线员工体面劳动感知量表，为后续开展实证研究提供测量工具

本书探讨以一线员工为研究对象的体面劳动感知量表，可以对现有的体面劳动测量指标进行有益的拓展。对于体面劳动的研究，会朝着概念界定多维化、测评内容本土化方向发展。此外，目前对体面劳动的测评指标是国际劳工组织提供的测量指标，主要来源于西方文化背景。由于工作体面性对中国特殊的文化具有较强的依赖性，西方文化背景下所证明的体面性在我国不一定适用。本书针对概念界定多维化、测评内容本土化的发展趋势，开发出中国背景下的一线员工体面劳动感知量表，以此对目前体面劳动测量理论开展有益的拓展。

1.2.1.3 揭示一线员工体面劳动感知对员工态度和行为的影响机制，验证体面劳动感知量表的可操作性

本书基于认知行为理论、自我决定理论和社会交换理论的理论基础，构建了企业一线员工体面劳动感知对员工态度（如敬业度）、员工行为（如组织公民行为）的影响路径。员工的敬业度和组织公民行为的结果变量越来越受到理论和实践领域的重视，两者的影响因素很多，但从内在激励的角度考察体面劳动感知对敬业度的强化作用，以及从“S（刺激）—C（认知）—R（反应）”模型探讨体面劳动感知对组织公民行为的促进作用，为敬业度和组织公民行为的研究提供了新的研究视角和路径，同时也丰富了对体面劳动后续影响的研究。

1.2.2 实践意义

1.2.2.1 提高对企业一线员工群体的关注度

本书希望通过对一线员工体面劳动感知的研究，让政府和企业更加了解一线员工的工作、生活及心理状况，从而为提出具体可行的改善措施提供可操作性的依据，也为进一步缩小差距做好准备，从而营造出受全社会尊重的劳动氛围。对一线员工工作体面性的研究是对个人生活的一个衡量，可以培养一线员工的职业幸福感。幸福的获得和体悟作为一个包含诸多环节的复杂的心理过程和精神现象，会直接影响员工的工作热情和工作活力。本书希望通过挖掘导致一线员工幸福感缺失的深层次原因，提高一线员工的职业幸福感。

1.2.2.2 力图从体面劳动感知视角激发员工的爱岗敬业精神和组织公民行为

在当下激烈的市场竞争中，企业为获得长期的竞争优势，需要员工们爱岗敬业，并做出更多有利于企业发展的额外努力，即组织公民行为。研究一线员工体面劳动感知对敬业度和组织公民行为的影响机制，能够培养更多具有爱岗敬业精神和自发进取行为的一线员工。对组织而言，研究员工的工作动机和积极认知在内在激励过程中起到的作用，有助于企业“按需激励”，提升激励效果，为企业制定相应的内在激励策略提供依据。本书从微观动机与认知的不同视角出发，探索企业一线员工的体面劳动感知，并揭示体面劳动感知对其敬业度及组织公民行为的影响机理。研究不同员工的体面劳动感知、个体敬业度以及组织公民行为的差异性，有助于企业人力资源部门在招聘和培训过程中，有的放矢地做出具有针对性的留用决定和培训计划。以体面劳动感知为前因变量的研究，为企业对员工进行科学有效的管理，激发其敬业精神和组织公民行为，最终实现企业的可持续发展提供启示和指导。

1.2.2.3 为转型经济背景下的和谐劳动关系提供指导

实现国家富强、民族复兴、人民幸福和社会和谐是我们一直追求的梦想。党和各族人民共圆“中国梦”的根本目的，就是实现好、维护好、发展好最广大基层人民的根本利益，从而提升全社会的幸福指数。提升幸福指数是个复杂的系统工程，既要考虑物质因素，又要考虑非物质因素，从根本上讲，就是要提升全社会和谐化的水平。党的十八大着眼于提升广大人民群众的幸福指数，将维护社会主义的公平正义和走共同富裕的道路纳入建设中国特色社会主义的基本要求，将“保障和改善民生”作为社会建设的重点等。本书通过对企业一线员工体面劳动意义建构以及其对员工态度和行为的影响机制进行研究，可以从企业和员工两种视角全面规划提升一线员工体面劳动的措施，提高一线员工的敬业度和为组织发展而付出更多努力的自发意愿，保障一线员工能够体面地工作和有尊严地生活，构建和谐共荣的工作氛围和劳动关系。

1.3 研究内容与方法

1.3.1 研究内容

本书在梳理和总结以往关于体面劳动研究的基础上，基于意义建构理论构建了体面劳动感知的概念模型，并基于认知行为理论和自我决定理论探讨了企业一线员工体面劳动感知对敬业度和组织公民行为的影响路径与机制。本书主要解决的问题如下：

第一，构建体面劳动感知的概念性定义。

虽然学者们从多个角度对体面劳动、体面工作和体面就业进行了研究，也对社会中多个群体进行了研究，但多数是从宏观的层面对体面劳动展开研究。本书则试图从微观机制的角度去探讨体面劳动的内涵，深层次挖掘体面劳动感知在中国文化背景下的独特现象，试图发现中国企业背景下一线员工体面劳动感知的内在影响效应。本书以意义建构理论为基础，从绝对意义和相对意义入手，在深入访谈的基础上，得到能够体现体面劳动感知内涵的有价值的信息，如组织文化抑制、总体排放依赖、内外反应有别以及家庭参照依赖、自己人效应等参照物选择的"中国特色"，从而概括出体面劳动感知及其内涵。体面劳动感知主要包括几个方面，即体面劳动必须是有尊严的劳动、体面劳动必须是能够被包容的劳动和体面劳动必须是能够让自己自信的劳动等。

第二，开发企业一线员工体面劳动感知量表。

本书以企业一线员工为研究对象，在访谈的基础上总结出能够代表体面劳动感知的项目池，并采用问卷调查的方式，用量化的方法来验证体面劳动感知的结构维度，经过项目分析（T 检验、相关系数检验、信度分析、效度分析）得到一份质量较高的关于企业一线员工体面劳动感知的调查问卷，之后进行探索性因素分析，得到体面劳动感知的三个维度（尊重认同、共存包容和骄傲自信）。本书还通过验证性因子分析最终验证了三个维度的拟合指标均达到统计学上的要求，区分效度和聚合效度以及二阶因子验证也均符合统计学的要求。

第三，从认知行为理论和自我决定理论入手，构建体面劳动感知对敬业度的影响路径。

为了探讨企业一线员工体面劳动感知的深层次影响效应，本书从自我决定理论和心理需求理论出发，构建了体面劳动感知对敬业度的影响效应，即以体面劳动感知为自变量，以敬业度为结果变量，以工作动机为中介变量，以心理需求为调节变量，为后续开展实证研究奠定基础。具体来讲，本书首先检验体面劳动感知对敬业度的主效应；其次检验体面劳动感知对工作动机的影响效应，以及工作动机对敬业度的影响效应；再次检验工作动机在体面劳动感知和敬业度之间的中介效应；最后引入心理授权对体面劳动感知与敬业度的调节效应。

第四，从社会交换理论和认知行为理论的“S（刺激）— C（认知）— R（反应）”模型探索体面劳动感知对组织公民行为的影响路径

本书进一步从社会交换理论和“S（刺激）— C（认知）— R（反应）”模型探索了体面劳动感知对组织公民行为的影响效应，即以体面劳动感知为自变量，以组织公民行为为结果变量，以心里所有权为中介变量，以主管支持感为调节变量，将体面劳动感知的实证研究延伸到个体行为。具体来讲，本书首先检验体面劳动感知对组织公民行为的主效应；其次检验体面劳动感知对心理所有权的影响效应，以及心理所有权对组织公民行为的影响效应；再次检验心理所有权在体面劳动感知和组织公民行为之间的中介效应；最后引入主管支持感①对体面劳动感知与心理所有权的调节效应。

第五，分层面提出管理建议，用以指导管理实践。

根据本书得出的研究结论，分别讨论体面劳动感知意义建构的内涵，以及体面劳动感知的维度结构，并在此基础上讨论了各变量之间关系的显著性和相关性强度以及影响的方向，并解释了可能的原因，然后联系管理实践，从政府、企业和员工三个层面提出了具有可操作性的管理对策。在对策研究中，政府要发挥保障职责，营造体面劳动实现的宏观环境；企业也要承担起社会责任，关注员工的成就需求动机和主人翁意识；一线员工自身也应该完善工作价值观，提升自己的敬业意识和组织公民行为。

1.3.2 研究方法

本书的研究假设是在相关理论和已有的文献回顾以及实际访谈的基础上推导出来的，随后根据调研的数据资料进行验证，并得出结论。本书的研究方法主要有文献研究法、深度访谈法、调查问卷法和统计研究法。

1.3.2.1 文献研究法

本书通过对国内外相关研究文献的系统查阅和梳理，掌握体面劳动研究的

---

① 主管支持感（perceived supervisor support，PSS）是指员工感受到的自己的主管珍视自己的贡献和关心自己福利的程度。

相关背景、影响因素与结果变量的关系，为研究设计与实施提供坚实的理论基础。文献研究是本书的出发点和突破口。本书对体面劳动感知、敬业度、心理需求和工作动机等相关文献进行较为清晰和全面的认识，同时寻找现有的研究的不足之处以及需要进一步研究探索的地方，确立本书的研究问题。

1.3.2.2 深度访谈法

访谈是通过访谈者与被访谈者面对面，或者借助现代通信工具，如电话、网络等形式实现语言互动，以获取资料，帮助研究者产生新的研究思路或者提出新的研究问题。本书采用半结构化深度访谈的形式，通过对企业一线员工进行深度访谈，了解体面劳动感知的意义构建和量表开发题项。在构建体面劳动感知对敬业度的影响机制模型中也进行了深度访谈，归纳、总结现象背后的理论意义和基本规律。

1.3.2.3 调查问卷法

本书根据特定的抽样原则和抽样方法进行问卷发放，获取第一手资料。为保证研究结论的信度和效度，本书首先进行小样本的问卷调查，在对问卷进行修正以后，再进行大样本的问卷调查。问卷调查方法应用于两个方面：一是通过开放式问卷在更大规模上了解影响员工体面劳动感知的个体行为特征；二是通过结构化问卷，大规模收集信息，建立企业一线员工体面劳动感知与结果变量的作用机制模型。

1.3.2.4 统计研究法

随着统计学和统计软件的迅速发展，实证研究在现今的科学研究中的应用非常普遍。本书运用 SPSS、AMOS 等统计软件，通过探索性因素分析筛选项目，确立体面劳动感知的测量题项；通过验证性因素分析，验证体面劳动感知的结构维度；通过运用结构方程建模、多元方差分析和层次回归分析考察体面劳动感知对结果变量之间关系的影响。

1.4 研究设计

1.4.1 技术路线

技术路线是对本书中所涉及的理论分析、量表设计、模型构建、数据分析和采用方法等多个环节进行总体规划和设计。本书具体的技术路线如图 1.1 所示。

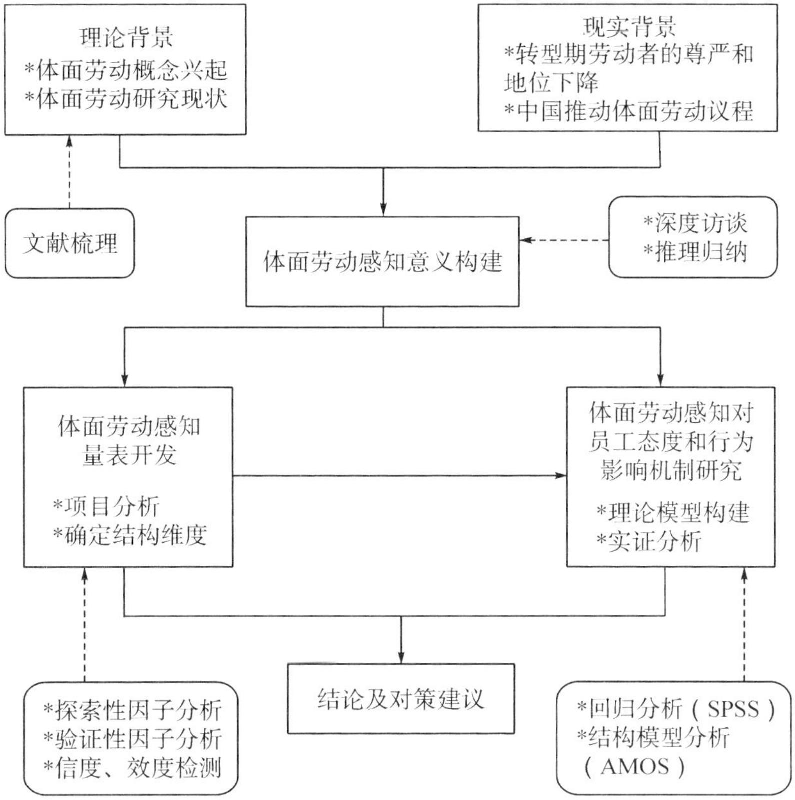

图 1.1　本书具体的技术路线

1.4.2　结构安排

第 1 章，绪论。本章从研究的理论背景和现实背景入手，阐明了进行企业一线员工体面劳动感知构建的原因，并对本书的主要内容、研究框架、结构安排和研究方法等进行概括说明，最后总结本书的研究结论以及创新之处和研究的不足。

第 2 章，理论基础和文献综述。本章着重对本书涉及的构建体面劳动感知的意义建构理论、构建企业一线员工体面劳动感知对敬业度影响的认知行为理论和自我决定理论进行详细阐述，对本书的体面劳动感知（自变量）、工作动机（中介变量）、心理需求（调节变量）、敬业度（因变量）的文献进行综述，这些理论和文献为下文的研究奠定理论基础和依据。

第 3 章，企业一线员工体面劳动感知的意义建构。本章首先从企业一线员工的特点出发，界定了本书的研究对象；其次详细说明了体面劳动感知的意义建构模式，从绝对意义和相对意义入手来探讨体面劳动感知的内驱机制、心理机制和社会化机制；最后从体面劳动必须是有尊严的劳动、体面劳动必须是能够被包容的劳动、体面劳动是能让人自信的劳动几个方面来界定体面劳动感知的内涵。

第 4 章，企业一线员工体面劳动感知量表开发。本章在访谈的基础上制定了体面劳动感知的初始题项，并进行数据收集和题项净化。题项净化主要包括正态性检测、T 检验、相关性检验、信度检验和效度检验等几个步骤，经过以上项目分析对问卷进行探索性因子分析，最终形成体面劳动感知的三个维度（尊重认同、共存包容、骄傲自信），并通过验证性因子分析验证了三个维度的拟合指标和区分效度以及聚合效度都达到了统计学的要求。

第 5 章，企业一线员工体面劳动感知对敬业度的影响机制研究。本章主要是构建模型以及提出假设，以工作动机为中介变量，以心理需求为调节变量，以敬业度为因变量，构建体面劳动感知对员工态度的研究模型，并提出五个假设，分别为：企业一线员工体面劳动感知对敬业度影响的主效应；企业一线员工体面劳动感知对工作动机的影响；企业一线员工工作动机对敬业度的影响；工作动机对企业一线员工体面劳动感知和敬业度影响的中介效应；心理需求对企业一线员工体面劳动感知和敬业度影响的调节效应。

第 6 章，企业一线员工体面劳动感知对敬业度影响的数据分析和假设检验。本章主要包括研究方法和问卷设计，以及利用 SPSS16. 0 和 AMOS17. 0 等软件对数据进行小样本测试和大样本检验、描述性统计分析和假设检验，最终验证了主效应、中介效应和调节效应的存在。

第 7 章，企业一线员工体面劳动感知对组织公民行为的影响机制研究。本章借鉴社会交换理论、认知行为理论以及已有研究，进一步将体面劳动感知的实施效果延伸至个体行为，以心理所有权为中介变量，以主管支持感为调节变量，以组织公民行为为因变量，构建研究模型，并对主效应、中介效应和调节效应进行推导。

第 8 章，企业一线员工体面劳动感知对组织公民行为影响的数据分析和假设检验。本章内容主要包括研究方法和问卷设计，以及利用 SPSS21. 0 软件对数据进行小样本测试和大样本检验，综合运用各类数据分析方法研究数据，以验证研究假设与模型。

第 9 章，研究结论与管理对策。本章对研究得到的主要结论进行总结，并根据研究结论制定提高一线员工体面劳动感知的对策建议（主要从政府发挥保障职责、企业承担社会责任、员工树立正确价值观几个方面来提出对策建议）。最后针对研究的不足，提出进一步研究的方向。

1.5 研究创新点

本书以企业一线员工为主要研究对象，通过构建体面劳动感知的概念内涵以及量表，来探究对员工态度和行为的影响机制，其核心在于从微观层面拓展对体面劳动的研究。本书的创新点如下：

第一，对体面劳动的研究从宏观层面转向微观层面，从员工视角来构建体面劳动感知的操作化定义，拓展了其在中国情境下的构建意义。

以前对体面劳动的研究都是从宏观的层面进行，即政府或企业制定什么政策、符合什么标准就是体面劳动。但是由于现实世界是在人们不断创建认知秩序并对周围所发生的事情进行回顾性理解的过程中产生的，因此本书打破以往从信息发送者（政府或组织）这个角度来探讨体面劳动的定义，选择从信息接收者（员工）这个角度来探讨，其具体表现为从绝对意义和相对意义去探究体面劳动的概念化定义。体面劳动感知就是企业一线员工通过自身的需求机制以及通过参照物选择和社会化的历史、文化等因素影响而产生的对自身工作的一种感知，主要包括：劳动者对自己的职业能够自由地选择；劳动者对自己的基本权利和人格尊严能够充分享受；劳动者感受到其自身的价值得到认可；劳动者在劳动过程中能够享受到快乐；劳动者对所从事工作的安全性有充分信心。这种体面劳动概念具有稳定性和可变性，也就是说它既能反映企业一线员工的个体差异又会随着一线员工的职业发展而变化。员工通过意义建构过程，了解并诠释周围在发生什么并决定如何应对。

第二，把研究对象转为对企业作用大且又易被忽视的一线员工，推进了对企业一线员工工作体面性的专门研究。

虽然学者们从多个角度对体面劳动、体面工作和体面就业进行了研究，也对社会中多个群体进行了研究，但都是从社会层面的角度，针对社会弱势群体，如儿童、妇女等民主权利以及社会保障和社会对话等方面的研究。目前尚无学者从微观视角（企业的角度）去探讨体面劳动感知的问题，尤其是对企业作用大，但又容易被忽视的一线员工这一庞大的就业群体对工作体面性的心理感知和影响效应，这为本书提供了研究契机。企业一线员工是指工作在企业第一线，直接创造企业价值和社会财富的员工，如制造业中的生产工人、服务业中的服务人员、销售企业中的销售人员等广大基层员工。企业一线员工是企业发展的基石，是战斗在企业生产和服务前线的主力军。然而，长期以来我国企业一线员工面临着劳动合同签订率低、社会保险参与率低、工资收入保障水平低的“三低”困境，以及工伤及职业病多、加班多、劳动争议多的“三多”困境，这些问题已经严重影响了劳动关系的和谐与社会的稳定。本书把研究对象转向企业一线员工，希望能够以此唤起全社会对一线员工的关注。

第三，开发了企业一线员工体面劳动感知量表，为进一步深入开展体面劳动感知的研究提供了实证基础。

到目前为止，国内还很少进行体面劳动感知的实证研究，其主要原因是没有明确体面劳动感知在中国的内涵，也缺乏相应的测量工具。本书对体面劳动进行操作化定义，开发微观层面的体面劳动感知量表。本书先用质化研究的方法开发包含若干个题目的体面劳动感知初始量表，接着用定量的方法探索体面劳动感知的因子结构，并进行信度、效度检验，确定体面劳动的结构维度。本书开发的体面劳动感知量表更符合中国本土企业一线员工的实际状况，也为我们以后进行相关的实证研究奠定了基础。

第四，以认知行为理论、自我决定理论和社会交换理论为基础构建了体面劳动感知和员工态度与行为的影响机制。

国际上对体面劳动的实现目标和评价指标方面的研究比较多，但是在体面劳动感知的作用机制方面的研究还刚刚起步。认知行为理论、自我决定理论和社会交换理论一直是心理学领域研究的重要内容，个体的心理契约在没有得到满足的情况下会产生驱动状态，这种驱动状态与刺激—反应状态相连，从而引起了员工态度与行为的变化。本书对体面劳动感知的内涵界定和量表的开发为微观层面探究体面劳动感知的影响意义奠定了基础，在对企业一线员工深度访谈的基础上，基于认知行为理论和自我决定理论构建了体面劳动感知对敬业度的影响机制，重点探讨了工作动机的中介作用和心理需求的调节效应；此外，基于认知行为理论和社会交换理论构建了体面劳动感知对组织公民行为的影响机制，并探讨了心理所有权的中介作用和主管支持感的调节效应。本书在揭示体面劳动感知的作用机制方面往前迈进了一步，也为今后体面劳动感知作用机制的研究奠定了基础。

2 理论基础与文献综述

2.1 理论基础

2.1.1 意义建构理论

意义建构理论形成于20世纪60年代，该理论的核心内容是信息不连续性、人的主体性以及情境对信息渠道和信息内容选择的影响。布伦达·德尔文（Brenda Devin）的意义建构（sense making）是一种解释沟通、信息与意义之间关系的概念性工具。意义建构理论认为，信息研究应由强调来源转向强调使用者，这种转向视信息寻求与使用为一种沟通实践的模式。布伦达·德尔文于1972年提出以使用者为中心的意义建构理论（sense-making theory），即他认为知识是主观的，是由个人建构而成的，而信息寻求是主观建构的活动，在线检索的过程是一连串互动、解决问题的过程，由于互动的本质、检索问题而产生多样的情境，形成不同的意义建构过程，且意义建构理论是一种强调以历史性过程为导向的研究方法，了解使用者如何解读他们目前所处情境、过去的经验和未来可能面临的情境，以及使用者在所处情境中如何建构意义（construct sense）及制造意义（make meaning）。学者们对意义构建的定义不尽相同。Feldman（1989）认为意义建构是一个释义过程（interpretive process），组织成员通过这个过程理解组织环境。Ring和Rends（1989）则把意义建构看作“一个个体形成环境认知地图（cognitive maps）的过程”。Balgun和Johnson（2004）认为意义建构是一个交谈或叙述过程，通过这个过程，人们创建或保持一个主体间的世界（inter subjective world），他们同时指出“意义建构在认知的重新定位中起着核心的作用”。意义建构帮助人们了解周围环境的变化并决定如何应对，从而消除认知障碍（cognitive disorder）以及其所带来的困惑、紧张和焦虑情绪。

意义建构方法论使用时序（time-line）与中立提问访谈技巧（neutral questioning interview techniques）。前者询问受访者描述其信息寻求顺序，并根据情境—鸿沟—使用（situation-gaps-uses，SGU）基模，分析并寻求结果。后者则主要应用于参考访谈模式中，引导使用者以自己的语言陈述其信息需求。根据皮亚杰（J. Piaget）的认知发展理论，人在与环境的相互作用中，不断建构和修正原有的知识结构。新经验被同化到原有的经验结构中，形成更深层、更丰富、更灵活的认知结构，“同化”和“顺应”是认知发展的两个基本过程。同化是“个体把外界刺激所提供的信息整合到自己原有认知结构内的过程”；顺应则是“个体认知结构因外部刺激的影响而发生改变的过程”。这两个过程在信息行为中同样存在。

在长达八年的研究中，布伦达·德尔文采用面谈、电话访谈、问卷等方法，在不同人群中调查收集相关数据，分析不同人群的信息行为特点，最终形成意义建构理论。德尔文将这一理论用于不同环境，使之能够更加真实地揭示人在接收信息时的行为本质。德尔文认为，信息的意义建构是内部行为（认知）和外部行为（过程）共同作用的结果。信息查询行为的情境基础由个人角色与环境组合而成，在这些基础的交接处，会形成某些行为障碍，而这些障碍正是引起信息查询行为的直接动力。在这种情境中，“人”从观察者变成行动者，信息查询的实质是一种主观建构行为。知识是由个人建构而成的主观产物。从人的角度来看，现实是不完整、不确定的，信息不能独立于人类而存在。人只有通过观察才能理解信息的意义，并实现与他人的信息共享。

本书将基于意义建构理论，通过访谈对企业一线员工体面劳动感知的概念内涵进行构建，为后续量表开发和实证研究奠定基础。

2.1.2 认知行为理论

长期以来，心理学家致力于对人的行为背后的原因展开研究，试着从不同的角度去解释到底是什么原因导致了人的行为结果。在这些研究中，较有影响的有早期行为主义理论、社会认知理论以及认知行为理论。

早期行为主义理论认为，人的行为结果主要是对外界刺激的被动反应，人的行为是对外部环境的适应，提出了著名的“刺激—反应”模型。心理学家华生是早期行为主义理论的代表，他认为，不应该考虑太主观的意识因素，只有对能够被准确测量的刺激（stimulus）和反应（response）展开研究，才有现实意义。只要找到行为背后的规律，就能通过刺激预测行为的发生。也就是说，早期行为主义理论忽视了主观心理因素对行为的影响作用，强调外界刺激才是人的行为产生的根本原因，看不见的心理因素可以不用考虑。而且只要找到了刺激—反应背后的规律，那么就能够通过设定外界环境的刺激因素准确地预测人的行为。这一理论把人的反应与动物的反应看作一回事，基本上是巴甫洛夫的条件反射理论在人身上的移植。

社会认知理论认为，人们的认知活动和他们的行为之间存在着因果关系，这些内在的思维活动和外部环境因素一起，共同决定着人们的行为；人的行为不但取决于外部因素，更取决于内部因素；个体的行为是由心智活动来中介的，人们有什么样的认知过程，就会有什么样的外部行为。人的行动是主体（人）、行为、环境三种因素交叉互动的结果，三者之间构成动态的交互决定关系，即三元交叉决定论（triadic reciprocal determinism）（Bandura，1977）。班杜拉（Bandura）的三元交叉决定论摈弃了极端行为主义关于环境决定行为的断言，在环境和行为上加了一个极为重要的因素——主体。班杜拉的主体指的主要是人的认知能力，包括使用符号的能力、预见的能力、观察学习的能力和自我调节的能力等。早期行为主义理论和社会认知理论都强调极端因素的影响，强调非此即彼的作用，认为环境与人的主观意识相互对立，对行为的研究都有积极的方面，但同时都存在一定的局限。在此基础上，托尔曼（Tolman，1886—1959）综合了早期行为主义和早期认知理论的观点，提出了认知行为理论（也有人称为“新行为主义理论”）。

认知行为理论认为，人的行为受到多方面的影响，不是某个因素单独作用的结果；相反，一个人的行为具有复杂性和多变性。托尔曼把人的行为分为两种类型：一种是局部行为（molecular behavior）；另一种是整体行为（molar behavior）。由于这两种行为之间存在差异，他更强调对人的整体行为的关注。他指出，在分析人的行为时，要注意人的内部因素在行为中的作用。也就是说，心理分析是认知人的行为的关键，他强调认知状态是在人接收到外部刺激后产生情感和行为反应的桥梁，离开了这样一个认知环节，外部刺激与人的行为反应可能不一致。这种认知意味着人对刺激的理解，对刺激代表的信息与自身的需要产生了具体联系，这种具体联系才是引起人的行为反应的真正原因。托尔曼通过实验研究，在早期行为主义理论的基础上，提出了“S(刺激)—O(人的生理状态和心理状态)—R(反应)”模型。也就是说，决定环境因素如何影响人的行为的过程中，人的内部的认知状态（生理的和心理的）起着决定性作用。

认知行为理论阐明了人的行为由环境、个体、行为三个方面共同决定，而这三个方面因素的背后其实是人的认知能力和认知结果，即作为个体本身具有什么样的特质，将影响人如何认知环境，如何认知已经发生的行为，进而影响个体持有何种态度以及该如何决策。该理论综合考虑了环境、个体、行为等因素的交互作用，使之对现实管理行为的解释更加全面。

本书将以认知行为理论为总体研究框架，基于“S(刺激)— O(人的生理状态和心理状态)—R(反应)”模型，考察个体在感知到体面劳动的“外部刺激”后，通过个体内在的生理过程和心理过程，在敬业度和组织公民行为等态度及行为上做出的“反应”。

2.1.3 自我决定理论

自我决定理论（self-determination theory，SDT）是由 Deci 和 Ryan（1985）于 20 世纪 70 年代末提出的关于人类行为的动机理论，由早期的认知评价理论（cognitive evaluation theory，CET）发展而来。该理论阐述了外部环境促进内部动机以及外部动机内化的过程，指出了外在干预如何有效影响个体动机。

自我决定理论主要阐述了行为是如何自我决定和自我激励的，并根据来自任务本身和任务之外的区分将动机分为内在动机（intrinsic motivation）和外在动机（extrinsic motivation）。其中，内在动机是在没有外在奖惩的情况下，根据自身的兴趣爱好使个体的行为受到激励；而外在动机是在有外在的报酬和奖赏的情况下，以激发个体的行为。自我决定是指个体的活动完全由自己的兴趣爱好以及自己行动的自主性和选择性决定。

自我决定理论中有三种先天心理需求一直是学术界关注的重点（Latham et al.，2005）。Hull et al.（1943）提出，在实验心理学中，研究的核心问题是理解环境如何满足需求以及个体有哪些需求，Hull et al.（1943）认为当个体的生理需要得不到满足时，在内心就会产生驱动，这种驱动是与刺激—反应状态相连的，进而引起某些行为。Murray et al.（1938）指出需求是心理上的，而不是生理上的，是后天获得的，而不是与生俱来的，个体的需求强度各异，尤其是对归属、权利、成功的需求。马斯洛等（1943）的研究指出个体的发展与生存需要满足五种需求，但这一结论并未得到实证研究的证实。在认知心理学中，内在心理过程对外在激励行为的反映往往大于内在的需求。对 SDT 进行研究的学者指出，目标指导的行为和个体调节的方式不能够完全用过程去说明（Broeck et al.，2008）。综合前人对需求的研究发现，对需求的定义可以看成个体的心理成长及幸福感的必备要素。心理需求不仅要满足生理上的机能运转，同时也要对心理健康起到重要的作用。SDT 理论指出，心理需求分为胜任需求、自主需求和关系需求三种。胜任需求是指在工作过程中想得到对结果和环境有所掌控的需求。尤其是在个人的工作充满挑战性和探索性的情况下，需要对自身的心理能力和生理能力进行扩张（Vroom et al., 1964）。自主需求是指个人的内在渴望是有选择性的，并且遵循个人的意愿，通过行为能够在心理上感受到自由（Deci et al., 2000; Broeek et al., 2008）；与此同时，自主需求是那种在工作中对自我决策和行为感受不到限制的需求。关系需求是指个人试着与他人建立连接、沟通形成团体的愿望，在和周围的人接触的过程中能够感受到别人的关爱。当员工之间存在亲近关系和私下进行交流时，这样的需求就可以得到满足，个人能够感觉到自己是组织的一分子，并且可以自由地表达自己的意见，能够更好地独立完成工作。实践中，自我决定理论中的关系需求引发了社会的广泛重视（Bandura et al., 1997）。

自我决定理论强调了个体行为的几个特征，包括：第一，个体行为必须是自主性的，也就是人们完全根据自己的兴趣和爱好来选择自己的行为；第二，个体行为必须是能够自我调节和自我管理的；第三，个体要具有自我决定的信念；第四，个体是通过自己的努力来实现个人的价值目标的。自我决定理论涉及三种不同的基本心理需求，分别是自主的心理需求、胜任的心理需求和关系的心理需求，其中自主的心理需求是由自己来决定做什么、怎么做，而胜任的心理需求是培养技能来胜任环境，关系的心理需求是通过社会关系让别人能够接纳自己。也就是说，个人通过与他人建立联系，其动机能很容易就被激发出来。

本书在认知行为理论总体框架的基础上，将结合自我决定理论，以工作动机为中介，进一步揭开体面劳动感知的“刺激”在引导敬业度“反应”的影响过程中的“内在心理机制”。

2.1.4 社会交换理论

社会交换理论最初来源于交换理论。交换活动是人类从古至今基本的社会活动之一，交换的思想也是古而有之。但对于社会交换的理论研究则兴起于20世纪初，源于对古典经济学理性人假设的借用和校正（Turner, 2001）。直至20世纪50年代末期，历经50余年的深入发展，社会交换理论逐渐形成较为完整的理论体系。Homans（1961）创立了行为主义交换理论，认为人类一切的行为都是交换的结果；Blau（1964）则将经济交换和社会交换加以明确区分，并认为社会交换中的一方会根据对方是否做出报答性反应来决定自己的行为。在社会交换中，除了人与人之间的交换关系，还有人与组织之间的交换关系。Banard（1938）提出的组织平衡理论探讨了员工与组织间的交换关系，他认为组织内外部能否平衡是组织能否实现长久发展的关键因素。组织内部的平衡指组织给予员工的、满足其发展需要的诱因与员工为组织的付出要相互平衡，即这种诱因应当大于等于员工的付出。基于此，March 和 Simon（1958）引入诱因—贡献理论来诠释组织与员工个体间的社会交换，认为组织的诱因主要分为经济性和非经济性两大类，经济性因素包括报酬、福利等，非经济性因素则包括晋升、荣誉、认可、表扬等，而员工以绩效、承诺、组织公民行为等作为对组织的回报。

社会交换遵循两大基本原则，即互惠原则和公平原则。1960 年，Gouldner 提出了互惠原则，并认为该原则具备两个基本条件：一是人们应当帮助曾经对他们施以援手的人；二是人们不应该伤害曾经对他们施以援手的人。公平原则强调了一个人的收益应当和他所做出的贡献成正比，具体有四个基本假设：一是在交换过程中，人们力图谋求最大化的个人收益；二是人们通过不断调整完善分配制度和规则，以求集体回报的最大化；三是人们对交换中公平与否的感知会影响个体开心的程度；四是在交换关系中感知到不公平的个体会设法恢复公平。

社会交换理论阐述了个体与个体之间、个体与组织之间交换的机理及其原则，为研究这些类型的交换关系提供了依据和支持。当员工在组织中工作能够获得公平的经济报酬、参与机会、尊重认可等物质资源和非物质资源时，会付出努力、做出贡献来回报组织。本书将基于社会交换理论去探索在工作场所中员工体面劳动感知对其组织公民行为的影响。

本书将结合社会交换理论和认知行为理论，探讨体面劳动感知引导组织公民行为作为回报，而心理所有权的个体认知在“刺激”与“反应”之间发挥传导作用的影响过程。

2.2 文献综述

2.2.1 体面劳动文献综述

2.2.1.1 体面劳动的概念

国际劳工组织在 1999 年第 87 届国际劳工大会上首次对体面劳动做出了权威定义（ILO，1999），其具体含义是指通过促进就业、加强社会保障、维护劳动者基本权益，以及开展政府、企业组织和工会三方的协商对话，来保证广大劳动者在自由、公正、安全和有尊严的条件下，获得体面的、生产性的可持续工作机会。其核心是强调劳动者在工作中的权利、就业平等、社会保障和社会对话。早期对体面劳动的这一定义大多是从安全的角度去强调国家应在宏观层面出台相关的法律法规，从顶层制度设计来保障劳动者的劳动安全和收入安全。目前，国内外不少学者都沿用了国际劳工组织的这一定义（Anker et al.，2003；Bescond et al.，2003；曹兆文，2012；代利凤，2009；丁开杰，2010；姜万军，2004；马桂萍 等，2009；王如华，2010；杨胜昔，2009；余敏 等，2007）。

随着经济发展和社会变化，体面劳动在新时代背景下有了新的侧重点。2015年，国际劳工组织对体面劳动做出了新的定义（ILO，2015）。新时代下，体面劳动及其四项新议程——创造就业、社会保护、工作权利和社会对话，已成为联合国经济和社会事务部提出的可持续发展目标（sustainable development goals，SDG）中非常重要的一项。体面劳动应包含生产性工作机会、公平的收入、工作场所的安全、对家人的社会保护、对个人有利的发展和社会融入、个人观点的自由表达、男性和女性参与影响工作与平等的决策制定的公平机会等，而其重点则在于保障公平公正（Guichard，2013）。相比早期安全视角下体面劳动在宏观层面的定义，公平视角下的定义更强调企业这一中观层面通过管理改进，保障公平的权利，以帮助劳动者实现工作场所中的体面（闫燕 等，2019）。

近年来，由于工作本质不断发生变化，如危险工作、失业和不充分就业的增加，信息和自动化技术的成熟等，体面劳动的实现遭遇了新的挑战（Blustein et al.，2019）。诉诸传统的经济、公共政策和其他社会科学都不再能完全应对当下复杂的挑战，因此学者们开始尝试从心理学的角度，关注一直以来被忽视的劳动者自身的心理体验和工作意义感（Blustein et al.，2016；Duffy et al.，2016，2017；Ferraro er al.，2018；Guichard，2013；Pouyaud，2016）。

工作心理框架（psychology of working framework，PWF）关注工作场所人权的积极意义、工作对满足人类基本需要的影响，并尝试将工作问题置于心理、社会和经济背景下进行探讨（Blustein，2006）。此框架界定了人的三种基本需要，即生存的权利、社会联系和自我决定。基于此，Blustein et al.（2016）认为体面劳动应能满足人的这三种需要，他们将体面劳动定义为相对危险的劳动而言，劳动者感知到的稳定、有尊严且安全的劳动。Duffy et al.（2016）在此框架的基础上，进一步提出了工作心理理论（psychology of working theory，PWT），将体面劳动作为该理论的核心，并基于ILO提出的体面劳动标准，对体面劳动做出了更具体的界定，包括物理上和人际上的安全工作环境、医疗保障、适当收入、可自由支配和休息的时间、与家庭价值观和社会价值观相契合的组织价值观五个方面的内容。可以发现，最新研究对体面劳动的定义更聚焦个体的主观感知，尤其是对工作意义和价值的感知。由此，体面劳动的内涵界定从安全视角、公平视角进一步向感知视角转变，实现了研究重点从国家到企业再到个体的下沉。

根据以上定义，本书将体面劳动的基本理念归纳为以下六个方面：

第一，足够的就业机会（adequate employment opportunities）。这是体面劳动的前提条件。这种就业机会是为愿意工作的所有人提供的，这里的“工作”涵盖了正规职业与非正规职业的工作、社会性工作与家庭工作、自营业个体户工作以及临时就业者的工作等。而“所有人”则摒弃了各种类型的就业歧视。

第二，生产性的工作（productive work）。这里的生产性指工作具有给劳动者带来回报的特性。生产性工作是指有较高的生产率和足够劳动收入的工作。生产性工作对于劳动者拥有足够的生活资料以供自己及其家庭使用具有重要的意义；同时，它对于人力资本再生产、企业及国家获得可持续发展等也具有重要的意义。

第三，自由的工作（work in conditions of freedom）。“自由”不仅是经济效率的前提条件，其本身也是体面劳动追求的目标之一，因而它是体面劳动的核心理念之一。自由的工作意味着工作应是自由选择而非被强迫的。“自由”条件下的工作包括工人在工作组织与社会中可以自由结社、自由加入与退出任何工人组织，自由的工作也要求消除各种工作中的歧视。

第四，平等的工作（equity in work）。平等的工作即体面劳动应是一种代表公平正义的劳动。体面劳动的平等理念包括劳动者在工作待遇、工作机会以及工作升迁与培训等各个方面享有同等待遇和机会。它涵盖了消除工作及就业的歧视、平衡工作与家庭生活等方面。此外，针对当前“强资本弱劳工”现状，平等还意味着劳动者应得到作为人所应享有的基本尊重。

第五，安全的工作（security at work）。安全的工作对于保护劳动者的生命安全、健康、福利及生活具有重要的意义，它是指工人拥有知晓工作安全性相关信息以及遭遇经济危机及疾病侵害时有得到社会求助的权利。当前，工作安全正受到严峻挑战，特别在一些发展中国家的形势更不容乐观，这凸显了体面劳动理念的现实迫切性。

第六，有尊严的工作（dignity at work）。尊严来自劳动者在工作中受到的尊重，他们有权力就工作中的各种问题发表自己的看法，有权参与有关自身福祉的重要决策。所以，有尊严的工作特别关注工人组建、加入与退出各种组织等方面的自由和权力。在当今社会利益矛盾突出的情况下，工人应有效地通过一定的集体性组织来加强其自身的话语权，使他们的工作更“有尊严”。

根据体面劳动的基本理念，可以进一步归纳出其主要特点，这对于正确理解体面劳动基本理念的内涵具有重要的意义。

第一，体面劳动是所有人的体面劳动，无论其国籍、民族、教育水平、经济与政治地位等。这体现在体面劳动理念的各方面。

第二，体面劳动某些方面的特性是绝对的特性，对所有人都相同；而另有一些则取决于不同的社会背景，是相对的特性。如“工作中的基本权利”对一切劳动者都相同，但“足够的收入”则视不同国家和不同经济发展水平有所不同。

第三，体面劳动首先是弱者的体面劳动。关注弱者是体面劳动理念的重要特点。因为足够的收入以及可接受的劳动形式等这些条件，在弱者那里经常不容易满足，所以要实现体面劳动，首先就要关注弱者的体面劳动。

第四，体面劳动理念关注人们的实际劳动待遇。对体面劳动的考察，首要的是对劳动者工资、休假、福利政策的覆盖率等具体内容的考察，而非社会文化背景等一些离具体劳动条件相对较远的方面。当然，这并不排斥这些方面的重要性。

第五，体面劳动是一个过程，而不只是一种固定不变的状态，应当从历史的视角来考察劳动者在劳动中的地位。例如，不能根据工人的劳动收入满足了生活上的基本需要就判定这种劳动是体面的，而应当从纵向比较视角来看，他们的生活水平是否有所提高及其程度如何等。

2.2.1.2 体面劳动的目标

目前对体面劳动目标的研究，主要集中于权利、就业平等、社会保障和社会对话四个方面。在权利赋予方面，Anker et al.（2003）认为，劳动者应当在工作中受到尊重，他们应有权力就工作中的各种问题发表自己的看法，有权参与有关自身福祉的重要决策；就业平等即为所有的劳动者创造体面的就业机会，从而保障劳动者的就业权利；社会保障是指为全体劳动者提供广泛而有效的社会保障，尤其对处于弱势地位的劳动者提供避免风险和伤害的社会保障；社会对话是一种弹性工具，指应加强三方社会对话的原则，这意味着政府、工会和雇主组织可以进行谈判、协商或者交换意见，共同应对环境变化，从而实现其经济与社会目标。体面劳动的实施应该能够促进国际劳工标准以及有关劳动者工作的基本原则和权利的实现。

2.2.1.3 体面劳动的测量指标

21 世纪伊始，各国学者就开始关注体面劳动的测量问题，并提出了很多测量指标，学者们都是以体面劳动的四大战略目标作为设计体系维度的。各国学者普遍认为，对体面劳动进行测量比理解体面劳动的内涵更重要。表 2.1 归纳了代表性学者所提出的体面劳动测量指标。

表 2.1　代表性学者所提出的体面劳动测量指标

学者（年份）	模型	指标
Anker et al.（2003）	—	就业机会；不可接受的工作；适当的收入和生产性工作；体面劳动时间；工作的稳定性和安全性；工作与生活的结合；公平的工作待遇；安全的工作条件；社会保障；社会对话和工作场所关系；体面劳动的经济背景和社会背景
Bescond et al.（2003）	体面劳动指数=（最大值-最小值）/（指标数值-2）	低小时工资：非自愿性或因经济原因而进行的超时工作；全国失业率；失学儿童；年轻人失业；工作参与方面的性别歧视；无养老金的老年人
Bonnet et al.（2003）	体面劳动指数=（真实值-最小值）/（最大值-最小值）	劳动力市场安全指数；就业安全指数；工作安全指数；劳动安全指数；再生产技能安全指数；收入安全指数；话语权安全指数
Ghai（2003）	体面劳动指数=指标排名之和/指标个数	强迫劳动和使用童工；工作中的歧视行为；结社自由；就业机会；有报酬就业；工作条件；社会保障公共支出占 GDP 的比重；发生突发事件时受保护的劳动力占总劳动人口的比重；团体交涉；经济民主性；国家干预
James et al.（2005）	—	工作机会（失业率、失业持续性、接受临时工作的比例）；工作质量（本地区平均工资水平、获得医疗的人口比重、获得退休福利的人口比重）；工作场所公平（低收入人口比例、男女间收入公平性程度、最低工资水平、公共部门集体谈判受允许程度、政府是否遵循劳动保障条例）
ILO（2008）	—	就业机会；足够的工作收入与生产性的工作；合宜的劳动时间；工作与生活平衡；应摒弃的工作；工作的稳定性与安全性；就业中机会和待遇的均等；安全工作环境；社会保障；社会对话及工人与雇主代表权；体面劳动的经济与社会环境
Duffy et al.（2017）	—	体面劳动量表（decent work scale，DWS）：物理上和人际上安全的工作环境；医疗保障；适当收入；可自由支配和休息的时间；与家庭价值观和社会价值观相契合的组织价值观

表2.1(续)

学者（年份）	模型	指标
Ferraro et al.（2018）	—	体面劳动问卷（decent work questionnaire，DWQ）：工作的基本原则和价值观；适当的工作时间和工作负荷；价值性和生产性的工作；公民权利的保障；社会保护；机会；健康和安全

资料来源：根据相关文献整理所得。

表2.1中，前四位学者都将体面劳动的四大战略目标作为设计体系的维度。Anker et al.（2002）对体面劳动的测量维度进行了研究。他们将体面劳动的测量指标分为11类，分别是就业机会、不可接受的工作、适当的收入和生产性工作、体面劳动时间、工作的稳定性和安全性、工作与生活的结合、公平的工作待遇、安全的工作条件、社会保障、社会对话和工作场所关系、体面劳动的经济背景和社会背景。同时，他们还指出，可以使用学者们普遍采用的劳动力参与率、就业率、失业率、年轻人失业率、与时间相关的不充分就业率、非农就业人口的工资比重、非农业女性就业人口的工资比重等指标。按照这一方法，Anker et al.（2002）最终设定了11类63个体面劳动测量指标。2003年，Richard Anker et al. 又对他们先前的研究进行了深化和改进，根据实际情况的变化增加了一些新指标，同时对部分指标进行了扩展和预测。

Bescond et al.（2003）在Anker et al.（2002）研究的基础上，对体面劳动测量指标进行了更加深入的探索。他们所提出的指标，事实上就是“体面劳动赤字”，也就是权利、就业平等、社会保障、社会对话等几个方面理想与现实存在的差距。Bescond et al. 从这个角度入手，提出了7个指标，分别是低小时工资、非自愿性或因经济原因而进行的超时工作、全国失业率、失学儿童、年轻人失业、工作参与方面的性别歧视、无养老金的老年人。在具体测量过程中，他们删去7个指标值中的最高值和最低值，然后对余下的指标值求平均值，并将所得到的数值作为体面劳动指数。

Bonnet et al.（2003）在国际劳工组织的官方杂志《国际劳工评论》上撰文对体面劳动的测量指标进行了详细阐述，并提出了“体面劳动指数=（真实值-最小值）/（最大值-最小值）”的测量模型，以及劳动力市场安全指数、就业安全指数、工作安全指数、劳动安全指数、再生产技能安全指数、收入安全指数、话语权安全指数7个体面劳动测量指标。在此基础上，他们从宏观、中观和微观3个层面进行了体面劳动测量。他们的研究还显示，体面劳动指数与生产力和就业增长存在一定的相关关系。

Ghai（2003）从权利、就业平等、社会保障和社会对话4个方面出发，对体面劳动的测量指标进行了阐述，并对各个方面所涉及的测量指标进行了细分。权利方面的指标主要有强迫劳动和使用童工、工作中的歧视行为、结社自由、就业平等（包含就业机会、有报酬就业、工作条件3个指标）、社会保障（包含社会保障公共支出占GDP的比重和发生突发事件时受保护的劳动力占总劳动人口的比重2个指标）、社会对话（包含团体交涉、经济民主性、国家干预3个指标）。Ghai（2003）计算体面劳动指数的方法是对各个细分指标进行排序，然后对4个方面的排序求平均数。

而相比前4位学者更为宏观的指标体系设计，James et al.（2005）则在中观层面，以工作环境指数来测量体面劳动水平。

2008年，国际劳工组织发布11类体面劳动的衡量指标，并随后于2009—2011年将这一指标体系用于对一些“先行国家”（pioneer country），如巴西、坦桑尼亚、奥地利及乌克兰等国体面劳动简况的研究和评价，其科学性得到了初步验证，相关研究工作也进入一个新的阶段。

随着对体面劳动认知的不断深化与全面，学者们发现传统地从地区、国家和组织等宏观、中观层面，从经济、政治和法律等视角考究体面劳动具有一系列的不足和限制。而当前测量体系对微观层面劳动者个体的关注和反映又较为缺失，因此学者们近年来开始尝试从心理学的视角探索和开发体面劳动新的测量体系。Duffy et al.（2017）以工作心理理论为基础，由两项子研究开发并验证了与体面劳动五方面内容相对应的五维度体面劳动量表，五维度分别为物理上和人际上安全的工作环境、医疗保障、适当收入、可自由支配和休息的时间、与家庭价值观和社会价值观相契合的组织价值观，每个维度均由3个条目测量反映。此外，Ferraro et al.（2018）从工作、组织和人事心理学（work, organizational and personnel psychology, WOPP）视角，通过在巴西和葡萄牙两国施测，以知识员工为对象，开发了有31条目的体面劳动问卷，测量了劳动者在工作的基本原则和价值观、适当的工作时间和工作负荷、价值性和生产性的工作、公民权利的保障、社会保护、机会、健康和安全7个维度的感知。

从上述研究成果可以看出，国外学者对体面劳动的测量指标有很多不同的看法，侧重点也有所不同。目前学者们所提出的指标大体上可以从社会维度、组织维度和个体维度3个方面划分，各维度内部还可以划分为不同的层次。表2.2是对体面劳动测量维度的归纳。

表 2.2　体面劳动测量维度的归纳

维度	层次	指标
社会维度	社会对话	团体交涉；经济民主性；国家干预；社会对话和工作场所关系
	社会保障	话语权安全指数；全国失业率；劳动力市场安全指数；社会保障公共支出占 GDP 的比重
组织维度	工作	适当的收入和生产性工作；工作的稳定性和安全性；工作与生活的结合；公平的工作待遇；体面劳动时间
	就业	再生产技能安全指数；就业机会；就业安全指数；有报酬就业
个体维度	社会	失学儿童；年轻人失业；无养老金的老年人；发生突发事件时受保护的劳动力占总劳动人口的比重；强迫劳动和使用童工
	心理	物理上和人际上安全的工作环境；工作的基本原则和价值观，与家庭价值观和社会价值观相契合的组织价值观；适当的工作时间和工作负荷，可自由支配和休息的时间；适当收入，价值性和生产性的工作，机会；公民权利的保障，社会保护；医疗保障，健康和安全

资料来源：根据相关文献整理所得。

相比之下，我国的体面劳动测量指标设计起步较晚，2010 年才有学者开始研究中国的体面劳动测量问题。大多数学者借鉴国外学者的研究模式，先提出体面劳动测量的维度，再设计相关指标体系并进行研究。国内体面劳动测量指标见表 2.3。

表 2.3　国内体面劳动测量指标

学者	年份	指标
李小波	2010	经济发展水平（人均国民生产总值、居民消费水平、在岗职工平均工资、GDP 总量）、社会保护（工会数量、工会人数、医疗基金结余、养老金结余、医疗基金占 GDP 的比重、养老基金占 GDP 的比重）、就业水平（男性失业率、女性失业率、总体的失业率）
申晓梅，凌玲	2010	就业（就业稳定性、行业就业能力、工资歧视、户籍歧视、性别歧视、失业率、年轻人失业率、童工使用情况、就业安全）、工作权利（工资收入、职业安全健康、职业培训、劳动合同签订率、劳动合同监察、带薪休假、额外工作报酬、员工福利、企业支持）、社会对话（社会保险制度、职代会制度、工会制度、集体谈判制度、公示制度、员工参与度）、社会保护（社会保险制度、社会保障制度、社会保险制度参保率、社会保险保障水平、社会保护充足程度、社会保障、工作相关感受）

表2.3（续）

学者	年份	指标
曹兆文	2012	就业机会（就业率、失业率、未接受教育且未就业的青年、非正规就业），足够的工作收入与生产性的工作（工作穷人、低工资率），合宜的劳动时间（过度工作时间），兼顾工作、家庭与个人生活（非正常工作时间、孕产妇的保护、产假），应摒弃的工作（童工、强迫劳动），工作的稳定性与安全性（临工或日工数量与工资），就业中机会与待遇的均等（职业种类的性别分割、女性在国际标准职业 11 类和 12 类中的就业比例、性别工资差距、反性别歧视法、反种族歧视立法），安全工作环境（职业受伤比率、职业死亡率、职业受伤立法、劳动检查立法），社会保障（享受保险的老年人口占 65 周岁及以上的人口比例、社会安全方面的公共支出占 GDP 的份额、保险立法、失去就业能力者的生活保障立法等），社会对话及工人与雇主代表权（联合组织密度、隶属于雇主组织的企业比例、集体谈判覆盖率、组织开发的保障工作中基本原则和权力的指标、联合和组建组织的自由和权力方面的立法等），体面劳动的经济与社会环境（辍学的青少年比例、就业人口中估计 HIV 呈阳性的比例、劳动生产率、收入不均等、CPI 增长率、经济活动不同领域的就业率、成年人受教育程度、就业者人均 GDP 等）
黄维德，岳林洋	2014	劳动保障、收入保障、工作保障、技能保障和代表权保障
毛冠凤 等	2014	工作回报、工作岗位、职业发展、职业认可和工作氛围
徐岩，刘盾	2017	工资收入体面感知、就业保障体面感知、工作氛围体面感知、劳动强度体面感知、民主参与体面感知、职业发展体面感知和社会地位体面感知

资料来源：根据相关文献整理所得。

李小波（2010）根据国外学者对体面劳动指标设计的研究，以经济发展水平、社会保护以及就业水平为体面劳动指标体系的维度，下设 13 个测量指标。他采用主成分分析法对原始数据进行了统计分析，最终得出的结果是，我国的体面劳动水平与经济发展呈正相关关系，同时还得出结论，体面劳动水平在男女之间存在显著的差异。

申晓梅和凌玲（2010）以体面劳动的四大战略目标，即就业、工作权利、社会对话及社会保护为体面劳动测量指标的维度，从政府、企业和劳动者 3 个层面设计多层面体面劳动指标体系。

曹兆文（2012）以 2008 年国际劳工组织发布的 11 类体面劳动指标为基础，对体面劳动的指标和体面劳动的理念之间的关系进行论证。研究结果表明，两者之间的关系很复杂，不能单一地就某个理念或指标设计进行研究，应该将六大理念有机地结合在一起来研究。

与国外的研究进程相似，近年来国内学者对体面劳动测量体系的开发逐渐从宏观转向微观，从国家层面和组织层面转向个人层面。黄维德和岳林洋（2014）基于 Standing（2002）和 Bonnet et al.（2003）个体层面的体面劳动测量指标，以知识员工为特定研究对象，通过访谈和问卷调查，开发并验证了知识员工体面劳动的劳动保障、收入保障、工作保障、技能保障和代表权保障 5 个维度 23 条目的测量体系。

毛冠凤等（2014）基于文献回顾编制问卷，并通过预调研和正式调研形成了 16 条目的体面劳动感知量表，具体包含工作回报、工作岗位、职业发展、职业认可和工作氛围 5 个维度的体面感知。

徐岩和刘盾（2017）遵循扎根理论，对北京各行各业 39 家企事业单位的 36 位管理者和 235 位一线职工进行深度访谈，通过可观的样本自下而上全面建构了 7 个维度的体面劳动主观评价指标体系，包括工资收入体面感知（包含收入保障、收入公平感 2 个构成要素）、就业保障体面感知（包含安全感与稳定感、社会保障 2 个构成要素）、工作氛围体面感知（包含硬件环境、同事关系、上下级关系、客户关系 4 个构成要素）、劳动强度体面感知（包含工作时间、通勤时间、工作压力 3 个构成要素）、民主参与体面感知（包含工会维权与集体协商、民主参与管理 2 个构成要素）、职业发展体面感知（包含职业技能开发、职业发展前景、职业认同与成就感 3 个构成要素）和社会地位体面感知（包含自我认知、社会评价 2 个构成要素）。

2002 年至今，虽然学者们对体面劳动测量的研究日益深入，但是仍未能提出合理的、普适的、统一的体面劳动测评指标体系。因此，设计一套适合各领域、各行业的体面劳动指标体系就显得更加重要。

2.2.1.4 体面劳动的实证研究

体面劳动的实证研究始于 2001 年，学者们首先关注的是亚洲国家，其次向美洲、非洲国家扩展。2001 年，国际劳工组织的官方杂志《国际劳工评论》对第十三届国际劳工组织亚洲地区会议进行总结，报告的主题是“体面劳动在亚洲”。报告阐释了全球化条件下亚洲面临的经济与社会方面的挑战，并主要从权利、就业平等、社会保障和社会对话 4 个方面衡量了亚洲目前的体面劳动实施状况。

2002 年，第十五届国际劳工组织美洲地区会议在日内瓦召开，会议报告的主题是“全球化与美洲的体面劳动”，《国际劳工评论》对该报告进行了综述。该报告关注美洲一些地区遭受的经济危机，指出这些地区迫切需要改善目前的贫穷、饥饿以及失业状态。报告认为，产生这次经济危机的原因主要包括政府存在职能障碍、腐败盛行以及公众对政府丧失信心。这次经济危机导致拉丁美洲及加勒比海地区国家的工作条件恶化和社会保护能力下降。该报告还提出了一些减少体面劳动赤字的办法。

Egger et al.（2003）出版了《丹麦的体面劳动：就业、社会效率和经济安全》一书，并在书中指出，许多国家目前面临的挑战就是在全球范围内维持竞争力并实现较高的劳工标准和社会保障水平。只有极少数国家能把这两个方面平衡好，而丹麦就是其中之一。Egger et al.（2003）研究了丹麦如何通过强大的机制来实现这个重大平衡，从而促进体面劳动的实现。他们的研究表明，可以将社会政策、经济政策和社会保障作为工具来推进体面劳动的实施。他们还发现，丹麦采用了一些动态政策来助推体面劳动的实施，如培训、劳动力市场政策、劳动力市场弹性与收入安全挂钩、社会保障和福利改革。他们指出，各国可以通过学习丹麦的成功经验来增强经济实力和社会的整体凝聚力。

Papadakis（2006）出版了《文明社会、政府参与和体面劳动目标：南非的案例》一书，该书主要阐释了2002—2005年Papadakis对国际劳动力机构的研究结果。Papadakis以南非为例，从就业和消除贫困、卫生保健和艾滋病、童工三方面进行了研究，其目的在于揭示文明社会团体是如何与政府参与相结合的。作者对政府参与进行了系统的解释，指出政府参与是指政策的制定。在制定政策的过程中，政府不仅要处理公共事务，还要与社会团体进行交流合作。政府参与还包括为发展创造良好的社会环境和经济环境。目前，世界各国已经普遍认可国际劳工组织对体面劳动的理解，包括权利、就业平等、社会保障和社会对话四个方面的要求，但是按照这些要求制定相关政策保障体面劳动的实施，对于政府来说还是非常困难的。

Gil et al.（2007）对巴西东南部城市圣安德雷的体面劳动实施情况进行了实证研究，该研究是“在建筑行业和相关服务行业推进体面劳动——当地政府的重要作用”项目的子项目之一，主要研究目的是论证当地政府对于推进体面劳动实施的重要作用。该研究使用了权利、就业平等、社会保障和社会对话四类指标。另外，Gil et al. 还利用所收集的全国及圣安德雷地区建筑业重要相关机构的数据，从国家和地区两个层面对数据进行了详细分析，结果表明，当地政府提高了建筑业和相关服务业的体面劳动水平。

以上是以某一特定的国家为背景的研究，除此之外，学者们还利用体面劳动测量指标对不同国家的体面劳动水平进行了测量和比较研究。比如，Bescond et al.（2003）对世界各国的体面劳动指数进行了比较，发现发展中国家的体面劳动指数低于发达国家。但是，无论在发展中国家还是在发达国家，年轻人失业率都很高，这说明年轻人失业率与经济发展水平无关。Bonnet et al.（2003）对84个国家的体面劳动指数进行了测量，发现体面劳动指数与GDP和联合国发展计划中的人类发展指数存在比较强的正相关关系，相关系数分别是0.856和0.849；而与基尼系数存在负相关关系，相关系数为-0.513。在这84个国家中，欧盟国家的体面劳动指数最高，非洲和部分亚洲国家体面劳动指数偏低。Ghai et al.（2003）通过对各个细分指标进行排序，并对4个方面的排序结果求平均数，测量了22个国家的体面劳动指数，结果发现，瑞典、丹麦、挪威等北欧国家的体面劳动指数名列前茅，而西班牙、希腊等工业化国家的体面劳动指数偏低。然后，他又将经济水平和体面劳动指数相结合，按各国的经济水平进行排序，并与体面劳动排序结合求平均数。最后的排序结果依然是北欧国家名列前茅，西班牙、希腊等工业化国家综合指数偏低。

微观层面体面劳动内涵的界定和测量开发的日趋成熟，使得从劳动者个体视角着眼的实证研究也日渐丰富。Duffy et al.（2016）提出的工作心理理论将体面劳动作为理论核心，随着他们在美国情境下对体面劳动量表的开发（Duffy et al.，2017），学者们相继在不同的国家、不同的文化情境和语言环境下对该量表进行了应用和检验，如瑞士（Masdonati et al.，2019）、英国（Dodd et al.，2019）、葡萄牙（Ferreira et al.，2019）、意大利（Di Fabio et al.，2019）、韩国（Nam et al.，2019）、土耳其（Buyukgoze-Kavas et al.，2019）、巴西（Ribeiro et al.，2019）以及中国（Wang et al.，2019）等。其中，学者对中国情境下的研究大多是关注城市中的劳动者，发现其主观感知的社会地位会直接正向影响体面劳动感知，或通过工作意志间接地实施这种影响。而体面劳动感知则会进一步加强个体的工作满意度，降低个体的离职意愿（Wang et al.，2019）。

国内学者们围绕体面劳动也展开了相关的实证研究。关于体面劳动的实现，柯迪（2012）基于Wallach（1983）对组织文化的划分，发现官僚制、创新性和支持性的企业文化通过推动领导成员交换，能够促进体面劳动。而体面劳动在促进员工创新方面的影响力近期也得到了验证。从自我决定理论的视角，体面劳动既能够帮助提高员工的创新自我效能，进而提升其创造力（王春国 等，2018），又能增强员工的组织自尊，进而促进其创新行为（吴江，2019）。

2.2.1.5 不同职业群体的分类研究

在针对不同职业群体的研究中，国外学者主要针对童工进行研究，Anand和Sen（2000）认为，贫困导致童工的出现。童工可以为家庭赚取生活费用，以降低家庭贫困程度，但是贫困程度的降低不能以损害儿童利益为前提。与Anand和Sen的观点相同，Egger（2002）也认为，家庭贫困导致童工的出现，因此，改变社会的整体就业状态并满足家庭开支的需要，童工的使用就会随之减少。童工的使用剥夺了儿童受教育、学习技能和享受健康生活条件的权利。政策对童工权利的保护起着举足轻重的作用，Egger以巴西为例说明这个问题。巴西政府对每个适龄儿童的家庭给予补贴，保证适龄儿童能够受教育，这种做法既可以减贫，又可以保护儿童的受教育权利。Ferraro et al.（2018）以其基于工作、组织和人事心理学开发的微观层面体面劳动问卷为基础，探讨了个体对体面劳动整体及其各个维度的感知，对律师、知识员工以及医生等不同职业群体工作动机的影响（Ferraro et al., 2017a；Ferraro et al., 2017b；Ferraro et al., 2020）。

国内学者也展开了针对不同职业群体的分类研究，他们根据所从事的职业不同，将不同群体分为农民工、渔民、海员以及知识生产者等进行研究。如刘素华（2005）针对农民工就业中存在的一些不体面因素，提出从规范劳动合同、确保工资支付，建立健全系统规范的安全生产、劳动保护制度以及扩大社会保障覆盖面等方面入手，来实现农民工的体面就业；曲波、曲晶文（2006）在详细分析我国渔民劳动现状及其产生原因的基础上，指出我国渔民劳动的现状与体面劳动的要求之间存在的巨大差距，提出了实现渔民体面劳动的内在需求和对策；郭志刚、李伟、郭嘉文（2006）就目前高级航海人才短缺、外流现象，探讨了如何加强和改善海员的就业条件和社会条件，使海员享有体面工作，达到吸引和保留航海人才、增强航海人才实力的目的；姜万军（2004）用实证的方法对中国科学家的薪酬水平、综合待遇等工作环境进行研究，认为科学家的体面工作仍然是一个不能回避的重要问题。基于妇女在就业中的弱势地位，有学者以性别为依据，把劳动者分为男性和女性两个群体，对女性进行专门研究。如涂富秀（2004）认为，由于惩处制度缺失、用人单位趋利避害等因素，女性的就业权益受到严重侵害，落实男女平等的理念，要从建立健全妇女就业法律保障机制入手，去解决妇女体面就业的问题。学者中还有以艾滋病毒感染者为研究对象深入开展研究的。如杨乃莲、扈洁琼（2006）认为，国际劳工组织应从职业安全的角度进行宣传，每年要减少因艾滋病毒感染而死亡的人数，不得在工作场所歧视或侮辱被艾滋病毒感染的员工，让他们体面地工作。

2.2.1.6　实现体面劳动的措施研究

2001年，第89届国际劳工大会提出了一项名为《削减体面劳动赤字：一项全球性挑战》的议案。体面劳动赤字是指所要求达到的体面劳动水平与现实情况之间的差距。该项议案主要探讨应该采取什么措施来降低体面劳动赤字、实施体面劳动会遇到哪些困难与挑战、目前有哪些条件可以利用。议案认为，降低体面劳动赤字是国际劳工组织的首要目标。实现体面劳动目前面临四方面挑战：第一，体面劳动水平应该与经济和社会发展水平相适应；第二，体面劳动应该惠及全民；第三，体面劳动的各个方面应该相互支撑，构成一个体系；第四，全球化经济应该助推体面劳动的实现。在这些挑战之下，工作机会的创造是实现体面劳动的前提。因此，在全球化条件下，我们应该先创造充足的就业机会。

在不同的文化背景下，人们对工作的看法是不同的，在某些国家符合人们价值观的工作，在另外一些国家却未必符合。但是，工作满意度可以消除这种观念上的差异，可以结合国际劳工标准和人们的偏好确定什么工作是可以接受的，什么工作是不可以接受的。Egger（2002）指出，目前我们面临的困难是怎样将人们不满意的工作改造成人们乐意接受的好工作。政府要想解决这个问题，就应该结合宏观政策制定出战略措施以推动生产力的增长、经济实力的提升、就业机会的增加和社会保障的加强；同时，政府还应加强社会对话。

张左（2010）认为，实现体面劳动的关键是改善那些处于不利地位的劳动者的状况，并结合中国的实际情况，从政策、制度层面提出了实现体面劳动的具体措施；林静、宁丙文（2010）从体面劳动的内容和实施的原则、权利等方面做了介绍；马永堂（2004）对“怎样衡量体面工作——记体面工作衡量标准国家研讨会”做了总结，主要对体面工作的内涵、衡量标准、体面工作与经济发展之间的相互关系以及经济全球化的背景下，各成员国尤其像中国这样的发展中国家实施体面工作战略的方法和途径等进行了讨论和研究；佘云霞、傅麟（2002）从社会正义的角度，站在全球化高度分析在追求体面劳动目标的同时，该如何保护发展中国家及其工人的利益。余敏、佘云霞（2007）依据体面劳动的四大战略目标，联系我国当前劳动关系的实际情况，指出在中国这样一个就业压力大、劳动关系复杂的国家，实现体面劳动尚有很大差距，面临巨大的挑战。

2.2.1.7　评析

本书通过对国内外体面劳动的研究回顾发现，国内外学者对于体面劳动的研究做出了巨大的贡献。国外学者主要集中在对体面劳动内涵的研究上，并从宏观、中观、微观三个层面进行理解；对体面劳动目标的研究主要从权利、就业平等、社会保障和社会对话四个方面进行；在实现体面劳动的措施研究中主要分为全球化与体面劳动研究、工作机会和工作条件方面的研究、有关童工的研究、对体面劳动测评指标的研究。学者们在世界范围内开展了对体面劳动相关的实证研究，发现发展中国家的体面劳动水平偏低，而发达国家的体面劳动水平比较高，这说明体面劳动水平与经济水平有关。相关研究从不同侧面给政府提出了建议，如增加就业机会、保护劳动者权利等。同时，体面劳动水平受教育水平的限制，因此，政府更应该提高全民对体面劳动的认识，从思想上提高劳动者的体面劳动意识，进而提高全社会的体面劳动水平。国内关于体面劳动的研究基本上处于探索阶段，国内的研究主要开始于 2005 年，目前已有的文献尚不足一百篇，主要集中探索一些特殊就业群体的就业质量问题，如体面劳动与工会、体面劳动与非正规就业、体面劳动与劳工权益保护、体面劳动的实现等，研究的深度还相当有限，研究的类型也主要集中于理论研究，应用研究比较薄弱。具体到体面劳动指标体系的构建，研究成果更为稀缺。具体分析如下：

第一，对体面劳动内涵的研究。体面劳动内涵的六个方面的理念是统一的整体，其中，第一个理念和第二个理念表达了体面劳动对工作可能性及其接受范围的关注；其余四个理念则说明了体面劳动的某些指标应该达到的水平，重点关注了工作质量方面的内容。首先，从国际范畴来看，体面劳动有不同的定义。由于不同国家的文化背景和历史发展各异以及每个国家所处的发展阶段、政治体制、经济条件、发展模式的限制，各个国家在理解和看待什么是体面劳动及其基本条件方面也不尽相同。其次，从发展的观点来看，体面劳动是一个静态和动态相互螺旋式的发展过程。所谓静态，它是指在一个国家的一个时期，为了推行体面劳动战略而必须制定体面劳动的相应衡量标准。而动态的过程则具有两种含义：一方面，体面劳动在同一时代不宜设置一个固定标准，这些标准即使在同一个时代也是动态变化的；另一方面，随着时代进步、文明发展或者是经济结构的转型、政治体制的变革等，一国的标准也随之变化，这也是动态的过程。所以，不同国家对体面劳动内涵界定应该不同，这也是今后学者努力的方向。

第二，对体面劳动评价指标的研究。由于体面劳动衡量指标是对体面劳动基本理念的量化表达，所以两者之间存在不可分割的联系。虽然体面劳动理念的提出在历史上具有重大的意义，其本身内容也极为丰富，但是体面劳动的研究不能仅仅停留在理念上。当前，就体面劳动衡量指标方面的研究尚需大量的数据收集和整理工作，需要大量的研究人员和项目投入。总之，加强对体面劳动衡量指标的研究是摆在我们面前的重要任务。同时，体面劳动的衡量指标其内部各类型之间也是一个相互交织的统一整体，不能把它们分割开来加以理解或使用。例如，我们不能说“充分就业就是体面劳动”“高工资的劳动就是体面劳动”等，因为这些提法都只是涉及体面劳动的某些方面而已，未能把体面劳动衡量指标体系作为一个整体来理解，因而是片面的。

第三，对体面劳动的实证研究。从国外研究现状和趋势来看，学者们在世界范围内广泛开展与体面劳动相关的实证研究后发现，发展中国家的体面劳动水平偏低，而发达国家的体面劳动水平比较高，这说明体面劳动水平与经济水平有关。相关研究从正面和侧面给政府提出了建议，如增加就业机会、保护劳动者权利、提高全民对体面劳动的认识等，从思想上提高劳动者的体面劳动意识，进而提高全社会的体面劳动水平，这为以后体面劳动深层次研究奠定了基础。

综上所述，虽然国内外学者从多个角度对体面劳动、体面工作和体面就业进行了研究，也对社会中多个群体进行了研究，但过去研究更多的还是从宏观层面探讨体面劳动，也未结合我国企业特点和文化背景进行研究，体面劳动评价指标的制定针对性不强，并且以上研究大多属于定性的研究，没有把定性研究与定量研究很好地结合起来，没有深入具体的人群中去对他们的劳动现状进行分析，从而找出这一特定职业群体的劳动现状与体面劳动的理想状况之间的差距。但是，上述研究也为本书奠定了基础，本书可以通过借鉴上述研究的方法和理论成果，在已有的研究成果的基础上从微观层面探讨体面劳动，并提出体面劳动感知的概念，开发体面劳动感知量表，为今后开展实证研究奠定了基础。

2.2.2 敬业度文献综述

2.2.2.1 敬业度的概念

Kahn（1987，1990）较早对敬业度进行了深入研究，他指出敬业度是组织成员在创造工作绩效这一情景中将自我与工作角色相结合，同时投入个人情感、认知和体力的程度，包括生理投入、认知投入和情绪投入。Maslach et al.（1997，2001）认为，敬业是以精力、卷入和效能为特征的工作状态，在概念和测量上与工作倦怠是一个连续体的两极，两者互不独立，包括以下几个维度：低精疲力竭、低玩世不恭和高职业效能。Rothbard（2001）把员工敬业度定义为一种内心的存在，包括两个重要的组成部分：关注和投入。Schaufeli et al.（2002）指出，敬业是一种积极完成工作的心理状态，以获利、风险和专注为特征，是一种持久稳固和普遍深入的认知情感体验，不聚焦于特定的个体、行为或时间。May（2004）认为，员工敬业度与社会科学中既有的工作投入度的概念联系最为紧密。员工敬业度与工作投入度的区别在于，敬业度更强调组织成员如何将自我投入工作中。Little et al.（2006）归纳了这些定义，认为这些定义都没有明确界定敬业究竟是态度还是行为，同时并未区分敬业度是个体层次的概念还是群体层次的概念，在内容上也与其他相关概念有重合之处。这种概念的不一致导致了敬业度测量工具选择以及相关实证研究结论的分歧。Macey 和 Schneider（2008）认为，敬业是一种强烈的情感状态，包括心理敬业、行为敬业和特质敬业等几个方面。还有许多学者从不同的研究问题提出了敬业度的概念（曾晖 等，2005；谢文辉，2006；张培峰，2007；查淞城，2007；霍苑渊，2008；吴继红 等，2009；曾晖 等，2009；冯洁，2017）。

由于企业实践的需要，盖洛普咨询公司、翰威特咨询公司和韬睿咨询公司等把全情投入的概念操作化为员工敬业度（employee engagement），并迅速对其展开进一步的研究。学者们还进一步探讨了员工敬业度与工作满意度、组织承诺、工作绩效、工作投入、工作卷入、组织公民行为这几个概念的区别（Simpson，2002；Harter，2002；May，2004；Kanungo，1979；Kanungo，1982；Organ，1988；Podsakoff et al.，1997）。

2.2.2.2 敬业度的测量

员工敬业度的概念提出之后，很多学者对员工敬业度进行研究，但是因为对于敬业度的定义和结构还没有形成统一的标准，学者们从各自的研究角度开发了不同的量表。May et al.（2004）以 Kahn（1987，1990）关于敬业度的维度划分为基础，编制出敬业度量表，这些题项比较均衡地反映了敬业度构成的三个维度：认知投入、情感投入和生理投入，但该量表并未得到广泛的应用，影响也不是很大。Britt et al.（2001）编制了员工敬业度量表。该量表主要涉及三个方面的内容：工作责任感、工作承诺和绩效影响知觉。Maslach et al.（2001）认为，员工敬业度与工作倦怠是一个三维连续体的两个极端，所以通过直接反转 MBI 工作倦怠量表即可得到敬业度的水平，量表包括三个部分，即情绪衰竭、玩世不恭和个人成就感。Schaufeli et al.（2002）开发了工作敬业度量表，包括三个维度，即活力（vigor）、奉献（dedication）和专注（absorption）。May（2004）等人把生理、认知和情感作为员工敬业度的三个维度。Britt et al.（2001）以敬业度的操作化定义为基础，编制了一个包含六个项目的敬业度量表。该量表涵盖责任感（如我觉得要为自己的工作绩效负责）、承诺（如我愿意献身于自己的工作）和绩效影响知觉（如我在工作中的表现如何，与我自身关系很大）三方面内容。目前，国内学者对员工敬业度的研究所使用的量表大多是在国外量表的基础上进行改善。但随着我国学者对敬业度研究的日益深入，国内的研究也逐渐趋于系统化。从测量方法来看，经常用到的有他人最佳自我评定法、欣赏探询法、多元信息评定、忠于参与者管理等；从测量指标来看，也包含了多个维度，如在认知上、情绪上和行为水平上的指标以及个体和组织水平的指标等（曾辉 等，2005）。

咨询公司对敬业度的测量也进行了广泛的探讨，如翰威特公司开发的敬业度问卷由六个项目构成，六个项目体现“说、留、做”这三个维度；盖洛普公司（Gallup，2001）分别从工作期望、工作资源、组织愿景和学习与成长等几个方面测量员工对管理和工作情况的主观感知；英国就业研究所（institute for employment studies，IES）开发的员工敬业度量表来源于英国国民健康服务体系，现在已经被成功地推广到其他企业和公共部门；韬睿咨询公司（Towers Perrin）认为敬业度包含情绪因素（emotional factors）和理性因素（rational factors）两个结构维度。虽然咨询公司对敬业度测量不尽相同，但都认为员工敬业度的内涵具有多维性。员工敬业度包含了员工个体本身对工作角色、团队角色、组织角色的承诺和认同，只是其相应编制的测量工具仍然偏向单维性或者不能有效验证量表的多维性，并单方面侧重于工作角色本身或者组织角色本身。本书重点探讨的是一线员工体面劳动感知对敬业度的影响，此敬业度指爱岗敬业精神，所以本书采用 Schaufeli et al.（2002）等开发的工作敬业度量表，包括三个维度，即活力、奉献和专注。

2.2.2.3 员工敬业度的前因与结果变量

在个体因素方面，对员工敬业度产生影响的有：性别（Schaufeli et al.，2003；Broeck，2004）、种族（Robinson，2004）、个体心理状态（Kahn，1990；May，2004）、人格特质（Langelaan，2006；Hallberg，2007；Kim，2009）和个人资源（Xanthopoulou et al.，2009）。在组织因素方面，对员工敬业度产生影响的有：工作资源（Schaufeli，2004；May，2004；Saks，2006）、授权（Laschinger et al.，2005；Cho et al.，2006；Greco et al.，2006）、组织支持（Rothmann et al.，2007）和其他组织情境（Salanova，2005；Cathcart et al.，2004）。Harter et al.（2002）对业务单元层面的员工进行的敬业度研究结果表明，员工敬业度对工作安全感、顾客满意度有显著的正向影响，对离职倾向呈现显著的负向影响，对组织生产力和利润有积极的预测作用。Schaufeli et al.（2004）也发现员工敬业度对离职倾向有显著的负向影响。Salanova et al.（2005）研究认为，组织的服务氛围会受到员工敬业度的正向影响，当组织的服务氛围提高时，顾客满意度、顾客忠诚度及员工工作绩效也会随之提高。Koyuncu et al.（2006）的研究发现，员工敬业度可以有效预测如工作满意度、离职意愿等工作结果，员工敬业度在职业生涯经历和这些结果之间起到中介作用。Cho et al.（2006）的研究结果显示，员工敬业度在结构授权和组织承诺之间起到了中介作用。Richardsen et al.（2006）以政治官员为研究对象，验证了员工敬业度对其自我效能感知和组织承诺有正向的预测作用，同时发现在个体特征和组织承诺之间以及工作要求—工作资源和自我效能感知之间，员工敬业度都具有部分中介作用。Saks（2006）的研究结果同样表明，员工敬业度与组织承诺、工作满意度、组织公民行为都存在显著的正相关关系，而与离职倾向呈显著的负相关关系。

2.2.2.4　敬业度与相关概念的研究

第一，员工敬业度与工作绩效的关系。Harter et al.（2002）的研究表明，员工敬业度和企业绩效间存在正相关关系。韬睿咨询公司对6 000名网络服务机构的员工进行多年跟踪发现，员工敬业度每增长1%会促成顾客满意度增长0.5%。翰威特咨询公司对100多家大型企业的研究发现，高绩效企业的员工满意度比平均水平高出20%~25%。一项针对36家公司的7 939个商业单位的分析结果表明，员工敬业度与组织绩效的关系密切，员工敬业度有助于提升组织生产率、利润率和顾客满意度，并减少员工流失率和事故率。相关研究表明，员工敬业度与组织期望的结果正相关，员工敬业度水平高的组织，其组织绩效、利润率和顾客满意度也相对较高，并且员工流失率和事故率较低。但是，Mills（2000）对美国一家无线电公司的某一职位的研究发现，并不能确定员工敬业度与组织绩效之间的关系，该研究分析原因时指出，由于只研究公司的一个职位，可能忽视了文化因素的影响。Harter et al.（2001）通过元分析指出，员工敬业度与企业经营绩效具有正相关关系。无论哪个行业，其规模和性质多么不同，平均而言，员工敬业度为前50%的经营单位与后50%的单位相比有以下特点：一是客户服务质量提高86%；二是员工保留率提高70%；三是生产率提高70%；四是利润率提高44%；五是安全性提高78%。盖洛普公司的研究显示，员工不敬业，每年给美国带来了3 000亿美元（约占GDP的3.8%）的损失，给日本带来了2 000亿美元的损失，给新加坡带来54亿新元的损失。翰威特咨询公司通过对超过100家大型企业的研究发现，高绩效的企业具有比平均水平高出20%~25%的敬业度，员工敬业度与公司5年平均股东回报率之间的相关系数为0.54；与5年的销售增长之间的相关系数为0.46。韬睿咨询公司对拥有6 000名员工的网络服务机构的多年跟踪研究发现，员工敬业度每增长1%，就会促成顾客满意度增长0.5%。一项针对36家公司的7

939 个商业单位的分析结果表明，员工敬业度与组织绩效的关系密切，员工敬业度有助于提升组织生产率、利润率和顾客满意度，并减少员工流失率和事故率。一系列的研究表明，员工敬业度与组织期望的结果具有正相关关系。但是，如前文所述，Mills（2000）对美国一家无线电公司的某一职位的研究发现，并不能确定员工敬业度与组织绩效之间的关系，该研究分析原因时指出，由于只研究公司的一个职位，可能忽视了文化因素的影响。

第二，员工敬业度与工作投入。May et al.（2004）认为员工敬业度与工作投入联系非常紧密。Kanungo（1979）认为，工作投入是指员工在心理上认同自己工作的一种认知状态。工作投入取决于需要的显著程度以及工作满足这些潜在需要的程度。工作投入度可以被认为是员工对自己工作的充分认同或是在自我意象中的工作重要性，因此员工对其工作能否满足自身发展需要的感知和判断就决定了其工作是否能够投入。Luthan（2002）认为员工敬业度与工作投入的不同之处在于，员工敬业度更多地涉及了在工作任务中员工的自我激励和积极地运用情感与行为，而不仅仅是认知。所以，Maslach et al.（1997）认为敬业度由精力充沛、工作投入和效能感 3 个维度构成，把工作投入看作敬业度的一个维度。

第三，员工敬业度与工作卷入。工作卷入是指个体在心理上投入工作的程度（Ladahl et al., 1965），它是个体在心理上认同自己工作的一种认知或信念状态（Kanungo, 1982）。工作卷入的产生依赖于工作对个体需求的满足程度，反映了个体对这种满足程度的主观判断，而敬业度强调的是员工自我与工作角色的结合程度。工作卷入仅包含认知成分，其认知判断偏向静态解释，而员工敬业则强调个体和工作角色的结合，其不仅包括认知的成分，还有情感层面和行为层面的内容，具有“动态”的特征。与工作卷入相比，员工敬业度更加复杂。敬业引起员工对工作的认同，所以员工敬业度可被看作工作卷入的前因变量。May et al.（1985）通过比较工作卷入与员工敬业度，认为工作卷入是一种认知上的判断，判断出此项工作满足自己需求程度的高低，而工作在此种解释下为一种自我雇佣。但员工敬业度强调的是员工在工作时如何表达自我，即除认知之外，还包含情感和行为的层面。比较起来，工作卷入的认知判断偏向静态解释，而员工敬业度的情感层面和行为层面则是动态的情形，员工即使认知到工作能够满足自己的一般需求，但是，由于受生理因素和情感因素的影响，仍有可能会产生对工作不敬业的情况。因此，员工敬业度可被看作工作卷入的前因变量，当员工敬业度高时，员工将会更加认同自己的工作。

第四，员工敬业度和组织公民行为。组织公民行为指的是员工个体自发的行为。虽然该行为不会直接或明确地得到组织正式的薪酬体系的承认，但就整体而言，它有益于减少冲突、提升组织的运作效能（Organ，1988；Podsakoff et al.，1997）。组织公民行为的对象是员工工作职责范围之外的、利于组织的行为，不包括情感以及认知，而敬业的对象则是员工的工作本身，既包括行为方面，也包括情感方面和认知方面。Luthan（2002）则认为与敬业度相比较，组织公民行为更加侧重于员工的角色外行为，它通常和自己所做的本职工作没有太大关联，而员工敬业度则强调员工对其工作角色的嵌入以及对工作的全身心投入，和任务绩效、工作结果有较大的相关性。

2.2.2.5　评析

到目前为止，员工敬业度的研究一般是借鉴哲学思维、社会学的角色理论和组织行为学理论来进行的，探讨了员工自我与工作角色的结合问题，强调的是员工自我在工作角色表现中的动态作用，其核心关注点不同于组织行为学惯有的解释个人角色关系，还有大量的其他关键因素：既关注意识和无意识现象的情感反应，也关注自我、工作角色和工作环境的客观条件；在工作角色表现中，把员工自我和对环境的体验作为他们自我雇佣和自我表达或脱离自我和保护自己程度的首要调节变量；集中于员工个人和角色两者如何相互激活或侵蚀。虽然对员工敬业度的相关研究在国内外学者和咨询公司间结论不一，但他们都普遍强调了员工的敬业不应只是在情感和知识上对企业的投入，更应该通过实际行动表现出来，对企业的经营业绩起到正向推动作用，且员工都是在特定环境中展开活动，因此企业和员工双方对员工敬业度都负有责任。我们认为，在未来的研究中，应该更加深入地探讨员工敬业度的相关理论，为商业组织的实践提供相应的理论依据，以满足学术研究和企业实践的双重需要，这才有利于理论与实践的结合。

第一，根据不同研究情境界定敬业度的内涵。自从 Kahn（1990）的研究以来，员工敬业度的内涵逐步得到了扩展，但是，不同学者仍旧根据自己对员工敬业度的认知角度和层面来理解，并据此进行概念的操作化，提出自己的操作性定义、维度、影响因素以及开发相应的测量问卷。然而，目前学术界对员工敬业度的概念仍未形成较为统一的认识，这制约了理论研究的进一步深化。这种有差异的概念界定和操作使得众多的研究及其结论之间缺乏可比性，学者之间难以进行交流和成果的整合。

第二，拓展了对敬业度前因变量的研究。目前对敬业度前因变量的研究主要集中在工作因素（工作资源和工作要求）和个人因素（人口统计学变量和性格特质），而且研究结论往往存在较大分歧。由于日益激烈的市场竞争，中国独特的文化背景、转型时期的特点以及新的组织形式的不断涌现（如基于项目、团队的工作以及各种临时雇佣形式的不断出现和增加），对组织和员工的心理及员工敬业度产生了深远的影响。因此，我们有必要进一步扩展敬业度的前因变量。现有对员工敬业度的影响因素研究缺乏有效性和针对性，而考虑到员工个体的心理差异使其对有意义性、安全感和可获得性这三种心理状态的感知是不同的，我们有必要深入探讨员工在自我表达、自我保护、自我雇佣和自我脱离工作情形下的心理反应，关注员工个体差异而带来的对自我雇佣和自我表达的勇气和程度的差异，研究这四种情形的心理作用机制问题，如是否同时存在自我表达和自我保护、自我雇佣和自我脱离工作的情况等。其中，内在的作用机制是什么，即出于自我保护的目的，员工在进行自我表达时，可能由于感知到某种威胁，而有意隐藏自己的某种真实的个性、思维和情感等，这都是未来我们需要深入探讨的问题。

第三，敬业度研究对象的深化。目前有关敬业度的实证研究多集中在工作倦怠、工作压力领域，选择的样本也多为教师、医生、警察等与人打交道的服务性人员。敬业度是积极心理学中的重要概念，敬业度研究样本应当一般化。另外，我们应当注意研究对企业影响大，但是却被普遍忽视的企业一线员工。研究一线员工的工作状态与敬业度的影响模式，将有助于提高一线员工的组织忠诚度，构建和谐的劳动关系。

2.2.3 内在动机文献综述

2.2.3.1 内在动机的内涵

内在动机是个体内生的一种假设、看不见的力量，最早的内在动机思想由 Woodworth 在 1918 年提出，他认为个体的感知和行动常常受到好奇心与自我保护的驱动，而这些行动具有自我奖励的性质，以自主为特征（张剑 等，2003）。20 世纪 50 年代起，国外学者对内在动机进行了广泛的研究，这一概念与 Skinner（1954）的以操作性条件反射为基础的强化理论和 Hull（1943）的以缺失性需要为基础的驱力理论形成了鲜明的对立。White（1959）指出，对挑战和掌握具有强烈追求的个体，是为了体验完成工作的胜任感，这是一种效能动机，这种动机具有持久性、特质性的特点，他提出的效能动机和胜任直接影响了 Deci 等人后来对内在动机的定义。与 White 相对应的是 Berlyne 在 20 世纪 60 年代提出的最佳唤起状态理论，解释了人们内生的探索和满足好奇心的欲望，这种最佳唤起状态就是在探索过程中得到的快乐和享受，这是一种情境性的内在动机。Hunt（1961，1965）是最早精确使用内在动机概念的理论家，他提出对环境进行控制的实践活动是一种内在动机影响的行为。Izard（1977）认为，兴趣是内在动机的关键促进因素，这种兴趣指引和促进了指向工作任务的注意力，并且鼓励了个体对于行为环境的探索。Poonam（1997）指出了内在动机具有3个层面的含义：一是参与活动或工作的动机只是出于好奇，为了满足自己的求知欲（Deci，1975；Gottfried，1983；Wbolfolk，1990）；二是参与活动或工作只是为了追求一种参与和完成的感觉（Bates，1979；Deci et al.，1991）；三是参与活动或工作只是出于一种贡献的意愿（Mills，1991）。总之，存在着20多种关于内在动机定义的不同表述。随着"内在动机"这一概念在管理学和组织行为学中的推广，Deci et al.（1991）对于这一概念的定义逐渐被普遍接受和引用。内在动机是指体现在工作当中的内在价值，当外部原因独立于人们从事的工作时，人们只是为了在工作当中追求某种乐趣、满足感和挑战时，所受到的内在激励。当人们从事某种工作并不依赖于外部原因，而只是为了追求工作中的愉悦、乐趣、自发的满意、好奇心的满足以及挑战性时，他们就受到了内在动机激发（Deci et al.，1989；Decic et al.，2000；Decic et al.，2005；Vallerand，1997；Alnabile，1994）。

2.2.3.2 内在动机的构成

Guay 和 vauerand（2000）总结了对内在动机的测量方法，主要包括行为法和自陈式量表，而在心理学实验研究中，行为法主要指自由选择测量（free-choicemeasule），应用该方法，当外在刺激消失时，行为持续的时间即表示内在动机的强度。虽然在实验研究中，自由选择测量法得到了较高的重测信度（0.99），但仍存在不足：一方面，它不能区分内在动机的构面以及自我决定理论中的内向投射、认同和整合动机；另一方面，它适用于实验研究，但不适用于如工作场所等特定领域的研究，原因在于它在实践操作中无法完全排除外在因素的影响，无法真正实现行为的自由选择。鉴于以上原因，工作场所对内在动机的研究多采取自陈式量表的方法。Vallerand（1997）提出的内在动机量表（intrinsic motivation scale，IMS）主要测量工作本身的乐趣、学习的乐趣、获得成就的乐趣，但这3个构面具有较高的相关性。进而 Guay 和 Vallerand（2000）提出了情境动机量表（situational motivation scale，SIMS），这一量表为Likert 7点量表，共4个题目，对内在动机的测量主要包括2个构面：一是兴趣；二是未来愿意从事目前活动的行为内在原因。他们实证检验了SIMS具有可靠的信度与效度指标。而在实证研究中，Van Yperen（2003）和 Vallerand（1997）都建议将内在动机作为单维变量来处理。

2.2.3.3 内在动机的测量

Csikszentmihalyi（2000）认为快乐是内在动机的关键因素，快乐提供了任务卷入和取得成就的内在报酬。学者普遍认为，内在动机包括认知成分与情感成分，自我决定与胜任感是内在动机的中心成分（Deci et al., 1985），而兴趣、好奇心的满足、兴奋等是伴随内在动机激发的行为过程中所产生的情感体验。Lesser 和 Madabhushi（2001）通过回顾 White（1959）和 Berlyne（1966）的理论，支持了内在动机的二维结构，探索和好奇心满足过程中的享受是内在动机的情感成分，具有情境性的特点，而胜任是内在动机的认知成分，具有跨时间和跨情境的稳定性、持久性特点。Vallerand（1997）探讨了内在动机的 3 个构面：了解、获得成就以及经历刺激。与这种并列结构不同的是，VanLier（1996）认为内在动机由两个层次构成，基本层包括意图、情感和努力，在此基础上的是内在动机的知觉和选择成分。Amabile（1994）根据以往内部动机的研究成果确定了 5 种内在动机的构成因素，分别是自我决定、胜任、任务卷入、好奇心和兴趣。本书通过对其设计的工作偏好量表（work preference inventory, WPI）进行因子分析得到内在动机的两个子量表，分别是乐趣与挑战。张剑、郭德俊（2003）以我国企业员工为对象，研究发现追求胜任、自我决定、良好关系以及外在报酬、他人评价构成了我国员工的工作动机，其中前三项构成了我国企业员工工作的内在动机。张炼（2003）以重庆市企事业单位员工为研究对象发现，他们工作的内在动机分别是学习、掌握、发展和成就。国外学者普遍提到的兴趣或乐趣这一因素在我国员工工作的内在动机中较少出现，这反映我国的经济发展和就业市场现状使得工作依然是企业员工的谋生手段，还谈不上从工作中体会到愉悦的享受。

2.2.3.4 评析

内在动机在心理学和教育学的研究中由来已久，当学者们将这一概念引入组织行为学和管理学领域中时，则会出现将这一概念简单化的趋势。从内在动机的定义可知，内在动机是个体一种内生的状态。工作的内在动机取决于员工本人的经验、偏好以及对环境的认知，其存在并不依赖于各种管理策略的实施，员工工作的环境、管理者的管理方式对内在动机仅具有削弱或促进作用。目前对内在动机的研究，主要针对内在动机的构成以及测量。未来，学者们对内在动机的研究中，其作为中介变量，应当具有可靠的理论和实证支持。我们应将自我决定理论和心理需求理论整合，从内在动机的角度对敬业度进行解释，对敬业度的干预也可以通过提升员工内在动机达成，充分发挥研究的实践价值。

2.2.4 心理需求文献综述

2.2.4.1 心理需求的内涵

心理需求量表用来测量人们对自主、胜任、关系三种需求的满足程度；需求（need）一直是心理学领域关注的重点内容（Latham et al., 2005）。在实验心理学领域，Hull（1943）认为研究的核心是理解个体有机的需求以及环境如何满足需求，他认为个体的生理需求在没有得到满足的情况下将会产生驱动状态，驱动状态与刺激—反应状态相连，从而引起行为。Murray（1938）提出了需求属于心理层面而非生理层面，是后天习得而非先天具有的，个体存在需求强度的差异，特别是对成就、权利和归属的需求。马斯洛（1943）提出了个体生存和发展的五种需求，但实证研究并未证实他们的研究结论。认知心理学认为，内在的心理过程如期望、自我效能、归因等对激励行为的解释力要强于需求。

SDT研究的学者认为，个体调节的方式和目标指导的行为不能完全用过程来解释（Broeck, 2008），在综合前人对需求的研究基础上，将需求定义为对于个体心理成长、整合以及幸福感的必备要素。基本心理需要的满足不仅对个体生理机能健康运转，还对个体心理健康具有重要作用。SDT认为个体存在三种先天的心理需求，分别为自主需求（autonomy）、关系需求（relatedness）和胜任需求（competence）。

自主需求是指对行为具有选择、遵循个人意愿的内在渴望，希望在行为中感受心理上的自由（Broeek, 2008; Deci et al., 2000）。关系需求是指个体具有内生的希望与他人建立联系、成为组织的意愿，在与周围人接触的过程中感受到关爱的需求。胜任需求的满足有助于个体发展自身技能，与Vroom（1964）的期望理论中期望获得具有价值的成果以及Bandura（1997）提出的自我效能感的概念相似。早期的SDT研究认为，自主需求和胜任需求对于内在化具有决定性作用，后来认为关系需求的满足对于内化过程同样具有重要意义（Beister et al., 1995）。

由于三种心理需求的作用基础具有差异，它们各自对动机具有不同方式的影响，Broeek（2008）对其进行了归纳，SDT理论中胜任需求和自主需求用以解释金钱、语言表扬等外在报酬对内在动机的影响已经得到证实（Deci et al., 2001），信息性的奖励能够增强个体的胜任需求，而控制性的奖励则会削弱个体的自主需求。学者们又从关系需求的角度研究了其对动机的影响方式。关系需求的满足过程使个体感觉与他人产生联系，而这种联系是以社会规范和价值观接受为基础的（Deci et al.，2000）。接受社会规范和价值观被看作符合社会群体生活的特征，关系需求的满足能促进个体对社会价值观和规范的内向投射。本书采用 SDT 对心理需求的界定，认为心理需求包括自主需求、胜任需求和关系需求。

2.2.4.2 心理需求影响因素研究

本书根据内在动机的个体性与社会性，从员工个人因素、工作因素和文化因素三个方面考察各变量对心理需求的影响，同时考察心理需求对结果变量的影响。

年龄与心理需求：Warr et al.（2001）以 16~64 周岁的英国人为研究对象，发现工作动机随年龄呈下降趋势，因为年长者对于学习新知识的兴趣明显降低。Kanfer et al.（2004）就年龄与工作激励问题进行了深入的研究，在 Lachman et al.（1997）提出的个体发展随年龄增长的四种状态（失去、成长、重组、交换）的基础上，研究个体的认知能力、人格、感情、价值、自我概念和职业兴趣的变化模式。他们认为，随着年龄的增长，工作对于员工的重要性会逐渐降低，成就动机也会降低，而这种成就动机体现了内在动机的胜任成分。Fay（2001）考察了年龄与工作主动性的关系，工作主动性体现了一种前摄行为，这与内在动机相似。研究发现，仅有学习因子随年龄增长下降，在其余因子上，工作主动性与年龄不相关，但年长者对工作的掌控性和复杂性更加偏好。总之，有关年龄与内在工作动机的直接研究相对较少，相关概念的研究并不能推断出一个明确的年龄与内在动机的相关关系。

工作内容与心理需求：工作特征模型侧重强调工作内容对心理需求的影响，认为技能多样性、工作自主性、工作重要性、工作完整性和反馈五个核心工作特性对内在心理需求有显著的预测作用。Robbins（1999）通过对制造业 200 名员工测试也得到了相同的结论，而 Thatcher et al.（2002）以 IT 工作者为研究对象，发现自主、多样性与内在动机显著正相关，却并未发现任务完整性、重要性、反馈与心理需求的显著关系。

工作环境与心理需求：自我决定理论认为，工作环境如果能满足员工的自主、胜任、关系这三种先天心理需要，则会促进员工的自发动机和内在动机，尤其是管理者的领导风格。支持员工自主性的领导风格将增强员工的内在动机，进而产生持久的绩效表现、积极的工作态度、组织承诺和心理幸福感；反之，则会削弱内在动机。Deci et al.（1989）认为，管理者对员工的自主支持包括承认员工的观点，以一种非控制的方式提供信息、选择以及鼓励。除领导风格外，Deci et al.（1989）从认知评价理论出发，认为组织中的可见报酬、最后期限、监督、评价等控制性的外部因素会削弱内在动机，而提供参与的机会等信息性的外部因素则会促进内在动机。Ttipathl（1992）则考察组织中的竞争对内在动机的影响，结果表明，组织其他成员的竞争会削弱内在动机，而与某一客观标准或自己以前的绩效进行比较是一种间接竞争，增强了心理需求。

文化因素对心理需求的影响：Sanchez 和 Runde（2002）指出，文化差异通过以下三个方面影响工作动机：一是员工的自我概念，包括个人信念、价值观等；二是规范，包括工作道德和对成就的理解等；三是环境因素，包括教育、社会化经历、经济状况、政治法律体系等。Deci et al.（2001）以保加利亚的企业员工为研究对象，从自我决定角度出发探讨了企业对员工自主性支持的氛围对于员工先天心理需求满足的影响。

2.2.4.3　心理需求对结果变量的影响

心理需求满足在职业健康领域得到了重点关注。实证研究结果显示，心理需求满足与员工工作幸福感和工作满意度等积极变量正相关，同时也能够削弱焦虑、失望等消极产出，并能够影响员工对顾客的态度、自尊程度以及组织承诺、个人绩效等（Baard et al.，2004；Lynch et al.，2005；Vansteenkiste et al.，2007）。Reis et al.（2000）针对心理需求的满足对结果变量的影响进行了横截面和纵向的研究，结果显示，在个体间和不同时间的心理需求满足对于幸福感的促进作用都具有一定的信度。Gagne et al.（2003）将同样的研究以运动员为样本，也得到了心理需求满足与幸福感具有跨时间的稳定关系。Hardi（1993）等在控制了员工薪酬和职务地位变量后，心理需求对结果变量解释力强于薪酬和地位，这表示积极工作产出在很大程度上取决于三种基本需求的满足。Gagne（2005）对此进行了总结，认为工作场所促进心理需求的满足将有助于提升员工的内在动机、促进外在动机的全面内化，进而产生积极的工作成果。在敬业度研究领域，Kahn（1990）认为，工作因素和组织支持因素并不是直接作用于员工的敬业度，关键心理状态在其中起到了中介作用。员工与工作角色之间存在一种契约关系，这种契约取决于员工与工作互动过程中的心理状态，包括意义感（meaningfulness）、安全（safety）、可用性（availability）。Kahn 的关键心理状态模型如图 2.1 所示。

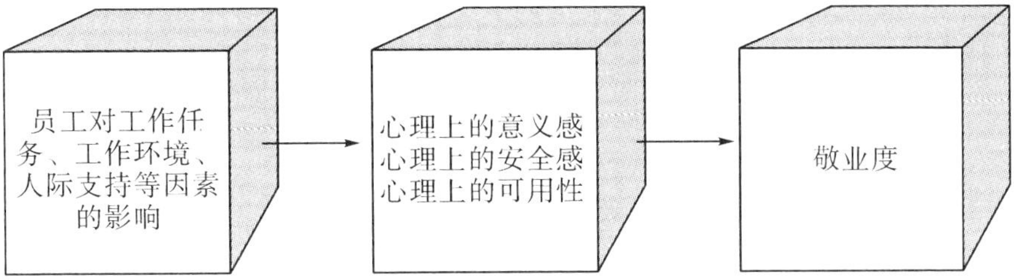

图 2.1　Kahn 的关键心理状态模型

在 Kahn（1990）提出敬业度的作用应当经过心理需求的中介基础上，Broeck（2008）等人通过实证研究构建了自主、关系和胜任需求对敬业度中介作用模型，即工作要求削弱三种心理需要的满足，工作资源则促进三种心理需求的满足，员工通过心理需求满足程度决定将精力、认知和情感投入工作的程度。尽管 Broeck（2008）只选取了敬业度中的活力因子进行了检验，奉献、专注并未纳入考虑，但这一模型为三种心理需求在敬业度作用过程中的中介地位提供了实证基础。Broeck 的心理需求中介作用模型如图 2.2 所示。

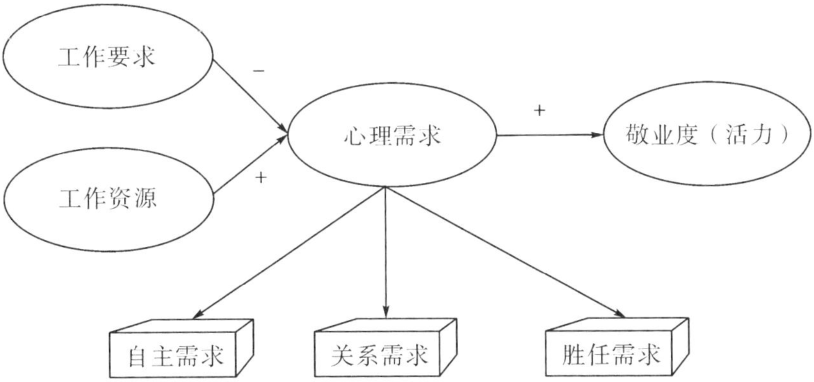

图 2.2　Broeck 的心理需求中介作用模型

2.2.4.4　评析

以前对心理需求的研究集中在心理需求的内涵、心理需求的影响因素、心理需求对结果变量的影响等几个方面，自主、关系和胜任这三种心理需求对于内在动机和敬业度均有积极的预测作用，尤其对于敬业度。与需求层次论、双因素理论、ERG 理论中的内容型需求相比，SDT 中的心理需求的实质是个人对成长、发展有机的需求，这种需求受到工作环境的影响进而影响积极的工作产出。尽管有关自主、关系和胜任这三种需求的研究，对促进员工内在激励具有重要的指导作用，但对“何时”产生效应，以及产生效应的强弱目前尚未研究。因此，心理需求是否可以作为调节变量，为未来的研究提供契机，值得我们思考。

2.2.5 变量间关系研究

2.2.5.1 体面劳动感知与敬业度的关系研究

目前虽然没有直接对体面劳动感知与敬业度间的关系进行研究，但已有学者对心理感知和工作相关的内容与社会化环境对敬业度的影响进行了研究，如组织支持感。一般来说，人的行为态度是由其思想或心理感知所支配的，从员工对工作的心理感知的角度去解释工作的体面性对敬业度影响的作用机制，符合从心理因素的角度解释人的行为特征的惯例。员工对工作体面性的认知体现在多个方面，如尊重感、认同感、包容感以及自我效能感等。

从组织层面来看，组织层面的因素主要包括组织支持感、组织文化、组织氛围等。在组织支持感方面，Cropanzano（2005）和Brusino（2009）等人通过相关研究验证了组织支持感对员工敬业度存在显著影响。这主要是因为，只有当组织成员能够感知到来自组织的关心、支持和重视后，才会愿意长久地留在该组织中，对工作敬业，为组织做出贡献，也就是说先有组织对组织成员的支持，然后才有组织成员对组织的敬业行为。吕翠（2009）在组织支持感与员工敬业度关系研究中也得出组织支持感与员工敬业度存在显著相关关系，且组织支持感是程序公平、上级支持知觉、组织报酬及工作条件对员工敬业度影响的中间变量。

在组织文化方面，翰威特公司通过多年的调查研究发现，企业文化是影响员工敬业度的重要因素之一。世界经理人网站及中国人力资源开发网等通过相关调查也表明，组织文化对员工敬业度具有重要影响。在组织氛围方面，Feslach（2001）和May（2002）等的研究表明，组织氛围对员工敬业度存在显著影响，这主要是因为良好的组织氛围使得组织成员更容易为工作努力、为组织承担风险，从而表现出较高的员工敬业度。张瀛（2008）在组织氛围与员工敬业度关系研究中表明，员工敬业度中的整体氛围因素受组织氛围中多达3/4因素的影响，可作为敬业度的晴雨表映射出企业管理中某环节的弱化。

从工作层面来看，工作层面的因素主要包括个体与工作匹配、工作内容的丰富化、对工作的控制程度等。Maslach（2001）、Schaufeli（2004）和袁刚（2005）等人研究证实了工作内容的丰富程度、工作的自主性、工作的挑战性等因素对员工敬业度有比较好的预测作用；May（2004）和Broeck（2008）等人通过实证发现，良好的工作环境、明确的绩效目标、个体与工作的匹配等因素对员工敬业度有显著的影响。另外，翰威特咨询公司通过研究得出工作内容（尤其是挑战、兴趣和影响）等是影响员工敬业度的重要因素。

许多研究探讨了自尊与职业倦怠之间的关系，发现低自尊者容易产生倦怠。此前有学者将敬业度与职业怠倦相结合并构建模型，就是把工作敬业度作为职业倦怠的反衬议题。学者们观察到，职业倦怠是对工作敬业度的侵蚀。由这个概念我们可以得出敬业度是职业倦怠的反面，也从中得知低自尊易产生职业倦怠，即我们可以推论出自尊越低，敬业度也就越低。Kahn（1990）和Maslaehetal（2001）的模型都表明，自尊是影响敬业度的重要因素。Hackman和Oldham（2002）构建了工作特征模型（job characteristics model，JCM），该模型描述了核心工作维度通过员工对工作意义的经历、对结果负责任和感知3种心理状态的中介，形成内在激励，并影响工作满意度、绩效等变量。依据敬业度影响因素的实证研究以及工作特征模型建立的核心工作维度与员工态度、行为的有效联结，我们可以认为核心工作维度对敬业度具有一定的促进作用。Hackman和Oldham（2002）在对工作特征模型的修正中发现，核心工作维度和社会支持对内在激励和结果变量有显著预测作用。其中，社会支持包括上级的支持和同事的支持。Latham和Pinder（2004）认为，社会支持对工作应具有很好的干预作用，应当更广泛地应用于工作激励领域。Karasek和Theorell（2005）认为，社会支持是来自管理者和同事全面的帮助性社会互动行为，有助于提升员工个体的心理与行为机能。苏红玲（2008）指出，社会支持能缓解工作紧张、提升员工的内在动机、促进员工的创造力和工作投入。基于Hackman和Oldham（2002）对工作特征模型的修正，本书的工作特征包括核心工作维度和社会支持。在实证研究中，Saks（2006）选择了核心工作维度、社会支持、薪酬对敬业度进行了回归分析，结果显示，核心工作维度、社会支持显著预测敬业度，而其他变量的预测作用则不显著。Schaufeli（2007）选择了工作反馈、社会支持、管理训练为自变量，结构方程分析结果显示，三者与敬业度中度正相关。Rothmann和Joubert（2009）验证了社会支持与敬业度中度正相关。

2.2.5.2 体面劳动感知与内在动机的关系研究

在目前的研究中，学者们虽然还没有直接研究体面劳动感知对内在动机的影响，但是已经从工作内容、工作环境、社会文化因素和工作特征模型等方面探讨了体面劳动感知对内在动机的影响。Robbins（1999）以制造业200名员工为样本进行研究，得出的结论是，5种核心工作特性对内在工作动机具有显著的预测作用。而Thatcher et al.（2002）以IT从业人员为研究对象，则发现自主性和多样性与内在动机显著正相关，却并未发现任务完整性、重要性、反馈与内在动机具有显著关系。这些研究结果存在差异的原因在于，有的研究通过员工自陈式量表描述工作特性，即自变量为员工主观感知的工作特性，而有的研究则通过外部观察者相对客观地描述工作特性。同时，各研究也采取了不同的测量工具对工作内容加以量化，常用的是 JCM 模型给出的工作诊断调查（job diagnostic survey，JDS）以及 Sims et al.（1976）给出的工作特征目录（job characteristics inventory，JCI）。与 JDS 测量的 5 个核心工作维度不同，后者测量的是自主性、多样性、任务确定性、反馈、与他人合作和交往机会 6 个核心维度。Tripathi（1992）则考察了组织内部竞争对内在动机的影响，结果表明，与组织其他成员之间的竞争是一种直接竞争，会削弱内在动机，而与某一客观标准或自己以前的绩效进行比较则是一种间接竞争，会增强内在动机。除领导风格外，Deci（1975）等人还从认知评价理论出发，指出组织中的可见报酬、最后期限、监督、评价等控制性外部因素会削弱内在动机，而提供参与机会等信息性外部因素则会增强内在动机。

Steers 和 Sanchez-Runde（2017）指出，文化差异会通过以下 3 个方面影响工作动机：首先是员工的自我观念，包括个人信念、价值观等；其次是规范，包括工作道德和对成就的理解等；最后是环境因素，包括教育、社会化经历、经济状况、政治法律制度等。Iyengar 和 Devoe（2003）从选择的认知程度去考察了文化差异对内在动机的影响，他们认为个人主义以独立的自我为中心，采取的是基于个体利益的道德精神模式。即个体的选择与自我目标相匹配，是自主的选择，故个体的内在动机水平较高；而集体主义文化则强调人际自我，采取的是基于义务的道德精神模式，个体是基于义务的选择者，故内在动机水平较低。另外，Lee-Ross（2005）对澳大利亚和毛里求斯的企业进行了比较，发现文化差异影响着员工对除反馈以外的其他工作特征的认知，但两者在内在动机上没有差异。这表明在特定文化下，低水平的工作特性认知也能产生较高的内在动机。Deci et al.（2001）以保加利亚的企业为研究对象，从 SDT 出发探讨了不同社会意识形态下，企业对员工自主性的支持程度对员工先天心理需要满足程度的影响。

2.2.5.3 内在动机与敬业度的关系研究

内在动机（intrinsic motivation）一直是心理学的一个重要研究领域，内在动机以个体和工作任务本身为关注对象，充分体现了人本主义的核心理念。随着学术界对人性假设的不断丰富和完善，以及人本管理理念在企业中的深化，近年来，员工的内在工作动机逐渐受到学者们和企业管理者的重视。大量研究表明，员工的内在工作动机对他们积极的情感体验、高水平的工作绩效、创造性行为、工作持久性、工作满意度以及心理健康状况都有很好的预测作用（Deci，1989；Deci，2005；Amabile，1994）。Koestner 和 Losier（2002）认为，对于趣味性较强的工作，内在动机可导致较高的绩效；而对于缺乏趣味性的工作，认同和整合动机能产生较高的绩效。所以，在工作中，自主动机较内在动机有更好的适用性，甚至对枯燥的工作而言，自主动机也与工作满意度和员工幸福感正相关（Ilardi et al.，1993；Shirom et al.，1999）。他们在随后的研究中发现，情感承诺与内在动机也有较强的正相关关系。而 Thatcher et al.（2002）的研究则表明，两者之间的相关关系并不显著，但内在动机对工作特征感知与情感承诺具有明显的调节作用。Bolino（1999）指出，组织公民行为可能会出于利他动机和对自我的印象管理而产生，这种利他动机是一种内生动机，而印象管理则源于控制性动机。

国外的研究主要关注环境因素对内在动机的作用、内在动机与外在动机的关系、任务报酬对内在动机的影响等内容，并形成了一系列相关的理论和模型。国内关于内在动机的研究多见于教育领域，在管理领域中则将重点放在激励问题上，避而不谈动机，或将动机与激励混淆。本书介绍了员工内在工作动机的概念、相关理论以及内在工作动机与相关变量的关系，并指出了未来研究的方向。

2.2.6 组织公民行为文献综述

2.2.6.1 组织公民行为的概念

1938 年，Barnard 提出了员工合作意愿（willingness to cooperate），这为组织公民行为的研究奠定了基础。他认为一个组织除了正式的结构和规章制度外，还有一个关键因素是成员之间的合作意愿。若是没有了成员之间的合作意愿，组织就只是一个空壳。

Katz（1964）探讨了组织行为的动力基础，他指出一个组织若想要高效地运转，以下类型的行为是十分必要的：一是员工进入并且留在组织之中；二是员工可以保证完成角色要求的任务；三是为了实现组织的目标，员工必须有超越角色范围的自发的、创新性的行为，即角色外的工作行为。

Bateman 和 Organ 在 1983 年首次提出组织公民行为（organizitional citizenship behavior，OCB）的概念。随后，Organ（1988）在之前研究的基础上对组织公民行为的概念进行了界定：它是一种员工自发性的、对组织绩效提升和有效运作具有促进作用的行为，但它不为组织正式的报酬体系直接或明确规定。

Organ（1988）对组织公民行为的定义在早期得到了学术界的普遍认同，但也有学者对“角色外的”和“正式报酬系统之外的”界定有所怀疑，认为其模糊不清。因此，Organ（1997）在借鉴了 Borman 和 Motowidlo（1994）的“关系绩效”之后，将组织公民行为界定成：本身虽然不能直接支持任务绩效，却能通过支持社会环境和心理环境来促进任务绩效的一类行为。

2.2.6.2 组织公民行为的结构与测量

学术界对于 OCB 的研究已经颇为成熟，但是对于其维度的划分仍然存在分歧，未能达成共识。

最早对组织公民行为进行维度划分的是 Smith et al.（1983）和 Organ（1997）等学者，他们将其分为利他主义（altruism）和一般性顺从（genearl compliance）两个维度，其中前者是指向特定的个体提供帮助，后者则指服从于做一名好员工的规范。

Organ（1988）将组织公民行为分为五个维度，这种分维方式对学术界产生了较为广泛的影响。这五个维度分别为：①利他主义（altruism），指愿意主动帮忙，协助同事处理工作中会出现的和可能出现的问题；②文明礼貌（courtesy），指主动协助他人事先预防工作中问题的产生；③责任意识（conscientiousness），指以超出组织要求的标准来尽职尽责地对待工作；④运动员精神（sports manship），指在组织中遇到不便或不愉快时，能够毫无怨言地容忍并且坚守岗位；⑤公民美德（civic virtue），指自觉关心、参与组织中的各类活动，如主动浏览内部文件、关心组织重大事件、为组织的发展建言献策等。Organ（1988）还开发了组织公民行为的五维度量表，也在国外的研究中得到诸多应用。

Williams 和 Anderson（1991）根据行为导向提出了二维度的划分方式：一是组织导向的组织公民行为（OCB-O），即促进组织整体利益的组织公民行为；二是个体导向的组织公民行为（OCB-I），即直接有利于特定个体、间接有利于组织的组织公民行为。为更全面地理解组织公民行为，Chiaburu et al.（2011）在 Williams 和 Anderson（1991）研究的基础上，进一步将变革导向的组织公民行为（OCB-CH）融入，形成三维度更广义的组织公民行为。之后的研究中，Wu et al.（2016）在中国情境下验证了组织公民行为这一维度划分的有效性。

此外，Graham（1989）从另一角度将组织公民行为划分为人际互助、个人主动力、个人勤奋和忠诚支持四个维度；George 和 Brief（1992）则提出帮助同事（helping coworkers）、提供建议（making constructive suggestions）和保护组织（protecting the organization）三个维度；Podaskoff et al.（2000）对前人的研究进行梳理后，将其划分为七个维度，分别是助人行为、运动员精神、组织忠诚、组织遵从、个人主动性、公民道德和自我提升。

上述研究都是国外学者基于西方背景对组织公民行为进行的探讨。由于东西方价值观和文化氛围不同，所以国内学者积极探索了中国情境下组织公民行为的维度划分。其中，Farh et al.（1997）基于来自中国台湾地区的调研数据，开发了5维度的OCB量表，5个维度分别为：①组织认同，指员工尽力维护组织形象、参与组织会议与决策、为促进组织发展而提供意见建议等；②协助同事，指帮助新同事适应环境、协助同事完成任务和与同事交流等；③尽责性，指按时上班、认真工作、自觉遵守组织章程等行为；④人际和谐，指员工不会为了一己之利，破坏组织原有的和谐人际关系；⑤保护组织资源，指员工不会利用上班时间做私事和私用组织资源。5维度量表共计20个题项，经过研究，证实其在中国情景下有较好的信度与效度。Farh et al.（2004）又基于中国大陆的情境，提出了10个维度的划分方式，前5个为通用维度，后5个为扩展维度，并在此基础上开发了32个题项的量表。

2.2.6.3　组织公民行为的影响因素

组织公民行为的影响因素是各领域专家学者研究探讨的重点。Podsakoff等（2000）学者总结前人关于OCB的实证研究，将其预测因素归纳成4个方面，分别为个人特质、任务特征、组织特点和领导行为。

首先是个人特质。

目前，学术界将个人特质作为组织公民行为的前因变量进行的研究最为丰富，而个人特质方面的因素包括了态度和个性两大类。

就态度因素而言，主要有工作满意度、组织承诺、组织公平感、组织支持感、组织认同等。Bateman和Organ（1983）经过研究发现，员工的工作满意度对其组织公民行为具有显著的正向预测作用。Shore和Wayne（1993）的研究表明，情感承诺和组织支持感能正向预测组织公民行为，而持续承诺则负向影响组织公民行为。柯丽菲等（2007）通过对服务性企业员工的研究调查，发现组织承诺、组织公平感均与组织公民行为呈正相关关系。苗仁涛等（2012）的研究也证实了组织支持感和公平感通过员工态度对其OCB产生促进作用。

就个性因素而言，Organ和Ryan（1995）通过研究证实，责任意识、积极与消极情绪对组织公民行为具有间接的作用。郭晓薇（2008）的研究结果表明，员工的责任意识越高则越能提升其组织公民行为，并且公平感在其中发挥着负向调节的效应。

其次是任务特征。

Podasakoff et al.（1996）的研究发现，任务特征因素包括任务反馈、任务常规性和任务内在满足性，其中任务反馈和任务内在满足性均与 OCB 呈正相关关系，而任务常规性则对其具有负向的预测作用。周红云（2012）探究了工作特征因素对公务员 OCB 的影响，结果表明 OCB 会受到任务重要性、任务完整性、任务反馈以及技能多样性的正向影响。

再次是组织特点。

Simon et al.（1999）的研究结果表明，团队凝聚性正向预测组织公民行为，而领导控制外的奖励负向预测组织公民行为。吴隆增等（2010）发现，职场排斥会削减员工的组织公民行为。柳士顺等（2013）探讨了群体规模与群体组织公民行为间的关系，结果表明两者呈负相关关系。

最后是领导行为。

Podaskoff et al.（2000）指出，变革型领导能正向预测下属的组织公民行为，交易型领导的奖励维度同样与组织公民行为呈正相关关系，而惩罚维度则呈负相关关系。王震等（2012）的研究证实了道德领导能正向预测下属的组织公民行为。郎艺和王辉（2016）通过研究发现，主管的授权赋能领导行为通过领导认同正向影响员工的组织公民行为。

2.2.7 心理所有权文献综述

2.2.7.1 心理所有权的概念

当前，越来越多的学者将研究聚焦于如何通过培养员工的主人翁意识来降低员工的离职率、提升员工的在职表现。他们将这种主人翁意识称为“心理所有权”。

Pierce 和他的同事最早提出了“心理所有权”的概念。Pierce et al.（1991）指出，可以从以下两个维度理解所有权，即员工拥有的正式所有权（如资产权、控制权和知情权等）和员工内心的所有权（心理所有权）。

Furby（1991）也指出，“这种心理层面上的所有权体验是种占有感（the feeling of possession），它使得人们把占有物视为‘自我的延伸’，进而影响着人们的动机，导致态度并最终引发行为”。

经过 10 年的研究，Pierce et al.（2001）给心理所有权下了正式的定义：“个体感觉所有权的目标物或目标物的一部分是‘他们的’的一种心理状态，它的核心是‘拥有及心系目标的感觉’。”

作为员工工作态度和工作行为的预测工具之一，组织心理所有权愈发受到学者的关注。Wagner et al.（2003）指出工作群体中的心理所有权是一种占有组织的共享感，它体现在所有权信念和所有权行为之中。Dyne et al.（2004）基于前人的研究，提出了“基于组织的心理所有权”，将其定义为“员工建立发展对目标物拥有感的一种心理体验现象”。

2.2.7.2 心理所有权的根源与生成路径

心理所有权的根源主要回答了“心理所有权为何存在”这一问题。Pierce et al.（2001）基于以往学者的研究，指出心理所有权主要源于人类的三种需求：一是效能感。拥有目标物的动机很大程度上是源自控制（Isaacs，1933）。因此，Pierce et al.（2001）认为，某人通过控制或行动获得期望的结果时，他就会产生效能感并得到快乐与满足。二是自我认同。占有物也是自我的一种象征，因为它们与自我认同和个性密切相关。通过个体与占有物的互动，这种所有权有助于个体了解、认知自己和维持自我连续性。三是拥有立身之地。Weil（1952）曾说过，拥有 -个空间是“人类灵魂”非常重要的需求。个人占据一定的空间，即拥有一个可以安身立命的“家”的动机，能够部分阐释所有权及相关的心理状态。正是因为有这种动机，并且通过所有权有可能满足这种动机，个体才会投入大量的精力和资源到这个可能成为他的家的目标物。综上所述，Pierce et al.（2001）认为，所有权的感觉使个体的三种内在动机得到满足，而这三种动机便是心理所有权产生的根本原因。

以上三种动机虽然是心理所有权存在的根源，但是心理所有权的产生还需要通过一些途径和作用机制。而心理所有权的生成途径就解答了“组织成员如何感受到所有权”这一问题。

Pierce et al.（2001）提出，心理所有权的产生主要来自以下三种途径：一是对目标物的控制。Rudmin et al.（1987）认为，所有权意味着使用和控制使用目标物的能力，而对目标物的控制最终会促进对其的心理所有权。个人对目标物掌控得越多，越能感受到目标物是自己的一部分；反之，无法被掌控的或是由别人掌控的目标物不会被视为自己的一部分。因此，在组织情境下，员工对特定组织因素的控制强弱和他感觉到的对这一因素的所有权强弱存在正向因果联系。二是对目标物的亲密了解。个体与目标物间的联系往往会引起所有权的产生。因为通过联系，个体会获取目标物的信息并开始密切地了解它。而当个体掌握的有关目标物的信息越充分时，与它的关系越深入，对它的心理所有权也就越发强烈。因此，在组织中，员工对特定组织因素的密切了解程度和他对这一因素的心理所有权程度存在正向因果关系。三是对目标物的个体投入。

个体对目标物投入的精力、时间、功夫和注意力等都会促进个体对目标物的心理所有权，并且投入越多，个体对目标物的心理所有权越强。因而在组织情境下，个体对特定组织因素的投入多少和他感受到的对这一因素的心理所有权强弱之间存在正向的因果联系。

2.2.7.3 心理所有权的维度及测量

在现阶段关于心理所有权的研究中，以 Pierce et al. 为代表的大部分学者还是将其看作一个单维的结构。然而随着对心理所有权概念和理论研究的深入，有些学者开始探讨具有多种动机来源的心理所有权是否多维度结构，因为不同来源的心理所有权可能使得心理所有权存在多个维度。

Van Dyne et al.（2004）将心理所有权视为单维度结构，并设计出一份共计 7 个测量题项的心理所有权量表。经过验证，该量表的信效度均较好，为国内外研究者广泛地使用。

Avey et al.（2009）提出了一个 2 类 5 维的心理所有权结构：一类是促进性心理所有权，主要由自我效能、自我认同、归属感和责任感构成；另一类是防御性心理所有权，包含一个维度，即领地感。在此基础上，Avey 等设计了一份 5 维 16 个问题的量表。

为了推进心理所有权的本土化研究，国内学者在借鉴外国相关研究的基础上，开发了中国国情下的心理所有权量表。陈浩等（2012）在中国情境下对 Avey et al.（2009）开发的 5 维量表进行了修正，发现在中国情境下，促进性心理所有权中的自我认同和归属感两个维度很难区分，于是将这两个维度合并为身份归属，进而将促进性心理所有权分为 3 个维度：自我效能、责任感和身份归属。

2.2.7.4 心理所有权的相关研究

学术界从影响因素和结果变量两方面对心理所有权展开了讨论。

就影响因素而言，现阶段的探索相对较少。Zhu et al.（2010）通过研究发现，不仅血缘关系能影响心理所有权的产生，人与人在互动中形成的关系和在工作中发展出的亲密关系也能影响心理所有权的产生。李锐等（2012）研究了权威领导和组织心理所有权之间的关系，表现为权威领导显著负向影响组织心理所有权。

就结果变量而言，现有研究已较为丰富。众多学者通过大量的实证研究指出，员工的心理所有权会对他们在组织中的态度和行为产生积极的促进作用（Van Dyne et al.，2004；Michael et al.，2006），如组织承诺（曹科岩 等，2009；李明，2015）、工作满意度（刘芳 等，2010）、员工离职倾向（黄海艳 等，

2009）、组织公民行为（吕福新 等，2007；陈浩 等，2011）等。

此外，还有研究探讨心理所有权的中介作用机制。周浩、龙立荣（2012）采用配对研究的方式，检验了组织心理所有权完全中介变革型领导和下属进谏行为间的关系。梁果等（2014）通过实证研究证实，心理所有权在领导—成员交换理论（leader-member exchange，LMX）和个人主动性之间发挥着中介效应。邱敏和胡蓓（2015）探究了内在激励和外在激励、心理所有权以及敬业度之间的关系，发现内在激励和外在激励对心理所有权有显著的正向影响，并且心理所有权部分中介内在激励和外在激励以及敬业度之间的关系。

2.2.8 主管支持感文献综述

2.2.8.1 主管支持感的概念

不同于早期传统组织行为学中采用自下而上的方式来讨论员工态度及行为对组织的影响，如组织忠诚、组织承诺等。Eisenberger et al.（1986）提出了新的研究方式——采用自上而下的方式讨论组织特征对员工态度及行为的影响，并称为“组织支持感（POS）”，即员工对组织重视员工贡献、关心员工福祉的程度的总体看法。

然而在现实管理实践中，组织相对于员工而言是较为抽象的，组织的规范、政策等通常都是通过员工的主管表现出来的。对员工来说，主管是组织的代理人，他们负责员工工作的分配、绩效的评估、资源的配置以及给予员工所需的指导和帮助，员工会把主管如何对待自己视作组织支持的一个“指示器”。基于此，Kottke et al.（1988）提出主管支持感的概念，并借鉴了Eisenberger et al.（1986）对组织支持感的定义，将主管支持感定义为“员工感受到主管重视他们的贡献、关心他们的福利的程度”。之后其他学者也曾提出主管支持感的定义，但本质上与Kottke et al.（1988）的定义一致。

2.2.8.2 主管支持感的维度与测量

当下，针对主管支持感的测量大部分都是在Eisenberger et al.（1986）开发的组织支持感问卷的基础上进行一定的改编和构建。如Kottke et al.（1988）在开发主管支持感量表时，以“主管”一词替代“组织”，对组织支持感量表进行了重新编制。Patterson et al.（2005）则更多地从组织氛围的角度出发，开发了包含5个题项的主管支持感量表。因Eisenberger et al.（1986）开发的组织支持感量表为单维度，所以在后续的研究中，学者们通常将主管支持感视为单维度来研究。

2.2.8.3 主管支持感的相关研究

首先是前因变量。

现阶段对于主管支持感影响因素的探索还很缺乏，学者们主要围绕员工个体特征和工作任务特征等对主管支持感的影响展开讨论。

Chan et al.（2006）研究结果表明，员工的前瞻性人格能够对主管支持感产生显著的正向作用，并且个体的情境判断性在中间发挥调节效应：当个体具有较高的情境判断性时，前瞻性人格能正向预测主管支持感；反之，则负向预测主管支持感。周慧珍和罗新兴（2006）发现，员工的工作胜任能力与主管支持感之间存在显著的正相关关系。就工作任务特征而言，Yoon et al.（2000）通过对医院工作人员的调研发现，工作自主性有利于提升员工的主管支持感。Stinglhamber 和 Vandenberghe（2003）的研究显示，"让人内在满意的工作条件"对主管支持感具有显著的正向预测作用。

其次是结果变量。

目前学术界对于主管支持感的结果变量研究较为丰富，主要集中于工作态度、工作行为、工作绩效、工作压力等方面。

Sargent et al.（2000）通过实证分析，结果表明，PSS 的增加能够显著减少高压力性工作对工作满意度的负向影响。Allen（2001）、Cheng et al.（2003）和 Gagnon et al.（2005）的研究均表明，主管支持感对员工的离职意向存在负向的影响。Wayne et al.（1997）发现，当员工的主管支持感较强时，基于互惠原则，他们会产生更多的角色外行为。Shanock 和 Eisenberger（2006）认为，下属的主管支持感对其绩效具有显著的正向影响。在工作压力方面，Bowen（1998）研究发现，主管支持能够对工作压力产生负向影响，即相较于不能充分获得主管支持的员工，获得支持的员工对于工作压力的缓解程度更高。

2.2.9 变量间关系研究

通过进一步对体面劳动感知、组织公民行为、心理所有权和主管支持感等相关文献的回顾，以及对变量间关系研究的梳理，本书发现自 1983 年 Bateman 和 Organ 首次提出组织公民行为的概念之后，国内外对其理论和实证探索已经相当丰富。虽然组织公民行为的概念已逐渐明晰，但至今学术界也未对其有统一、明确的定义。同时，关于组织公民行为的测量维度划分也存在分歧。尽管组织公民行为是一个多维度概念得到了国内外学者的普遍认可，但是在具体划分时又分为二维度、三维度、四维度、五维度和七维度，各种划分方式又有重合的部分，所以后续研究还需完善。此外，现有研究已经探讨了组织公民行为的部分影响因素，其中心理所有权和组织公民行为之间的关系得到广泛研究证实。Pierce et al.（2001）在其研究中就曾提出组织公民行为是心理所有权的结果变量之一，随后他与 Van Dyne（2004）的研究证明了组织心理所有权会对员工的工作态度和 OCB（组织公民行为）产生积极作用。国内学者王沛、陈淑娟（2005）的研究指出，员工对组织的心理所有权对他们的态度以及工作行为存在正向的影响。吕福新和顾姗姗（2007）通过对我国本土企业的调研，发现在我国国情下，企业员工的心理所有权与其组织公民行为之间同样具有密切的联系，并且证实了情感承诺与规范承诺在两者之间发挥着中介效应。上述研究表明，心理所有权与组织公民行为之间的确具有相关关系，并且心理所有权能对组织公民行为进行正向的预测，为本书提供了一定的文献支撑，但同时也亟须在不同文化背景和不同环境中进一步发掘组织公民行为的影响因素及其作用机制。

回顾文献可知，从微观视角出发探讨员工体面劳动感知与其他行为之间关系的研究已经开始引起学者们的重视，但研究成果还不够丰富，还未曾将心理所有权这个认知因素作为中介变量，把体面劳动感知、心理所有权和组织公民行为三个变量放入同一框架内来进行研究。因此，本书将进一步在微观层面探讨我国企业一线员工的体面劳动感知对组织公民行为的影响，并引入心理所有权来解释两者之间作用的机制，用以拓展体面劳动感知与员工行为之间关系的研究。

2.3 本章小结

根据本章对体面劳动相关的理论和概念进行回顾和梳理，我们发现目前无论是理论界还是实业界对体面劳动的定义仍然沿用国际劳工组织所给出的定义。但是不同的国家，其文化背景和历史背景都不同，而且每个国家的发展阶段、政治制度、经济条件和发展水平也不同，所以对体面劳动的研究应该放到具体的情境中，而不能统一概括。虽然国内外学者在体面劳动的拓展研究方面也对体面劳动的目标、体面劳动的评价指标以及体面劳动本身进行了一些实证研究，但是仍存在一些空白和需要进一步深入挖掘的问题。本书认为至少可以从以下四个方面对体面劳动的研究进行拓展：

第一，目前的研究倾向于站在政府和企业的角度来研究体面劳动的目标以及衡量指标，并没有以员工为出发点，思考员工对体面劳动的理解和感悟。未来的研究应该改变以往的研究视角，从信息发出者的视角转向信息接收者的视角来研究体面劳动，也就是从感知的视角来探讨体面劳动，这样更容易准确地概括体面劳动感知的内涵。

第二，在体面劳动感知测量工具方面。虽然以往很多国内外学者都关注了体面劳动的测量问题，也提出了很多的测量指标，但是这些衡量指标提出的角度比较宏观，具体到体面劳动感知的测量工具，目前还需要做大量的数据收集和整理工作。

第三，在体面劳动感知对敬业度和组织公民行为的影响机制方面。由于缺乏体面劳动感知内涵和测量工具的研究，一些可操作化的体面劳动感知的影响机制目前尚未开展研究。虽然没有直接对体面劳动感知和敬业度、组织公民行为的关系进行研究，但是对敬业度和组织公民行为的影响因素中已经有学者研究了一些心理感知方面的变量的影响，如组织支持感、尊重感和认同感等。此外，虽已有学者研究了内在动机对敬业度的影响，但并没有将内在动机作为体面劳动感知和敬业度的中介变量进行研究；同样地，虽有学者对心理所有权与组织公民行为的影响进行研究，但也没有将其作为体面劳动感知和组织公民行为的中介机制。这为本书提供了研究契机。

第四，在体面劳动的研究方面。在研究对象的选取上，以往的研究多是站在宏观层面，从整个社会的弱势群体（如童工、妇女）等角度去研究，今后的研究应该思考以企业为单位进行研究，从宏观机制研究转向微观机制研究，把研究对象锁定在对企业贡献大，但是却最容易被忽视且劳动矛盾突出的一线员工群体，在研究对象上应更有针对性，对企业构建和谐劳动关系意义更加深远。

以上存在的问题和空白为本书提供了广阔的探索空间；而本书对现有理论和实证研究的回顾，也为后续研究奠定了基础。

3　企业一线员工体面劳动感知的意义建构理论

近年来，围绕什么是体面劳动这一问题，国际社会进行了广泛而深入的讨论并开展了一系列的实践工作，取得了阶段性成果。在我国，关于体面劳动的研究目前还比较少，对体面劳动感知的概念和内涵还缺乏应有的认识。总体来看，体面劳动在世界范围内仍处于理论研究的初级阶段。在实际中，绝大多数人对什么是体面劳动的概念还感到非常陌生，在学术界，也很少有人针对体面劳动进行专门的研究。由于对“体面”理解的差异，人们对“体面劳动”的认识存在一定的误解。《现代汉语词典（第7版）》对“体面”一词的解释有三条：一是面子、身份、体统；二是光荣、光彩、面子上好看；三是好看、美丽。这三条都能和“劳动”搭配，“体面劳动”按字面理解为有身份的、光彩的劳动。大多数人会从字面上理解，会认为体面劳动就是条件优越、发展前途好的工作。其实，体面劳动与否并不是指工作的高低贵贱之分，不是把职业分为“三六九”等，不是穿着体面、工作轻松、坐在办公室内的高薪脑力劳动者的劳动。这种误区来源于不健康的劳动价值观和职业标准。因此，我们有必要就体面劳动的具体内涵进行辨析。本章主要是在意义建构理论的基础上，经过深度访谈和概括来探讨体面劳动感知的内涵。

3.1　企业一线员工的地位和现状

本书选择容易被忽视的一线员工为研究对象。企业一线员工是指工作在企业第一线，直接创造企业价值和社会财富的员工，如制造业中的生产工人、服务业中的服务人员、销售企业中的销售人员等广大基层员工。和知识员工相比，一线员工并没有很高的学历，也不具备非常强的专业知识和技能，他们在人力资源市场上相对更容易获得，企业一线员工属于普通人力资本或者辅助的人力资本。同时，企业一线员工位于企业战略层的执行层，他们的工作基本都是上级安排好和设定好的，工作内容比较单纯，对生产经营结果只有小范围的影响，他们经常做的都是简单的、重复性的、机械的或常规性的工作，工作形式缺乏自由性和灵活性。但是，对于大多数服务型的一线员工来讲，他们都是企业的外在形象，因为一线员工要广泛地接触客户；而生产型的一线员工更是处于重要位置，因为他们是企业产品质量保证的关键；还有一些一线员工虽然不接触客户也不处于生产的第一线，但是需要服务于企业内的其他员工，是企业运行协调的重要保证。所以一线员工是企业管理中的重要组成部分，他们的工作对于企业的经营发展同样非常重要，他们有着同样的受到尊重和关爱以及自我实现的要求。但是在现实工作中，往往一线员工在工作中的激励因素非常少，他们的高层次需求难以得到满足。

企业一线员工是企业发展的基石，是战斗在企业生产和服务前线的主力军。然而，长期以来我国企业一线员工面临着劳动合同签订率低、社会保险参与率低、工资收入保障水平低的“三低”困境，以及工伤及职业病多、加班多、劳动争议多的“三多”困境，这些问题已经严重影响了劳动关系的和谐与社会的稳定。所以本书以企业一线员工工作“体面性”为研究的突破口，运用意义建构理论探讨在中国文化背景下一线员工对工作“体面性”的意义建构，从宏观层面研究转向微观层面的研究，研究的重点从强调来源转向强调劳动者，即摆脱从客观环境和条件出发，从另一个不同的参照物（劳动者）反观劳动体面性的影响。

3.2 企业一线员工体面劳动感知的意义建构模式

意义建构理论属于建构主义本体论的观点。Dervin 于 1972 年就开始对意义建构理论进行广泛而深入的系统研究。意义建构理论主要是为人们提供了一种认识外部世界的方式，是一种解释沟通、信息与意义之间关系的理论体系和概念性的工具。意义建构理论认为，社会现实并不是孤立存在于人们的认识中，而是因人们对事物的意义建构的认知不同而不同。在意义建构理论者看来，社会现实是个体之间的主观评价的产物，组织却是一种个体间互动的社会现实，并且通过组织个体之间的沟通和相互交流不断得到建构。意义建构理论将“情境”这一因素置于研究的重要位置。“情境”在意义建构理论中有三层不同的含义：一是对同一个体、同一信息在不同环境中有不同的意义；二是同一环境中，不同个体对同一信息有不同的理解；三是信息接收者所理解的信息含义不同于信息生产者的本来意图。人们在与别人交流和解读别人信息的过程中对事物进行意义建构，并且意义建构之后以自己的理解把建构的意义解释给别人。信息不再只是一种直接从发送者到接收者的“传播物件”，而是“在特定时刻与情境下，一人或多人共同解读的结果”，所以意义建构理论是信息沟通的一种有效工具。目前，谢延浩（2011）已经从意义建构的理论出发构建了个体差异和参照物选择对薪酬满意的作用机理；韩玉兰（2010）也从中国情境入手，对中层管理者的管理觉知进行了意义建构，并对管理觉知的影响机制进行研究，进一步证明了意义建构理论的实用性和可操作性。

意义建构通过比较、分类和联系等内化方法，以及支持、反对、参与、聆听等外化方法实现对信息的使用。信息传播的整个过程就是由接收者主动建构信息意义与判断信息价值的过程。因此，因建构理论要求信息研究的重点从来源者转向了信息接收者这一方，也就是摆脱了由于沟通者自身感知体系的差异所造成的信息失真状况，从另一个不同的参照物（信息接收者）来反观自身的沟通技巧，即关注信息接收者对信息理解的准确度，并根据信息接收者所理解的内容来采取措施。这既符合了双向沟通的原则，也使得沟通更有效率和更科学。

以前体面劳动的概念更多的是运用了国际劳工组织的定义，更多的是强调从信息发送者（企业）角度去定义，但是，企业为员工提供认为体面的劳动条件，是否员工同样能够感知到。信息发送者（企业）和信息接收者（员工）对体面性认知存在偏差，为了弥补组织和员工出现的由于信息不连续所导致的“鸿沟”，信息发送者必须根据员工的反馈采取措施，使得沟通信息接收者的意义建构与沟通信息发送者的意义建构趋于一致，并逐渐缩小沟通双方的理解差异，以更好地提出措施。本书从宏观层面对体面劳动的研究转向微观层面对体面劳动的研究，即摆脱从客观环境和条件出发，从另一个不同的参照物（员工）来反观劳动的体面性，这正是意义建构的内容。

工作是否体面是不同员工在不同环境中的意义建构过程，在这一意义建构过程中，员工与组织双方对同一信息在不同的环境中有不同的意义；同一环境中，双方对同一信息存在不同的理解，信息接收者所理解的信息含义不完全等同于信息发送者的本意。正是由于在同一环境中，组织和员工对“体面性”存在不同的理解，所以导致双方在未达成同一目标时出现“鸿沟”，即由于信息不联系性而形成的理解差距。为了跨越“鸿沟”，组织需要找出解决渠道以弥补双方出现的差距。图 3.1 为企业一线员工体面劳动感知意义建构模式。

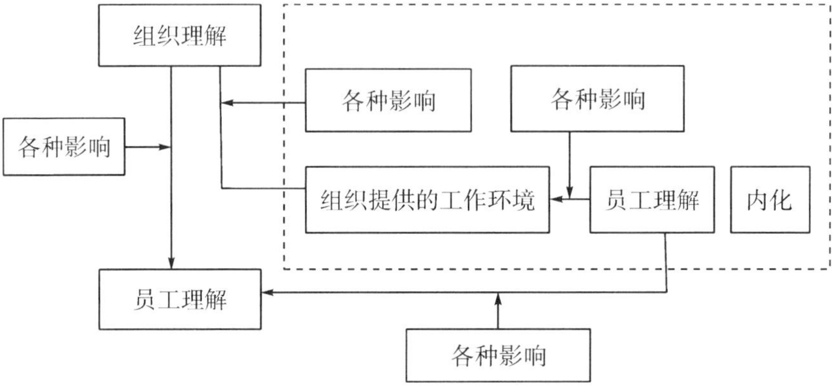

图 3.1　企业一线员工体面劳动感知意义建构模式

3.3　企业一线员工体面劳动感知的意义建构机制

3.3.1　意义建构的内驱机制：需求差异

通常员工在实际中对体面劳动的感知在各个阶段往往会有不一样的意义建构。在其职业发展过程中，员工对安全的需要是最基本的。一般我们可以将安全需要划分为安全，稳定，依赖，不焦躁，免受恐吓、混乱折磨等。当员工有安全需要的时候，对体面性的建构更看重的是劳动中的安全保障，没有有力的安全保障措施就不可能有效地保障生产力，进而实现再生产。所以，体面的工作必然要求建立和完善劳动保护机制，要保护员工的生命安全，使其不受到伤害，尤其是女性职工的安全。此外，劳动的稳定性也是一个重要的因素，合同就是为劳动者提供稳定工作的一种手段和保障，而劳动又是公民获得最基本收入的途径，以便他们能够为其家庭和未来提供长期保障。所谓生活的保障性，主要是当员工在遭遇到意外伤害时可以为其提供基本的生活需要。

当员工在安全需求上得到满足之后，需要的就是归属感和爱，这两个因素构成了体面性感知的核心（张燕，2011）。当基本的安全与生活需求得到满足后，个人会对他人的关爱特别在意，此时员工会强烈地意识到体面的劳动不仅是能挣多少钱，同时还涉及自身的幸福，归属感就能够给予员工这样的幸福。在这个阶段，员工更加在意企业给予他们的归属感，对集体利益一致性的认同以及对利益分配的评价；另外员工的体面性感知还包括对同事之间关系的感知，即同事之间所给予的相互关心、爱护、照应以及协作。

社会上绝大多数人都有一种对稳定工作的需求，对于来自他人的认可绝大多数人都非常看重，这是一种自尊、自重的表现。这样的自尊首先来自自己对自己的实力、成就的自信。其次，来自名誉和威信的欲望（颜西平，2011）。本书将自我尊重分为两类：一类是个人对自己的尊重；另一类是外部世界对自己的尊重。个人处在一个巨大的社会网中，有自己对自己、外界对自己的尊重还不够，自己想要获得外部世界的认可与尊重，首先要做到的是去尊重外部世界并尊重他人。如果一个人不能学会尊重他人，那么想要得到他人的尊重也是不可能的。基于这点，本书把个人对于外部世界的尊重纳入整个尊重的范畴。

对于个人来说，当其他需求都被满足以后，个人对自我实现的需求就凸显出来了（张苏串，2012）。所谓自我实现，主要是指一个人让自己的能力和潜能得到发挥，成为在社会上最独特的自我，成为自己理想中的自己。处于这样一个阶段的员工，他对于体面性的理解是努力工作并充分释放自己的潜能，成为自己想要成为的那个人，所以会认为体面性劳动就应当首先获得培训的机会，因为只有经过培训才能掌握自己即将要从事的工作所需的知识和技能；其次，自我实现在权利的保障上应该让员工享有充分的空间，让职工有参与企业发展的权利，并且在参与过程中享有充分的发言权，良好的外部空间和环境也是保障员工自我实现、自我发展的重要因素；最后，对于自我实现的评价应该根据员工所从事的工作是否具有潜力来进行，以是否享有工作的成就感来判断。

因此，员工处在不同工作阶段有不同需求，这意味着建构体面性感知具有一定的差异性。

3.3.2　意义建构的心理机制：参照物选择

体面劳动的感知通常是建立在某个参照物上的，每个个体对于体面的感知是不同的，这主要是因为每个人的参照物不同。体面感知是一个没有固定标准的概念或者感受，人们在不同时间对于体面的感知也是不同的，同样也会因不同地位、不同人群而发生变化。总之，员工对体面的感知是随着参照物而变化的。在进行形势判断时，人类本质的基本方面主要是进行比较，从比较中获得判断其他事物和其他人的相关知识，从而减少了在绝对意义上的不确定性判断。

实际中对参照物影响的选择性因素有很多，不仅包括组织层面和工作层面，还包括个体特征的因素。已有的参照物的选择性理论给出了这样的建议，信息的可得性以及参照物的关联性被作为参照物选择的两个基本维度（谢廷浩，2011）。这两个基本维度对于理解个人以及情境方面的因素的效用提供了一个非常有益的启发，并且形象地描绘出了一些对关联性以及可得性产生影响的心理过程。Goodman（1974）指出参照物的选择主要基于信息的参照物关联性的吸引力与信息内容的可得性，它们进一步的描述主要隐藏在了两个参照物的选择驱动因素的背后过程当中，可以认为信息的可得性主要取决于影响信息获得的个人因素和目标环境当中的显见要素。参照物的关联性主要取决于对比较需求工具作用的满足和对个体需求强度的满足。Levine 和 Moreland（1987）曾提出过一个相类似的模型，主要内容是参照物的选择是基于参照物所呈现出来的凸显性以及参照物内部所释放的吸引力。Kulik 和 Alnbrose（1992）曾经考察过信息的可得性和参照物在关联性上的前因变量，以及参照物的选择之间所能扮演的中介作用，他们认为个人的因素主要会对信息可得性以及参照物的关联性产生影响，不同情境条件下的特征可能将影响到特定参照物所做出的对敏感性的选择，但是信息的可得性限制了对参照物的选择。信息可得性主要决定于目标环境。当出现了一个潜在的参照物接触与暴露时，个人比较所得出的可知信息同样也会增长，所以信息可得性受到来自组织的物理布局下社会网络因素的影响，信息的存在与否将直接影响“参照物的凸显性”。Goodman（1974）指出了关于参照物所提供的信息可得性，其最先决定于个体的特征，包括了对个体搜寻的倾向，以及对他人获得的信息情境特征的影响。参照物所呈现出的关联性（或吸引力）主要受到了相互靠近的参照物的容易程度及该参照物的解决在焦点上的对象个体需要的匹配程度的作用，潜在参照物的知觉关联性主要决定“哪个”因素能够被选择。Goodman（1974）进一步指出，参照物的关联性或者其吸引力主要决定于参照物作为满足对个体的心理需要“工具化”的程度，以及满足该需要的数量和强度来说的。这样的工具性主要受到两个不同因素的影响：一是参照物的工具性在计算容易程度上的比较效果；二是在社会化过程中合适的参照物的结果。这样的心理需求主要包括绩效的反馈需要、个人成就的需要以及个人与自尊相关的需要。对于某一个参照物的可能与多元需要要素的相关，这些需要主要是在强度上不完全相同，因此使得参照物的关联性也会出现不一样的情况。参照物关联性主要也来自其亲近性和相似性。但是上述的研究对于信息的可得性和参照物的关联性却未基于直接的测量与实际论证。相关的研究结果表明，个人自身的特征将在很大程度上影响参照物的抉择。Kulik 和 Ambrose（1992）提出了关于参照物的问题应该主要归咎于参照物的关联性的决定因素上，这是由于个体特征是参照物关联性决定的因素，相互关联的参照物集合处在一个时期内时是相对稳定的。Hills（1980）则指出参照物选择是与组织和个人的属性函数有关。Thierry（1998）曾指出，个人在主动调适来自别人参照物的选择时，这类参照物不仅可以是有焦点的对象，还可以是有社会交际或无社会交际的他人，也可以是过去的或者将来的自己。学者们主要研究了性别、年龄、个人分别在组织中所处的地位、个体的特征以及参照物对这些特征的选择性影响。

Messick（2006）等人指出，在有好坏偏好环境中所做出的判断，是需要一个情境条件的。同样在进行公平的判断和决策时，焦点的对象处在同一个参照物的比较信息场当中，个体如何做出公平或满意的判断，主要还是依赖于所处情境。正如 Goodman et al.（2007）所指出的，每个个体周边的情势不仅会影响参照物的自主选择，而且还会影响信息可得性，因素间的物理距离所具有的邻近信息可得性是可以度量的。本书将构造出一个关于焦点对象的参照物比较过程和方法的信息场模式，并且为体面性的参照物进行自由定义寻求规律性。当人们在做“体面性”比较时，他们应该是处于同一个固定的“场”中，这样的“场”应该具有这样的特征，即物理距离由里向外应该是自我、家人、朋友、相同组织内的同事、相同组织外的他人；在关联性以及可得性上，参照物应该默认为比较模式；许多可能的参照物所应具备的吸引性和关联性应该与可得性等特征并列，但是另外一些可能应该是存在，但不具备吸引力，且不具备关联性和可得性的。从这样的思路出发，当人们在对个体进行参照物选择时，特定的参照物处在“被选中”或“被经常比较”的情境中，那些“有此无彼”或“无此有彼”的条件都是不完备的，而只有“有此亦有彼”这样的结论才能得到最优化条件，也就是说个体的信息既要是可得的，也要是具备关联性的。场域本质上是客观存在的，但却不是参照物为每个个体所可得、吸引、有用的。相对于不同的个体，他们在不同的特殊情境下，对应的每一个参照物的效用和默认的形式不完全相同，并且由此造成的复杂性会大为增加。

本书的研究设计主要是基于如下考虑：第一，对于不同的主体，应当使用不一样的参照物，而对于经验的研究结果，其对应的解释或许会成为问题，所以在工作的情境研究中以自我开放性的选择为主，这样则可以避免诸多变量数据的缺失；第二，对于研究者和回应者来说，对比较对象的确定是一个挑战，每个个体似乎都在有区别地使用参照物，但是却很难对所有的参照物进行区分，事实上可能在总体印象上的一般化，也有可能是度量上所取得模糊性差别，但却不是简单对与错的二值化选择；第三，关于工作的特性与公共社交网络之间、联系的紧密度、频率等对与相对的选择均是有影响的，一一列举出相关因素是非常困难的。所以，本书主要是对提出的“体面性”参照物的选择四类表征结构进行研究，主要是对相关状态量进行测量，把前提的影响先放在一边，将重要的参照物类型所对应的“特殊数量的高低水平”“相对的重要性”“可得性信息”“频率的比较”等因素综合统一考虑进来，从而采取更加通用的语言表达，以此呈现出“类型的罗列”加“程度的区分”，最终达成规范性和区分性的统一。

本书将在深度访谈基础上进行探讨，重在考察参照物比较过程的“精致化”：一是个体在进行参照物比较时，究竟和“谁”“什么”进行比较；二是不同的参照物对体面性感知具有怎样的相对重要性；三是体面性参照物的四类表征究竟有怎样的关系且对体面性感知具有怎样的影响。

3.3.3 意义建构的社会化机制：共同价值观

因为个人任何的心理活动是和其所处的文化、历史和风俗习惯紧密联系的，所以个人对于工作的体面性建构不只是体现在了物理与心理环境上，还存在于一定的社会文化背景的汇总上，并且以一定的交往、规范、相应的文化产品为背景来从事社会层面的建构，进而体现出特殊的社会性。在这个层面上，体面性的感知是个体的心理层面的建构行为，也是一种在个体的社会层面上的建构行为。

通常对于工作体面性的认知往往不是一成不变的，是个体感知的结果，个人的经验往往是解释这些理论的最好总结。体面性的认知往往是学习者在与别人的互动过程中通过磋商达成的共识，而建构这些知识往往是要在具体的社会文化中来进行的，需要协商调整个人主观建构起来的知识。也就是说，个人得到的那些认知，并非是员工个人建构起来的，而是个体通过群体性的协商所达成的。学习是自我认知的一种社会性协商，这样的协商往往是个人认知的主要媒介，还是通过交互的作用导致的社会协商。与其他相似的建构主义一样，社会的建构主义也是把认知看成个体在自己的建构过程中形成的理论，然而它所关注的建构过程只是社会的一面，其具体的内容是可以从其他学习条件和学习过程中得到阐释的。首先，建构主义主要是注重学习的主体，强调这样的学习是一种主观的能动性，所以应当突出学习的经验。其次，对知识的关注是一种社会情境。关注知识的意义其实总是情境性的，现有知识主要是来源于现实、衍生自现实、实用于现实的，相关知识的理解往往需要相关的感受性经验，对于认知的建构不但需要靠新的信息和已有信息的相互作用，还需要学习者充分地与相关的社会情境联系。

3.4 企业一线员工体面劳动感知概念的建构意义

3.4.1 绝对意义

从社会学的角度来说，体面本质上讲就是尊严，它是指人和具有人性特征的事物，拥有其应有的权利。简单地说，尊严其实就是人所应有的权利得到尊重。如果体面性在劳动过程中被认为是有价值的，那么就可以用来进行行为积累。高体面性能满足个人得到和拥有自尊的需要，从而达到自己的工作动机。绝对意义下的体面性主要代表着能够保障员工维持生存、安全以及生活的工作，绝对意义将极大地保证员工对于安全的需求。绝对意义主要表现为个体对自己的工作获得“权利”的渴望。体面性的绝对意义主要是实际的体面性与相对的休面性之间的关联强度。体面劳动感知所具有的绝对意义包括以下三个方面的内容：

第一，体面性感知主要涉及劳动过程的体面。对于劳动者来说，劳动应该是一个自由的过程，劳动本身是不能够被强迫甚至奴役的。对于企业的雇主来说，应该在共同遵守的劳动规则和劳动纪律下，监督劳动者的劳动过程，不能强迫劳动者去劳动；当劳动者完成所要求的生产目标后，应该支付劳动者相应的经济补偿；同时，劳动的时间、报酬等也应该严格遵守国家的法律法规。对于国家而言，劳动过程中的体面主要就是要让国家对企业的劳动规则与纪律进行监督和审查，保证劳资双方符合法律和社会道德的约束。

第二，体面劳动感知涉及劳动关系运行机制的体面，这种体面最大的特点是劳动双方具有平等性。从劳动的属性角度来看，劳动者要依附于资本才能够进行劳动。从产权的角度来看，这样的关系是无法独立存在的，因为他们具有财产关系和人身关系这样的双重属性。但是，劳动者本身却不是资本的附属品，劳动与资本具有同等重要的地位，劳动关系双方是彼此平等的主体。所以，劳动关系运行机制中的体面，主要是要求劳动关系双方以平等的地位来确定劳动的规则和纪律、劳动的付出与相应报酬、劳动条件和关系的协商机制等问题，而国家则应该在这一过程中提供平等的政治与法律保证。

第三，体面劳动感知还涉及劳动保障方面的体面。这种体面感知对于劳动者而言，应该要求有适当的劳动条件标准和社会保障标准，劳动者应该有参与培训和进修的机会，这样的培训和进修能保证劳动者有持续的就业能力。而对于雇主而言，雇主不仅为劳动者提供与企业和时代情况相适应的保护条件和社会保障，而且还要为劳动者的持续就业能力提供相当的培训机会。同样地，对国家来说，国家应该建立适合大众的普遍的培训体系、劳动保护标准和社会保障制度，在国力允许的条件下，能够为劳动者所参与的劳动提供各种政策上的优惠，还应该鼓励企业对劳动者的培训，同时鼓励企业采取一切形式的在职与脱产培训，并将对全社会的培训计划纳入社会发展的政策之中。

3.4.2 相对意义

体面性感知主要反映了个体感觉拥有价值、得到认可和被公平对待。体面性其实传递的是一种信息，高度体面性感知意味着组织所传递的高的感知价值。追根溯源来说，如果我们从体面性提供与传递的意义和价值入手，就能够得到影响体面性感知的那些真正的影响因素。基于社会意义价值上的“相对意义”，即能够彰显成就、地位、尊严等方面作用上的意义，从而认为是“地位效应”。近年来，经验研究对“绝对意义”产生了怀疑，认为该假设不能很好地预测人类行为，质疑其未将“相对”“比较”这样的属性纳入常规的经济学研究当中。经济学的相关文献也开始强调相对比较的重要性——不仅个体所处的情势水平重要，人们也显著关注于相对的体面性。个体不仅关注绝对的体面性，也是关注相对的体面性，反映出了一种对“相对资源”的占有。Messick（2006）也认为，从概念上讲，价值和效用不是事物的属性，而是事物与某些标准比较的结果。比较的水平通常与其他一些相对的偏好有关，如适应的水平、欲望的水平等，某些存在有偏好判断的相对本质。前人已有的研究将多数的注意力聚焦在了收入比较在效用函数中的角色作用上。根据社会报酬的相关解释，相对工资决定个体在团体中所处的地位，显示的特权、尊重、自尊和荣耀，是一个非常重要的地位信号。

在进行自我参照比较方面，自身对于过去的观察和对未来的期待可以作为内在的准则。但是，由于欲望的上升，导致“基线的移动”，在最大化的个体效用产生效用时，存在一定时间上的互相依赖，从而呈现出某种程度上的动态特征。人们可能适度调整其收入水平导致的收入“欲望”的出现，且存有“偏好漂移效应”。从时间互倚的角度出发，个体对过去工作的体面性越高，那么其对未来的期望也就越高。Goodman（1974）曾建议可能存在系统间的比较：如果和契约的状态进行相互比较，则通常是履行对组织先前的承诺；如果将系统探究过去的承诺和现在的经历相比较，体面则是基于体面体系所声称的关键点。Brown（2001）同样认为，“契约”将有可能代表另一个参照物，雇员能够以此来得出是否公平这样的结论。但是，从心理上的契约角度来看，Neil 和 Mone（2005）认为系统参照物就是一个心理上的契约，囊括了交换的机会和个体对组织所承诺的产出投入比，直至察觉到允诺与组织执行（或未执行），包含了有系统参照物的比较才得以发生，当期望与实际存在这样或者那样的差异时，就会被触发。系统的比较主要是反映个体对入职时的组织薪酬承诺的履约情况，这将影响心理上的契约。此外，本书罗列出的类型是很繁杂的，仅能反映个别参照物的基本信息，但是不能反映总体的、集成的信息加工的模式，所以，仍需要就总体意义上的“排序地位”的状况进行进一步的考察。在进行相关排序地位的判别时，本书通常将体面性感知置于“上行比较”“下行比较”与“平行比较”，并进行建构式的比较。

体面性在概念上通过相对意义传达出了个人在组织或社群中所处地位的信息，而体面性作为地位的一个产物，极大地影响了个人在组织中的地位和特权。体面性作为一个信号装置，能够表达和传递出“认可、尊重甚至是相对贡献”这样的信号。

3.5 企业一线员工体面劳动感知的意义建构方法

为了充分而准确地掌握体面劳动感知的深刻内涵，本书主要在深入访谈的基础上进行，通过考察不同行业的一线员工来对体面劳动的感知进行认知。因此，本书主要通过与多位企业主管人员和一线员工的沟通，选取了 59 位一线员工作为本书的访谈对象，访谈内容的设计和确定经过了 4 名人力资源管理方面的专家和对本书内容感兴趣的 2 位博士深入探讨，反复讨论确定了访谈的初稿。为了能让一线员工更好地理解访谈内容，又尝试和 2 名一线员工进行模拟访谈，听取他们的意见，并对访谈内容进行了修改，才最终确定了访谈内容。整个访谈过程是以团队的形式进行的，共有 3 名人力资源管理专业的博士参加，为了提高效率，访谈分开进行，且每次访谈都录了音。在录音资料的整理阶段，又有 3 名硕士同学参与，整个访谈和录音资料整理的过程都是严谨的。

3.5.1 访谈对象

一线员工作为企业生产经营过程中的重要岗位的工作人员，能够直接为企业创造价值。不同行业的一线员工表现出不同的特点，本书主要针对服务业、制造业、建筑业、交通业等行业的一线员工进行分析。详细的行业分布如下：服务业主要包括银行、医院、酒店、物流等；建筑业主要包括地铁建设、住房建设等；制造业主要包括白酒、煤炭、IT 等；交通业主要包括公交车、出租车等。我们具体访谈了中国建设银行、太平洋人寿、中国人寿、西南商贸城、中国移动、郎酒集团、韵达快递、申通快递、银杏酒店、希尔顿酒店、旭阳焦化、河北建设集团、腾讯科技等企业的 59 名员工①。深度访谈员工基本信息如表 3.1 所示。

表 3.1 深度访谈员工基本信息

行业	人数	职务	本行业从业年限	性别
银行业	5 人	柜台服务人员 3 人； 客户经理 2 人	2 年，1 年，1 年； 4 年，5 年	男，女，女； 男，男
保险业	6 人	柜面人员 3 人； 销售人员 3 人	2 年，1 年，4 年； 3 年，3 年，6 年	女，男，女； 男，女，女
零售批发业	4 人	售货员 2 人； 巡楼人员 2 人	7 年，9 年； 3 年，5 年	男，男； 女，男
通信业	6 人	电话接待员 3 人； 售卡人员 3 人	2 年，1 年，3 年； 2 年，1 年，4 年	女，女，女； 男，女，女
白酒制造业	8 人	安保人员 2 人； 包装人员 2 人； 质检人员 2 人； 销售人员 2 人	2 年，1 年； 1 年，3 年； 1 年，4 年； 2 年，3 年	男，女； 女，女； 男，男； 男，男
物流业	4 人	快递员 2 人； 操作员 2 人	1 年，1 年； 1 年，6 个月	男，女； 男，女
酒店业	6 人	前台接待人员 2 人； 预订人员 1 人； 餐厅服务人员 1 人； 客房服务人员 2 人	6 个月，1 年； 1 年； 2 年； 1 年，2 年	女，女； 男； 女； 女，女
交通业	7 人	公交车司机 5 人； 出租车司机 2 人	11 年，2 年，2 年， 7 年，1 年； 3 年，8 年	男，男，男， 男，女； 男，女
煤炭制造业	4 人	回采作业人员 2 人； 掘进作业人员 2 人	5 年，2 年； 3 年，9 年	男，男； 男，男

① 因涉及企业较多，这里均使用简称。

表3.1(续)

行业	人数	职务	本行业从业年限	性别
建筑业	5 人	建筑工人 3 人； 技术监察员 2 人	2 年，3 年，7 年； 1 年，2 年	男，男，男； 女，男
软件制造业	4 人	程序员 2 人； 测试员 2 人	1 年，1 年； 1 年，3 年	男，男； 男，女

资料来源：根据访谈资料整理所得。

3.5.2 访谈内容

本书采用深度访谈法分析一线员工目前的工作状况，收集一线员工目前的工作特点及工作环境；讨论一线员工体面劳动感知的影响因素，为探讨体面劳动感知的内涵奠定基础；讨论一线员工对体面劳动的理解，概括体面劳动感知的内涵及结构维度；分别讨论模型中几个变量之间的可能联系以检验及修正模型，尤其是中介变量和调节变量。下面针对体面劳动的内涵理解和体面劳动感知对敬业度的影响机制详细介绍访谈内容。

3.5.2.1 针对体面劳动感知内涵的理解方面

本书采用的是深度访谈法，访谈以半结构化的形式进行。本书通过对企业一线员工体面劳动感知的意义建构机制的描述，在制定体面劳动感知访谈提纲时，充分考虑到员工由于需求的差异和参照物选择以及共同价值观的差异，他们在体面劳动感知的概念理解上也存在差异。

员工处在不同工作阶段的不同需求，意味着建构体面性具有一定的差异性。所以我们在制定访谈提纲时，首先请被访者介绍他们的工作环境，其次根据他们在工作中遇到的困难和挑战，请他们尽量通过举例的形式将其描述出来，说出他们当时对问题的认识以及解决问题的过程和结果。在对体面劳动的理解方面，我们主要是问“您是如何理解‘体面劳动’的”“您认为体面的工作应该是什么样的”“您认为不体面的工作是什么样的”“请谈谈您对劳动体面性的认识”等问题。

体面性感知是一个没有固定标准的概念或者感受，人们在不同时间对体面的感知也是不同的，同样也会因不同地位、不同人群而发生变化。总之，人们对体面的感知是随着参照物而变化的。所以，我们在访谈一线员工对体面劳动感知时还询问了他们“您认为哪些因素会影响个人的体面性认知”，并同样让他们以举例的方式说明这些方面的表现。我们还访问了他们的社会网络，如“您平时都与什么人交往较多”“您的同学、朋友、亲人的工作状况”“您周围的人对自己工作的评价”“您自己是否在乎这种工作”和“您与周围同事相处的状态和方式”等。

因为个人任何的心理活动是和其所处的文化、历史背景和风俗习惯紧密联系的，所以个人对工作的体面性建构不仅体现在了物理环境和心理环境上，还必然存在于一定的社会文化背景的汇总上，并且以一定的交往、规范、相应的文化产品为背景来从事社会层面的建构，进而体现出特殊的社会性。在这个层面上，体面性感知是个体的心理层面的建构行为，也是一种在个体的社会层面上的建构行为。所以，本书访谈一线员工是为了了解他们对职业的看法，如“一般状态下，跟朋友也好，社会上的人也罢，您会不会很自豪且自信地跟别人说我是×××员工?”“您的这种自信来源于什么地方?”“社会对您职业的普遍认同度怎么样”等。

3.5.2.2　针对体面劳动感知对敬业度的影响方面

本书采用半结构化的访谈形式，访谈内容包括以下几个方面：“当您感觉到不体面，或在工作中感到不满意时，会采取哪些措施来应对?”“您对工作的看法对您的行为会产生什么影响（如跳槽、不奉献）?”“如果您认为工作不满意，会影响您的敬业度么?”“如果您对现在的工作不满意，那是什么因素导致您还在这儿继续工作的?”“您认为目前的工作中什么因素让您对工作充满活力和干劲儿，让您具有奉献精神?”“您认为哪些因素能够影响您目前的看法?”“现在做这个职业并不容易，那您觉得主要支持您的动力是什么?”“您认为什么因素影响了您的奉献精神?”“如何做才能提升您的奉献精神?”等。

需要注意的是，在访谈过程中并不一定完全按照访谈提纲所列问题的顺序来访谈，通常是根据访谈的进展做出一些调整（详细访谈提纲见附录1）。

3.5.3　访谈资料的整理

我们反复听取录音资料，并将所有访谈录音转成文字（共整理了24万字）。我们通过反复阅读这些文字，并根据本书的研究目的，将访谈内容分类：一类是被访者的背景资料（包括职业发展经历、各阶段的工作特点和组织特点）；另一类是被访者经历的行为事件（包括事件的发生过程、他们的心理表现和行为表现以及问题解决的结果）。

本书在收集了相关数据以后，主要按照以下步骤来整理和分析深入访谈的资料：第一，核对整理，即核对59名受访人员的原始记录与访谈录音，详细整理全面的访谈内容；第二，编码，即对个体信息按照行业分门别类地进行标记和编码，标示出有价值的信息；第三，归类，即按照编码系统整合相近或相同的资料并进行总结提炼；第四，剖析各类别间的相互关系。下面，本书将详细分析各行业特点以及一线员工所面临的问题。

3.5.3.1 零售服务业

关于零售服务业，本书主要的代表为百货商场和超市。从改革开放起，人们逐渐开始追求物质生活，且生活质量层次逐渐提高，因此这些相关产业的从业人员数量急剧增加。加之商场和超市销售的物品绝大多数为人们日常生活中的必需品，属于刚性需求，故在零售业存在大量的一线服务人员，他们大多是做着与顾客接触的工作。

零售业本身具有无形性、易逝性和可变性的特征，即顾客对商场或超市的服务更多的是凭自己的感觉，所以无形性比较高；零售服务不能提前生产，所以易逝性较高；而在零售业规章允许的范围内，顾客可以提出自己的要求来享受更优质的服务，因此可变性比较高。所以在零售业，一线员工扮演着双重角色，既要为顾客提供服务，又要受到组织内部管理的限制。组织对于一线服务人员的要求也十分严苛：一方面要求其提供高质量的服务；另一方面又要求其具有相当的工作效率。Korczynski（2002）认为，随着服务业竞争的日益激烈，以顾客为导向的理念更加明确，这就意味着服务型的组织不能再要求顾客完全按照他们制定的标准化流程和程序来完成服务。所以如果在一线员工的工作中能被授予一定的自由来安排自己的工作的话，当然这个自由安排的前提是为了提供更好的服务，员工会感到组织最重视的不是权利的掌握而是服务。因此，自由对于零售业一线员工来讲更加严格，经过访谈资料的分析，零售服务业员工对体面的追求更多的是来自对灵活时间的追求和对自由的追求。

综上所棕，零售服务业一线员工对体面劳动的感知是：在企业发展的同时要重视员工的人格与尊严，让员工真正体会到企业对员工的关心，要打从心眼里有“人人平等”这个观念，视员工的尊严为道德底线，真正将人的需要放在员工管理最核心的位置。

3.5.3.2 金融服务业

金融服务业的特征是客户对金融服务的感受除了服务方面的感知外，还有对金融业具体业务或产品的评价。金融业部分业务是即时办理的，但是有少量业务可以提前“预订”或有些理财产品已经是提前设计好的，贷款等也需要资料的审查等流程；金融业大部分业务需要按照规定的流程操作，客户不能随意使流程改变。但有些业务，如个人理财等，可以提供个人化的服务；金融业的一部分服务是后续持续性的收益，即生产与消费不同时；但有些业务却是即时的，如汇款等；金融业在对理财产品进行设计时是不需要顾客参与的，但其他大部分业务是需要顾客参与的，故其不可分离性处于中高水平。由于金融服务业招聘员工门槛较高，所以金融服务业一线员工具有较高的技术水平，受过良好的培训。这些一线员工往往对自己的职业和生活有更高的要求。他们对体面性感知除了工作环境和工作氛围两方面以外，还有自己的职业成长以及组织所提供的机会等。

综上所述，金融业员工对体面劳动的感知是：员工在企业的发展中，自身能够得到相应的发展，能够在工作中体会到自身的价值，并体会到自我实现的快乐，同时，希望企业能够提供更多的有利于员工发展的培训机会，并将员工的进步当成企业发展的源泉。

3.5.3.3　酒店业

由于酒店业的进入门槛低，薪酬福利和其他行业相比不具有吸引优势，“柠檬市场”[①] 造成了高学历的专业人才不选择在酒店就业，不少五星级酒店存在基层甚至中层管理人员青黄不接、素质不高的问题，酒店发展缺乏后劲。我们访谈发现，五星级酒店一线员工的收入并不高，而作为额外奖金的夜班补贴也非常少，激励效果自然比较差。而全勤奖作为收入中的重要部分，只要一线员工请假一次或者迟到一次就不会发放。酒店员工福利包括住房补贴、食物补贴、小费、旺季奖金、免费制服、上下班免费巴士和酒店打折券等。对酒店一线员工来说，退休金养老保险计划等吸引力较小。这主要是因为这些福利的支付是建立在较长的为酒店工作时间的基础上，而大部分一线员工的自我预期工作时间并没有那么长，加上一线员工工作时间不规律，夜班较多，即使是较为轻松的中班也要求一线员工工作到晚上 12 点，其长期处于生物钟被打乱的状态，倦怠感自不用说，和朝九晚五的酒店行政人员相比，工作强度大，薪酬福利却低，不体面感自然产生。

综上所述，酒店业员工对体面劳动的感知是：企业能够尊重员工的基本权益，尊重员工的个人生活，同时保证员工应享有的基本福利，并且视员工的尊严为道德底线。

3.5.3.4　物流业

与在那轰鸣不止的机器声中劳作的流水线工人相同的是，物流业一线员工

---

① 柠檬市场（the market for lemons），“柠檬” 在美国俚语中表示“次品”或“不中用的东西”，所以柠檬市场也称“次品市场”，还称“阿克洛夫模型”。它是指信息不对称的市场，即在市场中，产品的卖方对产品的质量拥有比买方更多的信息。在极端情况下，市场会止步萎缩和不存在，这就是信息经济学中的逆向选择。柠檬市场效应则是指在信息不对称的情况下，往往好的商品遭受淘汰，而劣等品会逐渐占领市场，从而取代好的商品，导致市场中都是劣等品。

的工作同样是简单和机械的，同样的辛苦与纠结。我们在调查过程中看到了许多底层一线员工的曲折求存、力争上游的成长路径。但毫无疑问，让那些真诚去努力和奋斗的人活得更有奔头、更有尊严，不仅是每个企业要为之努力追求的目标，更是整个行业和政府的责任。物流业一线员工每天早饭都是随便对付一口，中午要等到把快件送完才能回公司吃饭，经常是工作到下午1点才能吃饭，碰到派件多的时候，中午随便吃碗拉面，就得继续工作了。他们一般重复着简单的工作，十几个小时下来，两腿都是酸软的。很多快件都要靠人工来完成搬移、分拣，对体力的消耗很大，由于工作性质，很多时候都是从当天晚上干到第二天早上，遇到天气不好、道路堵车、网络班车延误时，他们甚至要工作到上午才能完成一天的工作。与这份工作的辛苦相比，更让他们难以忍受的是不被尊重，“特别是在有些大厦、写字楼送快件的时候，遇到有的保安人员粗鲁的态度和蔑视的目光”。对于大部分企业来讲，领导与员工缺乏沟通，以罚代管的管理方式，导致员工感觉企业人文关怀不足，自己缺乏被关注感；同时，员工之间也缺乏交流，种种因素叠加在一起导致了物流业一线员工的高离职率。

综上所述，物流业员工对体面劳动的感知是：尊重员工的人格和劳动，让员工能够在繁重的劳动过程中体会到应有的尊严和回报，保障员工相应的福利，满足员工基本的物质、精神需要，关注员工的心理健康问题。

3.5.3.5 制造业

制造业的一线员工处于流水线上，直接负责生产过程的某一环节，对此环节负责，不具备任何监督管理他人的权限。中国的制造型企业多数属于劳动密集型，一线员工在企业员工中所占比重最大，是企业提高产品数量和质量的根本保障。一线员工的管理是企业价值链的重要环节，是企业创造竞争优势的关键因素。访谈结果显示，制造业的一线员工受教育程度较高，职业期望值高，物质和精神享受要求高，工作耐受力较低。我们在访谈中发现，70后甚至部分80后打工者主要以谋生为第一目标，寻求稳定的工作。与之不同的是，很多80后打工者和绝大多数90后打工者不再以追求物质利益和经济条件为第一目标，未来发展和价值实现成为主要的奋斗目标，突出表现为很多打工者有创业愿景，在认识到自身学历较低，缺乏资金、知识、经验、技能和人脉时，会尽可能利用目前的工作机会努力学习，积累创业资源。所以，他们对企业提供的资源要求较高，尤其对生活和工作保障要求较高，如劳动合同、安全保障、食宿环境等；而他们对严格的组织约束，如严格的加班制度、奖惩制度却十分反感。

综上所述，制造业员工对体面劳动的感知是：首先是工作和生活环境的改善，能够使他们的身体健康不受到威胁；其次是在人格上受到尊重，以平等的身份参与到工作中，在工作的同时，希望企业为其提供技能培训的机会，为他们将来自己创业打下基础。

3.5.3.6 建筑业

中国建筑工业化开始较晚，建筑生产过程中的不确定性很多，不规范的、带有包工头个人色彩的管理方式直接导致了现场生产管理的不正规。建筑业生产的不确定性和不可预见性被放大，成为任意延长工人劳动时间、处罚工人的借口。调查发现，很多工人都不知道第二天的工作地点和具体的工作任务，甚至不清楚上班时间。工人用“天亮了”或者“别人都睡醒了”等含糊的时间来描述他们的上班时间；用“看不见了”或者“天黑了”来定义下班时间；用“一个工”来形容一天的工作时间。每个“工”的时长约为 10 小时，夏季一般为 12 小时。建筑工人从来没有周末，他们的休息日就是无法预计的天气，即刮风下雨或下雪无法工作的时间。对于建筑工人来说，基本没有加班工资的概念。除此之外，露天和高空作业多，危险性较大。建筑业施工过程基本上是露天，建筑工人必须承受风吹日晒，而且高空作业也比较多，工作环境比较恶劣，且危险性较大。生产周期、工资结算时间长，不确定因素多。较大工程的工期常以年计，在生产中往往要长期占用大量的人力、物力和资金，经营风险较大，工人工资权益容易受到侵犯。

综上所述，建筑工人对体面劳动的感知是：体面劳动意味着组织为员工提供必要的安全、健康的工作生活环境，满足员工基本的物质、精神需要，关注员工的心理健康。体面是工作环境的安全、健康，保障员工基本的生命财产权。

3.5.3.7 电信业

电信业精细化管理是趋势，由呼叫中心统一受理、回访，统一调度、监控以及由机房统一配线、配号等。电信公司将精细化的重心更多放在了“事”上，却忽视了装修工程师这些活生生的“人”。电信行业一线员工数量众多，作业方式较为程式化，这类人员需要长期在室外工作，业务长年累月没有变化，较为单纯，且往往需要面对客户的责难，在社会上的地位不高。近年来，服务标准不断提高，考核标准愈发严格，在“客户第一”的战略导向下，他们基本没有固定的休息日。在电信行业管理变革中，此类业务大部分被“外包”，员工的安全感很低，自尊心受到伤害，处于“较为敏感”的状态，在此情况下，装修工程师自然与精细化管理玩起了朴素的“博弈游戏”：没有明确规定需要做的，绝对不做；监管力度不够的，尽量少做；只要能完成固定的标准就好，不会主动做得更好。

综上所述，电信业员工对体面劳动的感知是：员工通过自己的劳动为企业做出贡献，在满足物质需要的基础上，企业可以为其提供一些自由的发展空间，能够让他们的生活丰富多样。

3.5.3.8 交通运输业

我们通过对公交车司机的深入访谈发现，交通运输业一线员工普遍反映的是他们受到乘客不礼貌对待的情况比较严重，主要表现为：第一，不履行乘客义务。例如，上车逃票行为，即乘客上车了，装作不知道，假装后面有人给他投币，其实他就一个人，没人给他投币；投半截钱、残币等，即当公交车司机查钱的时候，经常会发现有被撕掉一半的钱，还有投游戏币的，还有那种搁两毛钱、五毛钱的；利用老年卡、优待卡不买票等。第二，不理解司机，对服务提出过高要求。例如，车正在行驶，乘客突然就要求开门下车，或者车子正在等信号，乘客就要求开门，司机不给开，乘客就辱骂司机；有的时候堵车，乘客骂司机不会开车；遇到报站器和 GPS 不好使的时候，司机用嘴报的站，有些乘客非让司机用报站器报，并指着司机辱骂。第三，无故辱骂、殴打司机，司机成为发泄对象。例如，喝酒的（闹事）乘客上车挑刺等。第四，讹诈行为。例如，有司机反映："虽然现在人们的文化水平高了，但不是所有人的素质都高。原先磕碰，哪怕夹出血了，他都不会来找你。现在的有些乘客，只要你稍微晃他一下，即便是不肿，他也得拍个片看看，甚至还要买药，乘客认为这样做也许就可以得到补偿。"

综上所述，交通运输业对体面劳动感知的理解是：乘客是"企业的外部客户"，员工是"企业的内部客户"，只有兼顾内外，不顾此失彼，企业才能获得最终的成功。员工通过自己的劳动为企业做出贡献，在满足物质需要的基础上，员工的劳动价值被领导、同事认可，受到乘客尊重，使他们感觉到"劳动中有尊严"，因而从精神上获得安全感和满足感。

3.5.3.9 煤炭制造业

目前我国煤炭制造业主要以炮采和人工采掘的方式进行生产，机械化程度低。煤田地质条件等自然因素有着很大的复杂性和不确定性；工作岗位多在地下，作业地点经常变动，员工劳动强度大；还面临着水、火、瓦斯、煤尘、顶板等灾害的威胁，生产过程中不可控的因素较多。这些客观原因的存在，决定了煤炭制造业生产条件和作业环境的复杂性。煤炭制造业生产对象的特殊性，决定了煤炭制造业生产过程与生产工艺流程的特殊性。煤炭生产系统存在多种辅助生产系统，在这些系统中有以自动化系统为主的，也有以人工体力劳动为主的，有在井下运作的，也有在井上运作的。各系统运作条件差异性大，需要不同的劳动技能，生产技能具有特殊专业要求，这就使作业流程具有独特复杂性。也正是如此，决定了一线员工劳动技能的专用性和单一性，这种高度的专用性和单一性需要通过较长时间的经验积累和特殊的培训来获得。我国国有煤炭制造业一线员工一律采用的是轮班工作制度，每天24小时分为三班（或四班），每班工作8小时，轮流作业，保持井下系统的连续运转。超长的工作时间和高强度、高负荷的劳动限制了员工的其他活动，他们没有时间和精力从事除本职工作以外的第二职业，企业发放的薪金是他们的唯一生活来源。所以，员工们对其所获得的薪酬极为关注。

综上所述，煤炭制造业员工对体面劳动的感知是：员工最怕个人权益得不到保障，不被企业当回事，他们希望得到的真正体面是能与企业沟通和共赢，希望得知企业的经营指标好坏，对企业大事有参与权和话语权。重庆能投渝新能源有限公司石壕煤矿设立了“民主接待日”，建立了“员工信息档案”，就是想实现员工与管理者的及时沟通，及时疏导因工作中的误解误会引发的不良情绪，引导员工舒缓精神压力，让员工在安心、愉快的劳动状态中实现自身的价值，在经济利益上和企业共赢。

3.5.3.10 软件信息业

软件信息业的一线员工一般指除企业经营管理者、部门经理或中层管理人员、销售人员、核心技术人员、软件开发人员之外的，从事辅助、产品测试或简单技术等岗位的在职职工。本行业有些一线员工是属于非常典型的脑力工作者，所以他们认为合理的报酬是公司应该承担的首要责任，如果工资都没法满足，那么体面性就无从谈起。本行业的另一个特点是产品换代更新比较快，所以员工需要不懈地学习和努力，他们对公司提供的发展平台也比较重视。此外，由于工作的烦闷和枯燥就需要有和谐的工作氛围来使员工心情舒畅，同时得到领导和同事的尊重以及取得成绩时得到公司的表扬和肯定，这些都是一线员工认为的体面性，有充分的空间展现自己。

综上所述，软件信息业员工对体面劳动的感知是：首先，薪资是实现体面的首要条件；其次，从业员工希望获得更宽松、自由、舒适的工作环境，以激发他们的创造力；最后，作为有高价值实现需求的高素质知识型人才，该行业员工认为通畅的职业发展路径、和谐的人际氛围是工作体面性的重要衡量因素。

3.6 企业一线员工体面劳动感知的内涵

我国由于现有制度、历史传统等因素的影响，不能盲目照搬国外的指标体系。为了了解现阶段我国劳工权益保障的现状以及劳动者对体面劳动衡量指标的理解，本书对个案及收集的网络信息资料进行了整理分析，以提炼现阶段我国体面劳动感知的构成要素和内涵，并以此为基础建构了我国企业员工的体面劳动测量指标体系。本书根据体面劳动感知的意义建构机制（需求差异、参照物选择、共同价值观）等的不同，建构了体面劳动感知的绝对意义和相对意义；并根据访谈资料的整理分析，得出了体面劳动感知的含义。体面劳动感知是企业一线员工通过自身的需求机制以及通过参照物选择和社会化的历史、文化等因素影响，而产生的对自身工作的一种感知，主要包括：劳动者对自己职业能够自由的选择，劳动者对自身的基本权利和人格尊严能够充分享受，劳动者感受到其自身价值得到认可，劳动者在劳动过程中能够享受到快乐，劳动者对所从事工作的安全性有充分信心。图 3.2 展示了企业一线员工体面劳动感知内涵的建构过程。

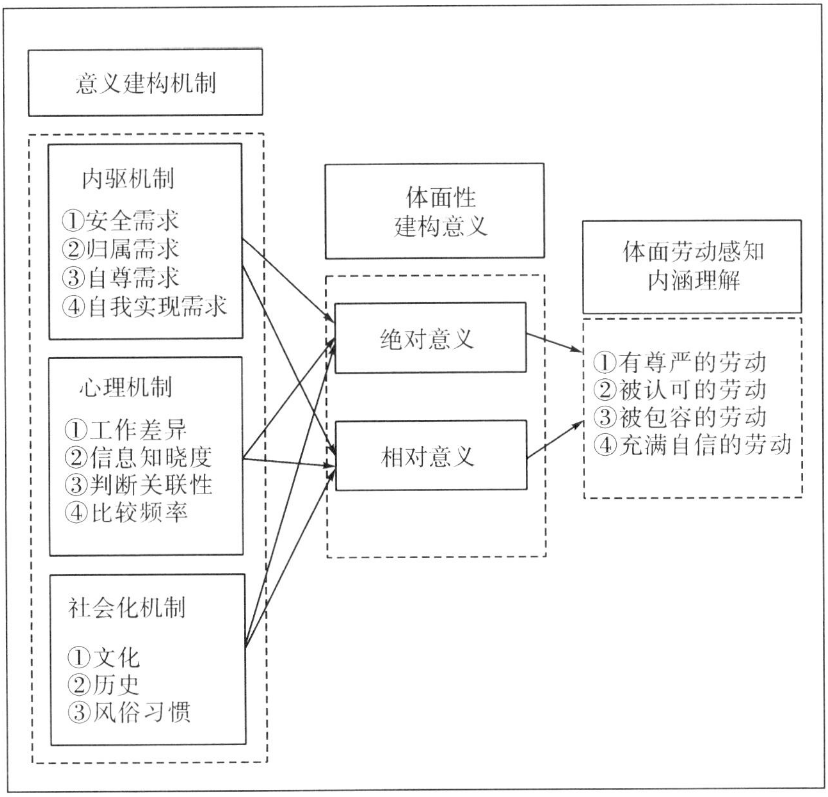

图 3.2　企业一线员工体面劳动感知内涵的建构过程

3.6.1 体面劳动必须是有尊严的劳动

体面即意味着尊严。每个劳动者及其劳动都是值得尊重的，劳动者人格的实现是其价值实现的基础。每个劳动者都应该在体面的、有尊严的劳动中实现自我价值，主宰自己的命运。企业发展的源泉是劳动者及其劳动力。然而在实践中，劳动者的民主权利并没有得到相应的体现和贯彻，有些企业在高呼“职工是企业的主人”的同时却剥夺了职工的知情权、参与权和审查通过权、选举罢免权、审查监督权，职代会制度流于形式，职工对企业的发展状况、企业的生产经营现状、企业的重大经济决策等全然不知，没有任何的民主管理权，在企业的发展运行中几乎无权介入。此时，劳动者没有最根本的人格尊严。在企业中没有民主权利，就谈不上体面劳动。这些就导致劳动关系矛盾突出，不仅让劳动者的劳动付出得不到合理报酬、社会地位得不到应有尊重、合理诉求得不到顺畅表达、体面劳动得不到充分实现，甚至还有被“边缘化”的倾向，极易导致群体性心态失衡，进而诱发劳资关系领域的群体性事件。所谓“有尊严”，指的是那些具有人性特征的事物应享有的权利，这样的权利被其他人或被其他具有人性特征的事物所尊重。因此，简单地说，尊严其实就是权利和人格被尊重。所以，相应地，员工尊严指的就是由法律法规给予员工的各项权利，并由此得到的应该有效地落实在其人格所应获得的相应礼遇上。下面，我们整理出了部分一线员工对自己尊严要求的原始资料：

“以前干管线的时候我们就是住大通铺，抬头看着星星，睡一觉起来浑身都是土，下雨就没处躲没处藏的。”老管道工人张海波在回忆过去管道建设一线机组生活时无比感叹地说，“推行 HSE 管理后，一线的生活环境发生了大变化，以前谁会想到夏天能用上空调啊！现在做石油工人越来越体面了。”

HSE 是健康、安全和环境管理体系的简称，1997 年 6 月，中国石油天然气总公司制定并下发多项文件，在全公司形成了系统的 HSE 管理体系标准，并推行 HSE 管理。从此，员工健康成为安全管理的重中之重，且员工健康的内容不仅是身体没有疾病，更包括员工的心理状态。

13 年来，管道一线建设工人从大通铺、废弃车间搬入了民房、便携式工用板房，空调、暖气一应俱全。走进西二线东段 26 标段项目部驻地宽阔明亮的办公室、会议室、阅览室、活动室，一切办公娱乐场所设施齐备。人手一台电脑，网上进行工程信息速递已成现实。现代化科技管理已融入一线管道建设管理中。

几名员工就富士康员工坠楼事件展开议论，“有些时候，当个人权益得不到保障又没地方申冤时，是会发生这样的事!”老员工刘孝明的话，让大家议论的声音停了下来。刘孝明说：“20年前，有个员工因为班长把工分给他评错了，找班长未得到解决，就去找队长论理，结果又未得到解决。这位员工回家后越想越气，于是提刀挥向班长。事后，该员工得到了法律制裁，但因此事引申出来的问题却发人深思。打那后，如何解决企业管理者与员工间的矛盾，如何掌握员工的思想动态就被摆上了企业管理的议程。”

“工作环境非常糟糕，但企业下的任务却没有一点退让，像我们这种掘进班组，如果没有进尺，工人就只好喝西北风。你想想，要是辛苦工作一个月，拿到手上没几个钱，哪个工人想得通?”“其实，我们员工也是通情达理的，当自己情绪不好时，如果领导能及时与自己沟通、帮自己排解，那么，自己就会感到很体面。心情舒畅了，情绪自然就好。”员工们七嘴八舌地说着。

我们通过以上资料可以看出，一线员工认为有尊严的体面劳动就是组织为员工提供必要的安全、健康的工作生活环境，满足员工基本的物质、精神需要，关注员工的心理健康。

尊严比生命更微妙。一个人只有获得了尊严，才能在希望中前行。人类在从工业时代到知识经济时代过度的过程中，已经将人力资本作为组织发展的第一资本；此外，组织也已经演变成个人赖以谋生、取得相应的社会地位的依托。一线员工，他们首先是人，他们拥有正常的诉求，且享有作为一个体面的人应该享有的尊严；其次，才是考虑他们在组织中的身份，每位为企业发展做出了贡献的员工，他们都应该得到应有的尊重。

员工是否可以有尊严地工作，主要取决于他们工作的设计是否合理，相关的流程是否顺畅，工作内容是否恰当，工作的职责是否清楚，甚至是工作所体现的价值是否可以得到认同，上述因素都直接影响员工工作的自尊心和自信心。因此，可以不避讳地说，赚取薪资是员工工作的直接动机，也是员工最直接的利益诉求。所以，人力资源的主要职能是守护员工的尊严，其核心就是守护好员工的薪资权；否则，员工自身的基本生活就无法得到保证，从而体面和尊严也就无从谈起。

尽管政府出台了许多保护员工权益的法案，但还是有很多单位敢冒天下之大不韪，忽视员工应享有的法定权利。许多用人单位采取了坑蒙拐骗的方式，对员工的基本权益是能免则免，如法定节假日、带薪年假、养老保险、住房公积金等。像这样的企业是得不到员工的尊重的，反而会被员工所唾弃，也就更谈不上忠诚了。员工工作的氛围是一种组织成员之间很好的互动模式，好的工作氛围能够使员工显得自尊自信且彼此信任；反之，工作氛围如果冷淡粗暴，员工会产生心理压力，并且缺乏工作的热情。员工工作的氛围不仅是体面工作的前提，也是一个集体能够高效运作的条件。员工是否可以有尊严地工作，从一定程度上讲也是对企业能否给予员工良好的工作环境的一个考察。有些企业不顾员工的身体健康，强行把员工安排到刚装修完的办公环境中去，无视员工的身体可能受到的伤害，如此管理，失去的不仅是员工的尊重，同时也失去了员工的工作效率。工作环境是员工工作的软性指标，失去了合理的工作环境，员工的体面劳动当然就成了空中楼阁，也更谈不上员工尊严了。所以，人力资源的职能应当是推进员工的工作环境的改善。

只有给员工更有尊严的工作和生活，企业才能拥有更强的凝聚力。员工在工作过程中其权利遭到践踏、人格受到侮辱，并且在同事间遭到排挤，在家庭当中受到伤害，肯定会导致精神不振、斗志不高且干劲不大的情况发生；反之，如果员工的各项权利得到尊重，人格得到保护，能够得到同事的支持，在家庭中体会到来自家人的关爱，工作生活都感受到了尊严，那么由此带来的肯定是员工与上级之间更亲密的关系，员工之间相处得更加和睦，员工与家庭之间的关系更加和谐的正面效应，这样的队伍也更加具有战斗力。只有让员工的工作和生活更有尊严，企业才更有创造力；而那些经常受到负面待遇的人，他的工作积极性会降低一大半，他的创新力也几乎丧失殆尽。

3.6.2 体面劳动必须是被认可的劳动

体面意味着认可。在社会转型过程中，原有的社会结构体系被打破，而新的社会结构体系尚未建立；原有的社会机制难以继续存在，而新的运行秩序的产生又需要一个过程。因此，社会转型表现出复合型、非规范性、不确定性等特征。企业一线员工处于企业的最底层，尤其是对于从农村前往城市打工的人，他们在乡土特质和城市特质的不断冲撞下，比任何一个阶层都更为强烈地感到对社会急剧变化的不适应，感到各种事物的不确定性和不可把握性，无法明确定位自身的身份。城市化滞后于工业化也导致一些农民工在城市处于迁而不入的状态。尽管人口流动限制不断放宽，但原有的户籍制度、用工制度、社会福利制度等各种社会制度形成一种结构性壁垒，给新生代农民工带来政策性歧视与排斥，使得他们虽然居住在城市，但无法获得市民身份，享受市民待遇，使其沦落为城市边缘群体，造成身份认同上的模糊倾向。尤其是在歧视的问题上，我国转型期的就业歧视被隐藏在工作的日常运行中。这些歧视由制度和传统的社会文化观念所造成。二元制的户籍制度造成了对农民工的不正当歧视，使这些为城市经济发展贡献着巨大力量的劳动者处在社会的最底层，他们从事着最脏、最差、最累的工作，但只获得了最低的报酬，处在最恶劣的工作环境中。随着经济多元化发展的趋势，在现实生活中会不断出现多种歧视类型，如户籍歧视、性别歧视、学历歧视、疾病歧视等。这些歧视的产生会剥夺某些人的就业机会，使他们没有办法实现个人及社会价值，这也将会阻碍社会经济的发展。下面，我们整理出了部分一线员工对身份认可要求的原始资料：

张朋说："我住70平方米的普通楼房，月工资2 000多元；一个同学自己办公司，年收入百万元以上，住别墅，和我同岁，可是头发白了一半，整天不着家，老婆改嫁了，同学觉得生活没意思。"

张朋又说："从2004年起，我参加的监控维修QC小组5年荣获煤炭工业质量管理协会优秀质量管理奖及省级、公司级、矿级优秀QC小组称号，小组成果多次荣获省部行业级奖项，其中包括《提高井下瓦斯断电仪的灵敏度》《提高井下主要风速传感器的准确度》等。我还获得'开滦杯'第二届全国煤炭行业职业技能大赛'安全仪器监测工'比赛第五名，当上全国煤炭行业技术能手，是集团公司'优秀技能人才''首届十佳杰出青年技工''青年岗位技术能手'，妻子的同事都羡慕她找了个好对象。所有这一切，都是我那个同学没法比的，我很知足，外面挣钱再多，也不如在自己的企业舒心工作，还能有所追求。"

"劳动成绩得到企业认可的时候，我感到最体面。"中国石油抚顺石化公司石油一厂气体车间球罐班长王兆军是这样理解体面劳动的。前不久，他在巡检中发现了球罐玻璃板液位计出现裂纹，他及时和另外一名操作员张海峰进行处理，避免了液化气的泄漏，事后，俩人不仅受到厂里奖励，事迹还上了报纸。

王兆军笑着说："其实奖金多少无所谓，只要我们的劳动成绩被认可，就是最高兴的，就是最大的体面。"

从以上资料分析可以看出，体面劳动并不完全是以金钱的多少来衡量的，在满足员工基本生活需要的基础上，它更倾向于自我价值的实现以及对公司做出自己的贡献，这也是年轻员工非常看重的一点，即自己付出的劳动得到企业认可、掌握必需的知识技能为企业创造效益、提升自己对企业的贡献度。体面就意味着员工的劳动被企业所认可。一线员工普遍关注的就是对自身工作的认可，其表征着对身份或角色的合法性的确证、人们对此的共识及其对社会关系的影响。此时，认同问题转化为一个有形有结构的实体性的社会问题，主要从社会角色、地位、利益的方面来研究和解释，增加了对个人在社会等级系列中所占据位置的确认的考虑。同时，认同是人们获得其生活意义的经验的来源，它是个人对自我身份、地位、利益和归属的一致性体验。当下，中国社会认同形式具有明显的身份等级特征，即不同的身份群体形成特定的认同，有不同的等级序列。作为社会成员，社会身份序列不同而在社会资源分配上产生差异，造成了事实上的身份差异，而这样的身份差异则会在很大程度上成为建构认同差异的“原料”。社会认同的界定是与个体对从属于某一特定和价值意义相关联的。由于从属于不同的社会群体，个体需要一个社会身份以确定自己在社会上的特殊位置。社会认同理论认为，社会行为不能单从个人心理素质来解释，要较全面地理解社会行为，必须研究人们如何建构自己和他人的认同（刘海燕 等，2003）。人们会用自己或他人在某些社群的成员资格来建构自己或他人的认同，而依据个人的独特素质建构的认同被称为个人认同。社会认同是个体对自己与有相同背景的他人的相似性的感知，同时也是对自身与其他群体或类属成员的差异性的感知。中国社会正处于转型期，个体意识、权利意识逐渐开始觉醒，身份意识也会随之渐渐清晰。

3.6.3　体面劳动必须是能够被包容的劳动

体面就是被包容。一线员工在工作中往往未得到共存包容反而受到社会的排斥，其主要的体现是：第一，认知上的局限性，雇主排斥有议价能力的员工；第二，中低学历的员工在产业升级过程中不具有竞争力；第三，技术能力成为限制其进入高技能行业的门槛。如果一个合法的个体没有办法有效地参与到正常的社会、政治和经济活动中去，那社会的排斥就会出现，因此这种现象是由经济、社会及政治因素的组合而形成的。体面劳动的缺失主要集中在城市低层次劳动者及农民中，虽然表现形式各有不同，但是这些人都是受教育程度低、技能低，在社会竞争中处于劣势，在供大于求的劳动力市场中处于不利地位的。企业基于自身利益，对员工重使用而不重开发，不给员工制定职业生涯发展规划，不向员工提供提升工作技能的机会，不为员工搭建发展平台、提供就业培训，从而造成了员工缺乏职业素质、职业精神、职业技能与水平，无法获得人生的大发展。因此，就不能实现体面劳动的终极目标，这在当前社会中也是较为普遍的现象。下面，我们整理出了部分一线员工希望得到包容的原始资料：

王帅很直率地说：“踏实的工作和生活才能挣来体面。”他说：“我所在的安撤二班主要负责井下综采、综掘等设备的安装和撤除以及采煤机地面维修工作，在矿上属于脏、累、险的工种，员工的自卑心理很强。我总给大家讲，体面是靠自己挣来的。记得一次采煤机大修后，我带领大家进行下井前最后调试，当时发现采煤机煤臂出现自动下降现象时，非常着急，狠狠批评了维修人员。因为我知道，采煤机大修的原因是煤臂只升不降，而维修人员把控制煤臂升降的电磁阀左右阀芯进行了调换，以为这样可以解决问题，没想到问题发生了转移。我召集大家重新更换了密封圈、调整了弹簧压力，问题得到彻底解决。大家心服口服，从那以后，工友们再也没有出现马虎工作的现象。”

2007年在兖矿岗位技术比武中获得采煤机司机第一名、被授予技术能手的王帅这样评价几年来在矿山的感受：“煤矿工作很苦、很累，有人想跳槽改行可以理解，但矿山人亲，矿领导把我们当宝贝，工资待遇也相当不错，我们觉得这里大有作为。”

通过访谈资料分析发现，每个员工都希望有自由发展的机会，所以被包容的劳动就是能让更多的人享受到改革和发展带来的成果，也能够让困难的员工得到更多的保护，得到政府的政策与投入上面的优惠。事实上，对那些企业的一线员工来说，存在个体能力和竞争水平上的差异，所以在分享和包容度相对比较低时，员工对管理层来说更加难以实现其需求。根据目标指涉理论，员工个体在此时会将结果与个体在相对分享包容的背景下进行对比（McFarlin et al.，1992；Jasso，1980）。另外，企业的一线员工也会将本身的工作状况和管理层的要求进行对比。因为存在地位和工作环境的差距，这样的对比可能会使一线员工有很差的社会满意度（Stouffer et al.，1949；Greenberg，1987；Brickman，1975）。

根据相对剥削的理论，这样的对比可能进一步降低一线员工对低分享包容的满意度。但是，如果从可行能力的理论来看，非一线员工本身往往具有更高的能力表现，所以在这种情况下，通常个体更希望能进一步体现其价值和能力的愿望也就会越强烈。根据目标的指涉理论，在一个很低的包容感知情形下，该理论本身和一线员工相比，在其价值体现上差距更大，尤其是在理想状态下的对比，其差距可能会更大。因此，相比一线员工，非一线员工会有更差的社会满意度。在分享包容相对较高的社会体系中，这两类员工基本都能够获得有效的投入回报，所以在这样的情形下，每个个体对于那些分享的系统具有相对较高的认同度，同时对自身也具有较高的认同度。但是，两者主要的差别在于：如果根据相对剥削理论，一线员工会在收益差别上做一些对比，即便是在他们的投入与回报相对符合的情况下，客观因素的差异，使得这两类员工的收入存在一定的差距，而且，很显然，他们依然有改变现有生活状态的愿望，所以能够提升个体的发展需求（Stouffer et al.，1949；Greenberg，1987；Brickman，1975）。

我们通过分析可以发现，共存包容不仅表现在分享包容以外，主要还表现在机会包容方面。我们通过调查发现，多数的市场机会往往都不是平等地分布在市场内部的，而且随着市场功能的缺失或者市场本身能力的差异，那些处于弱势方的一线员工往往无法参与到其对应的相关市场竞争中去。所以，一线员工不能像那些非一线员工一样获得经济的增长所带来的收益共享，但是如果通过政策手段可以有效地缓解那些由于环境限制所带来的后果。那么在此背景下，我们可以将包容发展解释成那些倡导机会平等的增长，即贫困的人口应该享有的平等的经济权利和政治权利，并且参与到经济增长中去，做出应有的贡献，同时在分享成果时不会出现不应该有的障碍和歧视（Ali et al.，2007）。针对一线员工要求在他们的工作过程中体现出参与能力，并且最终的分配还需要体现出与其付出劳动相匹配的收益。实际上，包容性的发展本身具有价值取向上的包容性，这样的发展强调的是发展过程的汇总，以及对机会的公平获取和竞争中的公平（Ali et al.，2007a；Ali et al.，2007b）。包容性的执行过程需要体现出透明性、互动性、自由性和平等性，相关的参与权、知情权、分享权和参与竞争的个体，他们对于参与规则能够获得熟练的掌握，还能够和有关方进行持续而热烈地互动，通过对规则的参与，从而制定和执行那些被严格遵守的政策措施，这是能保障公平合理的制度基础。但是，在竞争的过程中，对相关制度的执行是对包容性发展的体现与保障。所以，包容性不仅需要体现出对现实的分享、参与和机会，还需要体现出社会的外部状况和社会公平的感知。本书的主要目的在于理解和理清包容性发展的理论机制和相关的研究理论基础，同时分析出如何利用公平理论以及发展经济学理论来进行政策、体制上的创新，从而实现包容性的发展社会体系的建立。在此背景下，本书将对社会的弱势群体所面临的社会问题进行分析，实现每个人的机会公平，并让每个人都能参与到经济社会增长的过程当中，为增长贡献出自己应有的力量。

3.6.4 体面劳动必须是充满自信的劳动

体面意味着自信。对所有的一线员工来说，尊重和正视真正的自己是非常重要的，能够做到勇敢地打倒虚妄的自己，这不仅需要承认自我这个现实，同样还要得到别人的认可。所以，每个人都会有如释重负的感觉，从而变得欢乐，个人没有了繁重的心事，也不会担心别人会来揭开我们的短处和缺陷，在这样的心态下，一线员工才能够去追求成功，实现自己伟大的梦想。下面，我们整理出了部分一线员工希望得到自信的原始资料：

李立峰说："体面劳动是一个人的劳动价值被领导认可，被同事认可，又确确实实为企业发展带来好处。如公司刚出版的《创新英雄榜》，把每一个创新者当成公司的英雄一样去宣传、表彰和推广。我有四项创新被编辑了进去，老婆孩子看了精美的图册，很是兴奋，觉得我的创新成果为工作带来了好处，提高了工作效率，确保了安全，她们都为我自豪。我创建的输电线路巡视'八点法'，还被命名为'立峰八点法'，这让我感到很风光。我现在是班长，还是技师，上班看到别人投来的羡慕眼神，就觉得很体面。体面是种感觉，不仅表现在物质上，更多还来源于精神上的被尊重。当然得有一定收入，起码要做到衣食无忧。如果一个人每天还在为穿衣吃饭发愁，那体面劳动就会大打折扣，甚至无从谈起。"

老职工张青阁接话说："体面用老百姓的话就是有面子，自己知足。体面劳动就是通过劳动能养活家人，工作中同事关系和谐，每天能乐呵呵工作，劳动中有尊严，就是体面劳动。"

我们通过资料分析可以看出，体面劳动感知是职工通过自己的劳动为企业做出贡献，在满足物质需要的基础上，职工的劳动价值被领导、同事认可，受到别人尊重，使员工感觉到"劳动中有尊严"，从精神上获得安全感和满足感。

根据前文多提及的参照物理论，个体员工之间通常存在正常的对比心态，促使员工在获得了相应报酬的情况下，通过持续性的对比竞争从外界环境中获得社会的满意度感知。实际上，每个公民都将自己的生活与周围的人进行着比较，许多人在对比之后会得到不满意的结果。在相对剥削理论（relative deprivation theory）中，这样的横向对比是心理作用于一部分公众之上的现象，通过获得自身的优越性，来使自己在同类之中得到认可，当不能进行冷静的分析和对比时，就会产生不满的情绪（Stouffer et al.，1949；Greenberg，1987）。所以，这就需要一个能被反映出自身价值体系的对比模式，从而使对比符合客观的条件。具有不同近况的个体由于其在竞争系统中所处的地位和环境不同，他们对于提升个体的认同感具有很强烈的意识。所以，所有的规则都被认为是在公平的情形下使得最终的满意度得到最大化的提升。

3.7 本章小结

本章从意义建构理论出发，通过需求差异、参照物选择和共同价值观的差异来制定访谈内容，通过深层次访谈挖掘了体面劳动的绝对意义和相对意义；并通过对访谈资料的整理得出各行各业的一线员工对体面劳动的理解，最终得出体面劳动的内涵，包括四个方面，即体面劳动必须是有尊严的劳动、体面劳动必须是被认可的劳动、体面劳动必须是被包容的劳动和体面劳动必须是充满自信的劳动。

4 企业一线员工体面劳动感知量表开发

严谨、系统的构想量表是开展高质量实证研究的前提与基础。“体面劳动”经过十几年的发展，得到了学术界的重点关注，已经成为劳动关系管理研究领域的一个重要构想。目前来说，体面劳动在定量研究上还存在一些不足，其构想界定不同、边界不清晰、测量视角不统一等问题，给体面劳动开展实证定量化研究带来了诸多不便，这在一定程度上阻碍了体面劳动领域研究的进一步发展与深化。

本书主要应用定性研究和定量研究相结合的方法，依循构想开发的一般思路，按照一定的操作程序和步骤，从原始资料和数据中归纳出新的构思和理论。本书通过半结构化访谈以及焦点小组讨论等方法获取充分的数据信息，经过逐级编码和扎根分析方法抽取提炼体面劳动感知的主要特征，在整合专家和企业一线员工观点的基础上开发了体面劳动感知量表，并通过EFA/CFA技术，进一步确定体面劳动的维度结构和内容，框定其结构模型，为深层次理解体面劳动感知的内涵以及为后续开展体面劳动的实证研究提供依据。

4.1 体面劳动感知测量初始题项的建立

针对全新量表的开发，我们可以通过实地访谈、开放式问卷和半开放式问卷的方式获得对于某一概念的基本描述，在获得这一概念的基本描述之后，通过系统的整理归纳，将这一概念归纳成几个不同的维度，并在不同的维度下利用不同的指标来进行刻画，这些指标主要来源于实地访谈或者问卷的描述。本书对于企业一线员工体面劳动感知的测度主要采用了这种方法，开发中首先通过案例企业访谈以及半开放式问卷的方式确定了能够描述体面劳动感知的题项。当然，由于体面劳动感知本身涉及公平理论、认同理论这一成熟的理论，因此在量表开发的基础上，我们也借鉴了关于公平和认同的测度。在理论上实现测度的有效描述以后，测度量表还需要能够顺利地被研究对象所理解，尤其是所描述的题项是否符合劳动者本身的特性或者符合个人的特性。因此，设计好的问卷还需要同一线员工进行探讨，以明确变量测度的表达方式以及变量之间逻辑关系的合理性。当然，由于本书的逻辑关系的建立主要针对意义建构理论，因此这种关系的合理性主要通过前文的深度访谈来构建，而在问卷设计好后的讨论主要作为一种辅助性参考，提升问卷的易读性。本书在这一过程中，主要找了三位博士研究生和两名博士生导师进行讨论，还有三位已经在企业工作满三年的一线员工，因此对于一线员工对题目的理解在一定程度上能体现本书的要求。在这一基础上，本书对变量的测度进行了少量的调整，以能够被企业界所认同。

4.1.1 体面劳动感知题项编制过程

我们反复通读并比较各位被访者对体面劳动感知的理解，发现尽管每位受访者对体面性描述的表现形式不同，但是他们在构建和解读问题上有共同的特点。各行各业的一线员工由于行业和岗位的不同，需求各异，他们对体面的理解也不相同。但是通过反复比较发现，他们都有共同的规律，如煤炭工人在没有得到安全需求时对体面的理解更侧重于对安全的需要，而软件程序员得到安全需求后更侧重于被认可和尊重的需要，这也验证了本书开头提出的需求差异所导致的对体面劳动理解的差异。我们通过采访也发现，员工除了需求方面的差异外，由于其对参照物选择的标准不同，他们对体面劳动的理解也不同。如有的一线员工性格更加活泼，喜欢社交，所以经常与朋友比较；有些则更喜欢和自己以前的状况比较；有的更喜欢和家人比较。由此可见，由于一线员工所选择的参照物不同，他们对体面性的理解也不同。由于中国特有的文化和社会机制，社会普遍的看法对员工体面性定义不同，也影响了员工自己对体面性的定义。我们反复听取录音，并将所有访谈录音转录成文字，共得到 20 多万字，通过反复阅读这些文字，并根据体面劳动的绝对意义和相对意义，共得到 124 条能够描述体面劳动感知的项目。在梳理出这 124 条项目后，我们按照以下步骤进行整理：

第一步，我们以及一位博士研究生和一名人力资源管理专业的专家将 124 个条目抄录到卡片上，分别编号为 $X1 \sim X124$，然后根据体面劳动感知的内涵，各自单独对这些条目进行分类。3 人所划分的类别数分别为 27 类（作者），29 类（博士生）和 25 类（专家）。得到分类结果后，我们对每一个类别及每一个条目进行了审查。如果 3 人同时将一组条目归入一个类别中，就认为这一组条目组成的类别是可靠的；如果 3 人中有两人的归类相同，则暂时采纳这两人的意见；如果 3 人的归类各不相同，我们则通过进一步思考后决定采纳其中一人的意见或者对其进行重新归类。最后，得到 25 类别，共包含 124 个条目，见附录 2。

第二步，作者给 124 个条目组成的 25 个类别编号（A1～A25）后，将其放入表格（Excel）中，然后让参与过第一步分析过程的那位博士研究生与专家同另一位本专业的博士研究生一起，评价这些条目的归类情况。如果他们同意作者的归类，则在相应的条目前标“1”；如果不同意同时又认为该条目应该归入这 25 个类别中的另外一类中，则在相应的条目前标“0”。之后，我们根据 4 个人的归类情况（作者的归类和 3 个人的评价）计算了评分信度，Krippendorff's Alpha = 0. 97。也就是说，4 个人在 24 个类别的划分上是高度一致的。针对 4 个人在归类上意见不一致的条目，我们与另外 3 个人逐条进行了讨论并最终达成了一致。最后，经过进一步讨论，我们 4 人将 25 个类别合并成了 24 个类别，并根据词条出现的频率从每一个类别中选择一个有代表性的条目或是能概括这一类别的条目作为初始量表的题目。

第三步，在得到 24 个初始量表的题目之后，我们将其改写成以“我”为主语的完整句子。我们邀请了 3 位人力资源管理方面的专家对编制好的体面劳动感知的问卷进行了审核。我们综合 3 位专家的建议，对题目的表述进行了修订，最终确定了初始的体面劳动感知量表共 24 个题项，见附录 3。

第四步，3 位工商管理专业的博士生对这 24 个题项进行分类，当现有类别不适合某个条目时，他们也可以提出新的类别。在第一轮编码结束后，我们得到 6 个类别，分别为：尊重、身份认同、互惠规范、包容、自信、公平正义；第二轮编码，3 位博士生和我们一起讨论了第一轮编码中提出的分类框架，并根据体面劳动感知的内涵将互惠规范归入尊严这一类。我们剔除具有很少条目（数目小于 3）的类别，此轮删除公平正义这一类，将其并入互惠规范。4 位分类者根据新的分类系统对所有的条目重新分类。我们计算了 4 位分类者在两轮编码中的一致性程度。在第一轮编码中，4 位分类者的一致程度（三者的分类完全一致）是 55. 1%，两两之间的一致程度是 73. 2%。3 位分类者在第二轮编码中的一致程度是 79. 3%，两两之间的一致程度是 92. 6%。这些一致性程度的结果表明，分类过程是稳定的和可靠的。此时，体面劳动感知包含 4 个类别，分别为尊严、身份认同、包容、自信，共 24 个题项。

4.1.2 体面劳动感知题项编制注意事项

为了编制一份高质量的企业一线员工体面劳动感知项目，需注意以下几个方面：

4.1.2.1 项目冗余

在量表编制的这个阶段，在其他情况同等的条件下，最好是多编一些项目。在量表编制过程中，多余的一些项目并不是一件坏事。通过多项目以及看似冗余的项目，各项目的共同现象叠加起来，而其无关的特有内容却相互抵消，没有项目的冗余是不可能的。有用的项目冗余与我们所关注的建构有关，它不是项目特性的偶然表现。把一个项目中的“一个”改为“这个”肯定会造成关于总体项目内容的冗余，也会造成关于其他你想改变的方面的冗余，如基本语法结构和措辞等。此外，两个项目间的冗余可能是很有用的，因为这种冗余是对类似内容的不同表述。例如，“工作中能够感受到自我存在的价值”和“工作中能够感到自己是被重视的”就是两个这样的项目。尽管是对于最终的量表，一定的冗余也是可取的，但是相比之下，项目池能容忍更大的冗余性。

4.1.2.2 项目数量

给初始的项目池定出具体的项目数量是不可能的，只要定出项目池中的项目数量远远多于最终量表中准备包括的项目数量，这就足够了。由于在编制阶段还不知道项目之间相关性的强度，增加项目的数量就成为弥补内部一致性的有效方法。但项目池中的项目越多，你越不清楚到底应该选择哪些项目组成量表，以测量我们旨在测量的现象。因此，通常项目池中的项目能达到最终项目的3~4倍即可。由此可见，一个10项目量表需要一个40项目的项目池。一般情况下，项目池越大越好。而且，完全有可能编制一个较大的项目池，大到项目池中的项目无法在同一组被试身上一次性进行施测。如果项目池格外大，研究人员可以依据先验标准剔除一些项目。这些先验标准包括“清晰性”“关联性”“与其他项目的相似性”等。

4.1.2.3 开始编写项目

启动项目编写工作往往是项目生成过程中最难的部分。本书是这么开启这项工作的：本书关注的是企业一线员工体面感知的量表，所以，会试着用不同的方式对被试的陈述进行汇总，用不同的表达方式来表达同一个思想。在开始阶段，本书的目标只不过是找出各种各样的表述同一个中心概念的方式，这个中心概念正是我们要编写的量表的建构。待生成了3倍或4倍于量表可能包括的项目之时，再回过头来看一看已经编写的项目，这时就要带着批判的眼光检查。检查时，既可以检查项目在多大程度上表述了中心概念，也可以检查项目表述的清晰程度。

4.1.2.4 优良项目与劣质项目的特性

优良项目需要符合以下条件：①没有歧义；②量表编写人员应该避免过于冗余的项目，因为冗余通常既增加项目的复杂性，又减少项目的清晰性；③项目具有可读性；④避免“双筒枪”项目。“双筒枪”项目指的是同时表述两个或更多思想的项目。对于这种项目，同意项目所表述的思想则可能意味着同一项目中的全部思想。本书的数据发放对象主要为企业一线员工，首先调查问卷语言应简洁明了、通俗易懂。因为一线员工通常不从事单纯的文字工作，对套话、官话本身就很反感和抵触，这就使问卷语言的简明性格外重要，而且问卷题项全部使用客观题目。

4.1.2.5 反向项目

虽然我们在量表中往往加入反向项目，但是在同一量表中既包括用负面措辞表述的项目也包括用正面措辞表述的项目，这是需要付出一定的代价的。在“答题”过程中，调查对象可能把问题的方向搞混，特别是在问题很多时更是如此。在把问题方向搞混的情况下，调查对象往往会把同意认定为自己在那个项目上的强度大或强度高，而不管问题提出的方向性。作为应用社会科学研究者，我们亲眼看见过不少沿相反方向表述的表现很差的项目。因此，本书对企业一线员工体面劳动感知的研究没有编制反向题目。

4.1.2.6 决定项目形式

同样的问题可以用多种形式来呈现。研究者应该提早考虑项目的形式问题，而这一步应该和项目生成同时迈进，从而使两者互相兼容。编制量表的形式有多种，包括瑟斯顿治标法、古特曼治标法、由等权项目构成的量表、备择反应选项的最佳个数、李克特量表等。因为本书的对象是企业一线员工，相对文化程度较低，为了便于理解和易操作，本书选择李克特式的编制方式。李克特量表的编制形式是最常用的编制形式之一，这种项目的题干是一个陈述句，伴随的备择选项是对所陈述的内容的赞同或认可程度。李克特量表是被广泛地用来制作量表观点、信仰和态度类量表的测量工具。题目的设计应该考虑不同题目前后的呼应或者补充、印证关系，或者使用一些相关度较高的题目构成树形结构。最后，要注意数据采集和分析的便利性，要合理划分题目备选中的各个区间，尽量做到前后衔接、完整覆盖。尽量使不同题目均能够批量使用同一答案模板来回答，减少被试的反应时间。本书统一采用李克特五点量表，用 1~5 的数字代表调查对象对题目设定的认同度等。

4.2 体面劳动感知量表数据收集

数据能否有效地反映被测样本的特性将决定最终结果的有效性，而数据的真实有效性程度将决定最终结果的有效性。

为尽量降低不同地区经济发展情况带来的影响，对于发放的区域和发放的渠道进行了多种控制，以尽量排除外部因素的影响。在区域的选择上，本书选择在东、中、西部3个区域发放问卷，在进行深度访谈的基础上，整理出24道题项用来测量体面劳动感知。

依据总结出来的体面劳动感知的测量项目，我们第一轮的问卷发放785份，总共回收735份①，有效问卷650份，占回收问卷的88.4%；并对体面劳动感知量表进行了项目分析和探索性因子分析。在问卷发放之前，为了解决问卷在发放中被试有可能不清楚其具体意思而难以回答的问题，我们首先将问卷分发给这些问卷发放者，要求这些人员在问卷发放之前首先填写一遍，对自己不懂的问题提出质疑，由问卷开发者提出相应的解答和描述，在问卷发放过程中，要求发放者当场发放、当场收回，保证在被试遇到问题的时候能够帮助其解答。在问卷的发放渠道上，为了提高数据的可靠性，前期问卷的发放主要采取实地调研的形式进行。由于发放的群体都是一线员工，相对比较特殊，因此在发放过程中采取现场发放、现场收回的形式，并委托直接主管直接进行发放，更多地采取官方的形式发放，这样就提高了问卷发放和回收的效率。从发放的行业来看，本次回收的问卷主要在服务业、建筑业、制造业、交通运输业等行业，具体包括金融服务业、商品零售业、超市、交通司机、铁路、酒店、白酒制造业、电信行业、物流行业等。企业性质有私营也有国企。

4.3 体面劳动感知量表的题项净化

体面劳动感知量表的题项净化就是进行项目分析，项目分析的主要目的是检验量表个别题项的适合程度或者可靠程度。

---

① 回收率=回收数量/发放数量。

4.3.1 体面劳动感知项目 T 检验

在对体面劳动感知项目进行 T 检验之前，我们首先进行正态分布检验。体面劳动感知各题项数据正态性检测如表 4.1 所示。

表 4.1 体面劳动感知各题项数据正态性检测

	样本量	最小值	最大值	均值	标准差	偏度		峰度	
	统计量	统计量	统计量	统计量	统计量	统计	标准差	统计	标准差
*A*1	650	1	5	3. 76	0. 911	−0. 802	0. 096	0. 949	0. 191
*A*2	650	1	5	3. 57	1. 062	−0. 558	0. 096	−0. 277	0. 191
*A*3	650	1	5	3. 30	1. 142	−0. 369	0. 096	−0. 494	0. 191
*A*4	650	1	5	3. 49	1. 094	−0. 495	0. 096	−0. 283	0. 191
*A*5	650	1	5	4. 09	1. 090	−3. 385	0. 096	11. 408	0. 191
*A*6	650	1	5	3. 74	1. 048	−0. 983	0. 096	0. 613	0. 191
*A*7	650	1	6	3. 80	1. 087	−0. 849	0. 096	0. 071	0. 191
*A*8	650	1	5	3. 28	1. 372	−0. 486	0. 096	−1. 045	0. 191
*A*9	650	1	5	3. 00	1. 393	−0. 063	0. 096	−1. 316	0. 191
*A*10	650	1	5	3. 60	1. 100	−0. 593	0. 096	−0. 390	0. 191
*A*11	650	1	5	3. 90	0. 883	−0. 939	0. 096	1. 184	0. 191
*A*12	650	1	5	3. 86	0. 927	−0. 966	0. 096	1. 033	0. 191
*A*13	650	1	5	3. 47	1. 148	−0. 590	0. 096	−0. 381	0. 191
*A*14	650	1	5	3. 44	1. 068	−0. 442	0. 096	−0. 349	0. 191
*A*15	650	1	5	3. 43	1. 056	−0. 500	0. 096	−0. 311	0. 191
*A*16	650	1	5	3. 67	1. 050	−0. 701	0. 096	−0. 002	0. 191
*A*17	650	1	5	3. 75	0. 997	3. 944	0. 096	10. 886	0. 191
*A*18	650	1	5	3. 62	0. 983	−0. 844	0. 096	0. 512	0. 191
*A*19	650	1	5	3. 58	0. 970	−0. 641	0. 096	0. 368	0. 191
*A*20	650	1	5	3. 49	1. 034	−0. 594	0. 096	0. 064	0. 191
*A*21	650	1	5	3. 55	3. 087	−0. 657	0. 096	−10. 042	0. 191
*A*22	650	1	5	3. 59	1. 000	−0. 709	0. 096	0. 394	0. 191
*A*23	650	1	5	3. 46	1. 034	−0. 472	0. 096	−0. 049	0. 191
*A*24	650	1	5	3. 86	0. 865	−0. 745	0. 096	0. 833	0. 191
Valid *N* (listwise)	650								

如表 4.1 所示，大部分题项偏度系数绝对值小于 3，峰度系数绝对值远远小于 10，表明样本数据符合多元正态分布（Kline，1998），满足独立样本 *T* 检验要求。但是 *A*5、*A*17、*A*21 不符合正态分布的要求，所以题项删除。

根据项目分析程序以 27%分位数为界的高低分组各条目均值 *T* 检验，项目分析中以量表总分前 27%和后 27%的差异比较，称为两个极端组比较，极端组比较结果的差异值即决断值或临界比（critical ratio，CR）。决断值检验未达显著的题项（显著性检验概率 *P* 值大于 0.05）最好删除，因为一个较佳的态度量表题项，其高分组与低分组在此题上得分的平均数差异应是显著的（以成绩测验而言，高分组与低分组在题项答对百分比的差异值越大越好，差异越大表示题项的鉴别度越好），平均数差异值的检验与独立样本 *T* 检验操作程序相同。因此，可根据两个独立样本 *T* 检验求得的 *T* 值作为决断值或临界比值，*T* 值越高表示题目的鉴别度越高。体面劳动感知项目分组后的独立样本 *T* 检验如表 4.2 所示。

表 4.2　体面劳动感知项目分组后的独立样本 *T* 检验

		方差相等的 Levene's 检验		平均数相等的 *T* 检验						
		F	Sig.	*T*	Df.	Sig.（2-tailed）	平均差异	标准误差	差异的 95%置信区间 下界	差异的 95%置信区间 上界
*A*1	假设方差相等	28.220	0.002	15.007	365.000	0.021	1.402	0.093	1.218	1.586
	不假设方差相等			14.953	300.877	0.020	1.402	0.094	1.218	1.587
*A*2	假设方差相等	25.372	0.008	20.453	365.000	0.000	1.906	0.093	1.723	2.090
	不假设方差相等			20.403	332.547	0.000	1.906	0.093	1.723	2.090
*A*3	假设方差相等	33.790	0.010	17.823	365.000	0.000	1.731	0.097	1.540	1.923
	不假设方差相等			17.767	315.041	0.000	1.731	0.097	1.540	1.923
*A*4	假设方差相等	38.722	0.000	11.784	365.000	0.000	1.007	0.085	0.839	1.175
	不假设方差相等			11.737	290.846	0.000	1.007	0.086	0.838	1.176
*A*6	假设方差相等	32.976	0.020	10.293	365.000	0.117	1.044	0.101	0.844	1.243
	不假设方差相等			10.262	316.705	0.113	1.044	0.102	0.844	1.244
*A*7	假设方差相等	36.627	0.000	18.882	365.000	0.000	1.832	0.097	1.642	2.023
	不假设方差相等			18.827	320.531	0.000	1.832	0.097	1.641	2.024
*A*8	假设方差相等	10.810	0.001	13.555	365.000	0.060	1.677	0.124	1.433	1.920
	不假设方差相等			13.544	359.812	0.062	1.677	0.124	1.433	1.920
*A*9	假设方差相等	21.697	0.000	17.244	365.000	0.000	1.670	0.097	1.480	1.861
	不假设方差相等			17.205	335.985	0.000	1.670	0.097	1.479	1.861

表4.2(续)

		方差相等的 Levene's 检验		平均数相等的 *T* 检验						
		F	Sig.	*T*	Df.	Sig. (2-tailed)	平均差异	标准误差	差异的 95% 置信区间	
									下界	上界
*A*10	假设方差相等	40.175	0.000	17.738	365.000	0.000	1.644	0.093	1.462	1.826
	不假设方差相等			17.688	322.794	0.000	1.644	0.093	1.461	1.827
*A*11	假设方差相等	31.352	0.000	15.021	365.000	0.000	1.412	0.094	1.227	1.596
	不假设方差相等			14.971	308.508	0.000	1.412	0.094	1.226	1.597
*A*12	假设方差相等	32.751	0.000	18.746	365.000	0.000	1.627	0.087	1.456	1.798
	不假设方差相等			18.669	288.027	0.000	1.627	0.087	1.456	1.799
*A*13	假设方差相等	45.937	0.000	17.408	365.000	0.000	1.635	0.094	1.450	1.819
	不假设方差相等			17.341	294.823	0.000	1.635	0.094	1.449	1.820
*A*14	假设方差相等	45.650	0.000	19.996	365.000	0.000	1.713	0.086	1.545	1.882
	不假设方差相等			19.909	280.633	0.000	1.713	0.086	1.544	1.883
*A*15	假设方差相等	39.658	0.000	18.510	365.000	0.000	1.690	0.091	1.510	1.869
	不假设方差相等			18.444	304.274	0.000	1.690	0.092	1.509	1.870
*A*16	假设方差相等	20.747	0.000	13.792	365.000	0.000	1.174	0.085	1.006	1.341
	不假设方差相等			13.745	308.194	0.000	1.174	0.085	1.006	1.342
*A*18	假设方差相等	13.392	0.000	17.408	365.000	0.000	1.538	0.088	1.364	1.712
	不假设方差相等			17.350	310.107	0.000	1.538	0.089	1.364	1.713
*A*19	假设方差相等	69.836	0.000	19.045	365.000	0.000	1.794	0.094	1.609	1.979
	不假设方差相等			18.960	278.502	0.000	1.794	0.095	1.608	1.980
*A*20	假设方差相等	26.657	0.007	18.411	365.000	0.000	1.831	0.099	1.635	2.026
	不假设方差相等			18.383	350.825	0.000	1.831	0.100	1.635	2.027
*A*22	假设方差相等	39.767	0.070	11.127	365.000	0.071	0.947	0.085	0.780	1.114
	不假设方差相等			11.080	285.008	0.072	0.947	0.085	0.779	1.115
*A*23	假设方差相等	21.613	0.008	16.516	365.000	0.000	1.764	0.107	1.554	1.974
	不假设方差相等			16.494	353.880	0.079	1.764	0.107	1.553	1.974
*A*24	假设方差相等	15.269	0.020	13.780	365.000	0.000	1.607	0.117	1.378	1.836
	不假设方差相等			13.770	361.037	0.000	1.607	0.117	1.378	1.837

表4.2为独立样本 *T* 统计量，在 *T* 统计量的判别上，使用者要判别两组的方差是否相等：若是两个群体的方差相等，则看“假设方差相等”栏的 *T* 值数据；若是两个群体的方差不相等，则看“不假设方差相等”栏的 *T* 值数据。两个数据列均包括 *T* 值统计量、自由度、显著性（双尾）、平均差异、标准差异、

差异 95%置信区间。“方差相等的 Levene's 检验”栏用于检验两组方差是否同质，对 $A2$ 因变量而言，经 Levene's 检验的 F 检验结果，F 统计量等于 28. 220，$P=0.02<0.05$，达到 0. 05 的显著水平，应该拒绝虚无假设。此时，T 检验数据要看第一栏“不假设方差相等”中的数值，T 值统计量为 14. 953，显著性概率值 $P=0.000<0.05$，达到 0. 05 显著水平，表示此题项临界比值达到显著，应该保留。以 $A6$ 因变量而言，经 Levene's 检验的 F 检验结果，F 统计量等于 32. 976，$P=0.02<0.05$，达到 0. 05 的显著水平，应该拒绝虚无假设。此时，T 检验数据要看第一栏“不假设方差相等”中的数值，T 值统计量为 10. 262，显著性概率值 $P=0.113>0.05$，未达到 0. 05 显著水平，表示此题项临界比值未达到显著，应该删除。在量表项目分析中，若采用极端值的临界比，一般将临界比值的 T 统计量的标准值设为 3. 000；若题项高低分组差异的 T 统计量小于 3. 000，则表示题项的鉴别度较差，可以考虑将之删除。经检测，$A6$、$A8$、$A22$ 不符合要求，所以应当删减。

4. 3. 2 体面劳动感知项目相关系数检测

除了以极端值作为项目分析的指标外，我们也可以采用同质性检验作为个别题项筛选的另一指标。个别题项与总分的相关越高，则表示题项与整体量表的同质性越高，所要测量的心理特质或潜在行为越接近。个别题项与总分的相关系数未达到显著的题项或两者为低度相关（相关系数小于 0. 4），表示题项与整体量表的同质性不高，最好删除。一个决断值低的题项，其题项与总分的相关也可能较低。同质性检验即求出个别题项与总分的积差相关系数。体面劳动感知各项目与总分相关系数如表 4. 3 所示。

表 4. 3　体面劳动感知各项目与总分相关系数

项目	体面劳动感知总分	项目	体面劳动感知总分	项目	体面劳动感知总分
$A1$	0. 564**	$A10$	0. 388**	$A16$	0. 698**
$A2$	0. 669**	$A11$	0. 617**	$A18$	0. 599**
$A3$	0. 462**	$A12$	0. 725**	$A19$	0. 690**
$A4$	0. 688**	$A13$	0. 573**	$A20$	0. 680**
$A7$	0. 635**	$A14$	0. 689**	$A23$	0. 661**
$A9$	0. 677**	$A15$	0. 488**	$A24$	0. 357**

在量表同质性检验方面，题项与总分的相关不仅要达到显著，两者间相关要呈现中高度关系，即相关系数至少要在 0. 4 以上。在相关矩阵统计量中，

A10、A24 虽然都达到了显著性水平，但相关系数<0.4，这几个项目与总分是低度相关，所以这两个题项考虑删除，除了这两项以外，其余题项与总分的相关系数都在 0.4 以上。

4.3.3 体面劳动感知项目信度检测

信度（reliability）代表量表的一致性或稳定性，信度系数在项目分析中，也可作为同质性检验指标之一。信度可定义为真实分数（true score）的方差占测量分数方差的比例，通常一份量表或测验在测得相同的特质或潜在构想时，题项数越多，则量表或测验的信度会越高。在社会科学领域中有关类似李克特量表的信度估计，采用最多者为克隆巴赫的 α 系数又称内部一致性 α 系数。信度检验旨在检视题项删除后，整体量表的信度系数变化情形，如果题项删除后的量表整体信度系数比原先的信度系数（内部一致性 α 系数）高出许多，则此题项与其余题项所要测量的属性或心理特质可能不相同，代表此题项与其他题项的同质性不高，在项目分析时刻考虑将此题项删除。

体面劳动感知在剩余的 24 个题项的内部一致性 α 系数，其数值等于 0.925，表示体面劳动感知的内部一致性佳。一份信度理想的量表，其总量表的内部一致性 α 系数至少要在 0.800 以上。一份好的量表或测验除了要有良好的效度外，其信度系数必须达到最基本的指标值，若是量表的 α 系数值越高，表示其信度越好，测量误差值越小。体面劳动感知的 CITC 和信度分析如表 4.4 所示。

表 4.4 体面劳动感知的 CITC 和信度分析

	项目删除时的尺度平均数	项目删除时的尺度方差	修正的项目总相关	项目删除时 Cronbach's Alpha 值
A1	178.05	1 019.790	0.716	0.920
A2	178.04	1 029.061	0.546	0.916
A3	177.50	1 041.588	0.474	0.922
A4	178.12	1 020.506	0.654	0.920
A7	177.94	1 018.764	0.733	0.920
A9	178.51	1 023.306	0.546	0.903
A11	178.13	1 017.430	0.665	0.920
A12	178.00	1 027.365	0.590	0.921
A13	177.63	1 035.675	0.466	0.936
A14	178.02	1 022.002	0.677	0.921
A15	178.02	1 022.191	0.714	0.910

表4.4(续)

	项目删除时的尺度平均数	项目删除时的尺度方差	修正的项目总相关	项目删除时 Cronbach's Alpha 值
A16	178.12	1 021.737	0.675	0.923
A18	178.02	1 021.542	0.702	0.910
A19	177.80	1 032.373	0.612	0.899
A20	177.74	1 033.976	0.588	0.917
A23	177.68	1 031.715	0.611	0.920
A24	177.76	1 026.368	0.623	0.890

从题目可以看出，A13“项目删除时的 Cronbach's Alpha 值”为 0.936，大于总体项目的 0.925 系数，说明删除 A13 会使信度系数变大。

4.3.4 体面劳动感知项目效度检测

共同性表示题项所能解释共同特质或属性的变异量，如将体面劳动感知限定为一个因素时，表示只有一个心理特质，因而共同性的数值越高，表示能测量到此心理特质的程度越高；相反，如果题项的共同性越低，表示此题项能测量到的心理特质的程度越低。共同性较低的题项与量表的同质性较少，因而题项可以考虑删除。至于因素负荷量（factor loading）则表示题项与因素（心理特质）关系的程度，题项在共同因素的因素负荷量越高，表示题项与共同因素（总量表）的关系越密切，即共同性越高；相反，题项在共同因素的因素负荷越低，表示题项与共同因素（总量表）的关系越不密切，即同质性越低。体面劳动感知因子载荷如表 4.5 所示。

表 4.5 体面劳动感知因子载荷

	Initial	Extraction		Initial	Extraction
A1	1.000	0.534	A14	1.000	0.574
A2	1.000	0.512	A15	1.000	0.670
A3	1.000	0.542	A16	1.000	0.580
A4	1.000	0.578	A18	1.000	0.520
A7	1.000	0.630	A19	1.000	0.507
A9	1.000	0.502	A20	1.000	0.646
A11	1.000	0.675	A23	1.000	0.647
A12	1.000	0.599			

一般而言，共同性值若低于0.2（此时因素负荷量小于0.45），则表示题项与共同因素间的关系不密切，此时，此题项可考虑删除。从表4.5的萃取值发现：所有题项的共同性>0.2，这几个题项与“体面劳动感知”的程度关系较强。因此，所有题项应该保留。

到此为止经过删减，共剩下*A*1、*A*2、*A*3、*A*4、*A*7、*A*9、*A*11、*A*12、*A*14、*A*15、*A*16、*A*18、*A*19、*A*20、*A*23这15个题项。

4.4 体面劳动感知量表维度的生成与验证

4.4.1 探索性因子分析

对于新开发的量表，我们在确定了其合理性的过程中同成熟量表的应用又存在一定差别。对于新开发量表来讲，需要对量表进行预测试，以实现量表的纯化，即通过探索性因子分析和信度分析删除那些不能合理地反应测度指标的维度。由于本书的测量指标主要为新量表开发，本书获得预测试数据之后主要进行了探索性因子分析和信度分析以获得纯化的量表。体面劳动感知的KMO和Bartlett's检测如表4.6所示。

表4.6 体面劳动感知的KMO和Bartlett's检测

KMO and Bartlett's Test		
Kaiser-Meyer-Olkin Measure of Sampling Adequacy.		0.921
Bartlett's Test of Sphericity	Approx. Chi-Square	6.527E3
	df	105
	Sig.	0.000

KMO是kaiser-Meyer-Olkin的取样适当性量数（其值介于0至1之间），当KMO值越大时（越接近1时），表示变量间的共同因素越多，变量间的净相关系数越低，越适合进行因素分析。根据学者Kaiser（1974）的观点，如果KMO的值小于0.5时，较不宜进行因素分析，进行因素分析的普通（mediocre）准则至少在0.6以上。此处的KMO值为0.921，如表4.6所示，呈现的性质为“良好”的标准，表示变量之间适合做因素分析。

此外，Bartlett's球形检验的卡方值为6.527E3（自由度为105），达到0.05显著水平，可拒绝虚无假设，即拒绝变量间的净相关矩阵不是单元矩阵的假设。单元矩阵表示净相关矩阵中的非对角线数值（此数值为净相关系数）均为 0，若 Bartlett's 球形检验结果未达到 0.05 显著水平，则应该接受虚无假设，表示净相关系数矩阵不是单元矩阵。若是净相关系数矩阵是单元矩阵表示变量间的净相关系数均为 0，变量的数据文件适合进行因素分析。此处的显著性概率值 $P=0.000<0.05$，拒绝虚无假设，即拒绝净相关矩阵不是单元矩阵的假设，接受净相关矩阵是单元矩阵的假设，代表总体的相关矩阵间有共同因素存在，适合进行因素分析。体面劳动感知的总方差解释和旋转后的体面劳动感知因子载荷见表 4.7 和表 4.8。

表 4.7　体面劳动感知的总方差解释

成分	初始特征值			提取成分后特征值			转置后特征值		
	特征值	解释方差百分比	累计解释方差百分比	特征值	解释方差百分比	累计解释方差百分比	特征值	解释方差百分比	累计解释方差百分比
1	7.712	51.417	51.417	7.712	51.417	51.417	4.211	28.075	28.075
2	1.575	10.498	61.915	1.575	10.498	61.915	3.425	22.831	50.906
3	1.299	8.661	70.576	1.299	8.661	70.576	2.950	19.670	70.576
4	0.656	4.374	74.950						
5	0.546	3.637	78.587						
6	0.522	3.480	82.067						
7	0.437	2.915	84.982						
8	0.380	2.536	87.518						
9	0.368	2.451	89.969						
10	0.324	2.160	92.129						
11	0.286	1.905	94.034						
12	0.275	1.832	95.866						
13	0.241	1.603	97.470						
14	0.213	1.419	98.888						
15	0.167	1.112	100.000						
Extraction Method: Principal Component Analysis.									

表 4.8　旋转后的体面劳动感知因子载荷

项目	成分			项目	成分		
	1	2	3		1	2	3
*A*2	0.293	0.293	0.743	*A*9	0.270	0.662	0.299
*A*4	0.294	0.242	0.771	*A*1	0.783	0.193	0.273
*A*11	0.210	0.183	0.808	*A*3	0.761	0.258	0.287
*A*15	0.226	0.177	0.744	*A*7	0.742	0.244	0.215

表4.8(续)

项目	成分			项目	成分		
	1	2	3		1	2	3
*A*16	0.194	0.811	0.197	*A*12	0.805	0.226	0.230
*A*18	0.180	0.824	0.103	*A*14	0.795	0.229	0.135
*A*20	0.250	0.775	0.213	*A*19	0.789	0.234	0.271
*A*23	0.302	0.721	0.257				

注：抽取方法为主成分分析方法；旋转方法为最大变异法。

从表4.7和表4.8可以看出，3个共同因子一共解释了体面劳动感知70.576%的方差，说明体面劳动感知具有很高的构想效度。从旋转后因子载荷的结果来看，清晰地形成了3个共同因子，且3个因子的组成与原先的理论假设基本一致。

SPSS中内设特征值大于1以上的因素作为最后的共同因素，因此体面劳动感知由3个因素组成。由于SPSS抽取默认值为保留特征值大于或等于1的共同因素，此方法虽然容易得出共同因素，但在实际应用上有限制，如共同因素所包含的题项是否与原先使用者编制的差不多、共同因素所包含的题项间所要测量的心理或行为特质是否差异很大、共同因素是否可以命名、共同因素所包含的题项数是否在3个题项以上等。因而，使用者只将特征值大于1以上的因素作为最后的共同因素有时是欠严谨的，还需要参考碎石图及转轴后的因素结构等来综合判断共同因素是否该被保留。其中一个重要的判断因素是共同因素所包含题项的同质性，即判断同一共同因素的题项所要测量的特质是否相同，如此一来，因素的命名才有意义。从碎石图可以看出保留3个因素较为适宜。体面劳动感知碎石图如图4.1所示。

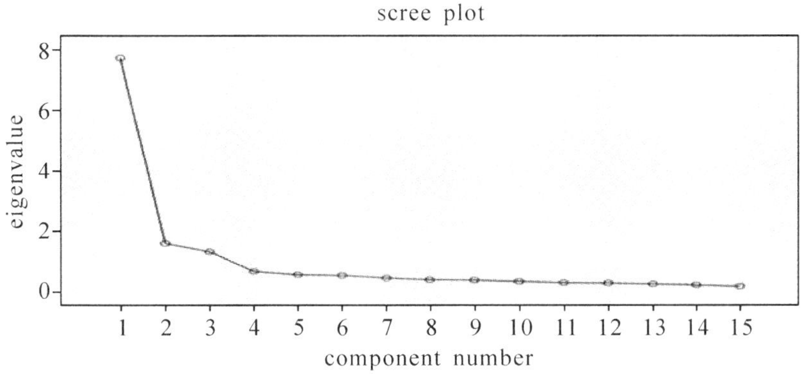

图4.1　体面劳动感知碎石图

从以上分析的结果来看，最终的体面劳动感知问卷因素分析结果如表 4.9 所示。

表 4.9 体面劳动感知问卷因素分析结果

变　　量	因素 1	因素 2	因素 3
公司提供的工资或福利待遇对我有足够的吸引力	0.783	0.193	0.273
公司没有制定任何对一线员工的歧视政策	0.761	0.258	0.287
我在工作中能够得到大家的尊重和关爱	0.742	0.244	0.215
公司为员工提供了积极向上的工作氛围	0.805	0.226	0.230
一线员工是有职业安全感的	0.795	0.229	0.135
公司为我提供了足够多的参与机会（参与决策和项目）	0.789	0.234	0.271
我的工作能够得到社会的普遍认可和尊重	0.194	0.811	0.197
我的工作能够得到家人的理解和支持	0.180	0.824	0.103
公司制定了偏向一线员工的政策	0.250	0.775	0.213
一线员工与领导的沟通渠道是畅通无阻的	0.302	0.721	0.257
一线员工能够顺利获得与工作相关的资源	0.270	0.662	0.299
在朋友面前提到我的工作感觉有面子	0.293	0.293	0.743
公司的地位、形象让我感到骄傲	0.294	0.242	0.771
一线员工在工作时，内心感到充实快乐	0.210	0.183	0.808
目前的工作让我感觉到我自身价值的存在	0.226	0.177	0.744
特征根	7.712	1.575	1.299
解释的方差变异量	28.073%	22.831%	19.670%

探索性因子分析的结果表明，体面劳动感知包含 3 个维度，分别命名为尊重认同、共存包容和骄傲自信。这一发现与对体面劳动感知进行意义构建的初衷是一致的，即我们发现体面劳动感知构建的两个意义分别为绝对意义和相对意义。对比研究的结果可以看出，尊重认同更多的是从绝对意义来定义，共存包容是从相对意义来解释体面劳动感知的，而骄傲自信既有绝对意义又有相对意义。与经过访谈概括的体面劳动感知的内涵所包含的 4 个方面有所出入，在探索性因子分析中，我们把尊严和认同的相关题项概括为一个因子，而在因子命名时，我们把体面劳动代表有尊严的劳动和被认可的劳动统一归为尊重认

可。原因是：认可作为一个群体归属的概念，与个体的尊严感有着不可分割的关系。众多学者认为，群体归属的选择基于维护自尊的需要。尊严是自我意识中最具有评价意义的要素，是心理健康的重要指标之一。尊严涉及对自我整体价值与作用的情感评价和体验，是对自我价值的审视和判断。认同与尊严的微妙关系根源于社会认同理论。社会认同理论包括社会范畴化、社会比较和积极区分。社会比较所涉及的并不是一种客观的比较，在比较过程中所参照的信息都是由社会构建的，受维护自尊和获得积极自我评价需要的驱动，旨在形成正向的社会认同。因此，尊严成为认同背后的动机之一，所以本书将尊严与认同划分为一个维度。

4.4.2 验证性因子分析

最后，我们在纯化量表的基础上进行第二轮量表的发放，最终对纯化量表进行了验证性因子分析，并依据相应的数据分析了各变量间的相互作用机制。我们采用经过预试所得到的问卷，重新收集研究数据，对变革型领导的问卷的构想效度和信度进行检验。人力资源管理研究小组进行了问卷的第二次发放，共发放问卷 801 份，收回 701 份问卷，有效问卷 538 份，占收回问卷的 76.7%。本书采用统计软件包 Amos 17.0 进行了验证性因素分析（confirmatory factor analysis，CFA）。与探索性因素分析相比，验证性因素分析有以下 4 点内容：①在允许测量误差的情况下，对观测变量和潜变量以及潜变量与潜变量之间的关系进行分析。②验证性因素分析从观测数据出发，用观测数据拟合理论模型，并对调查数据与理论模型的拟合程度进行衡量，以检验数据与模型的拟合程度，这样就可以对既有的理论构想进行验证。而相对来说，探索性因素分析对提出和检验理论构想比较困难。③对潜变量之间的关系可以自由地根据理论和实际来确定，而探索性因素分析则假设因子要么相关要么不相关，缺乏灵活性。④验证性因素分析可以指定误差之间的相关，而探索性因素分析则假设特定误差之间均无相关，比较片面。因此，在这里我们采用验证性因素对探索性因素分析得到的变革型领导问卷进行检验，主要是进行区分效度和聚合效度检测以及进行二阶验证性因素分析。

4.4.2.1 区分效度

区分效度是指构面所代表的潜在特质与其他构面所代表的潜在特质间低度相关或有显著的差异存在。在 Amos 操作中，求两个构面区分效度的简单检验方法，就是利用单群组生成两个模型，分别为未限制模型和限制模型（潜在构想间的公变关系不加以限制，潜在构想间的公变参数为固定参数），接着进行两个模型的卡方值差异比较：若卡方值差异量越大且达到显著水平（$P<0.05$），表示两个模型间有显著的不同，未限制模型的卡方值越小则表示潜在特质（因素构面）间相关性越低，其区别效度越高；相反，未限制模型的卡方值越大则表示潜在特质（因素构面）间相关性越高，其区分效度越低。在卡方值差异量检验结果中，若限制模型与非限制模型之间卡方值差异量达到0.05显著水平，表示潜在构想间具有高的区别效度。

（1）“骄傲自信—共存包容”构想的区别效度。

图4.2与图4.3给出了“骄傲自信—共存包容”的未限制模型和限制模型的路径图，表4.10则显示了骄傲自信与共存包容关系模型的拟合指标。

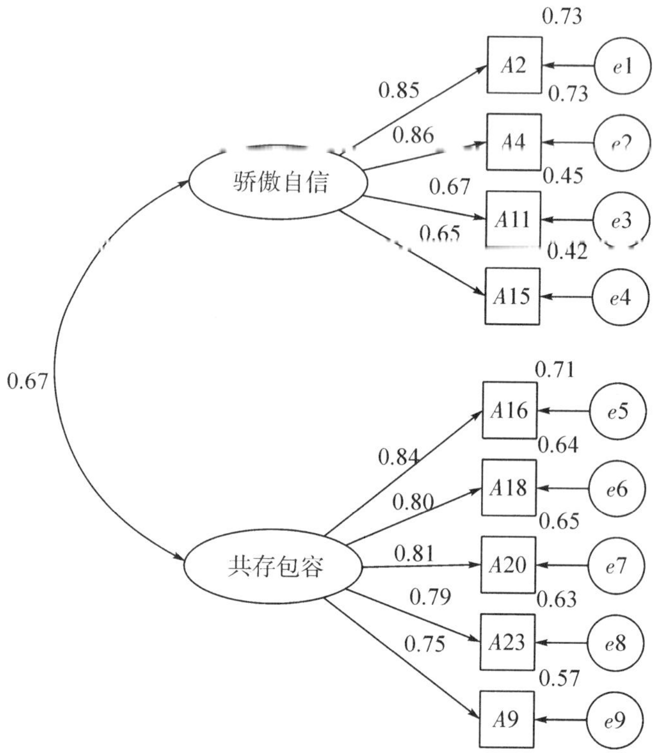

图4.2 “骄傲自信—共存包容”未限制模型的路径图

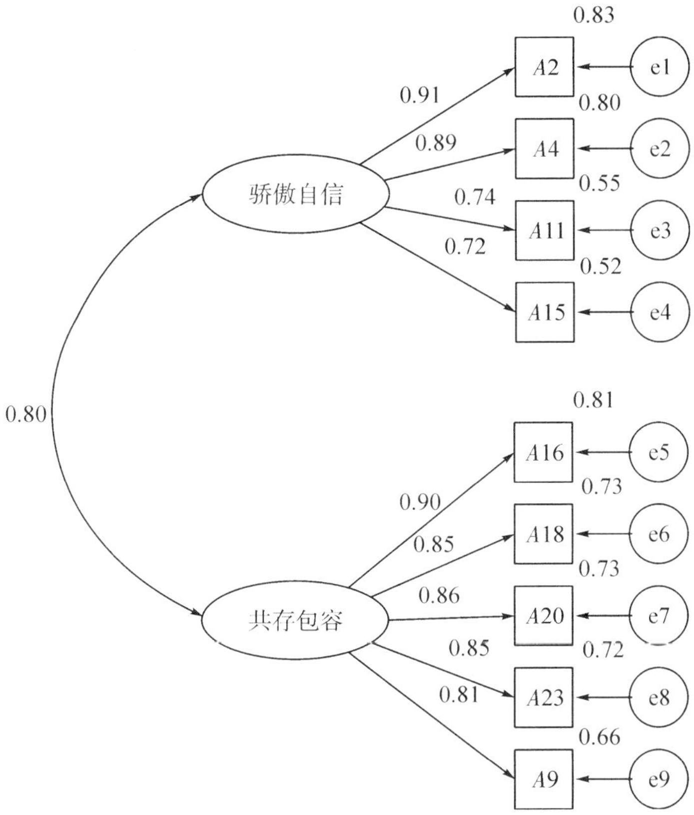

图 4.3 “骄傲自信—共存包容”限制模型的路径图

表 4.10 “骄傲自信—共存包容”关系模型的拟合指标

拟合指标	χ^2/df	GFI	AGFI	NFI	CFI	RFI	TLI	RMSEA
未限制模型	14.075	0.924	0.868	0.936	0.940	0.911	0.917	0.110
限制模型	18.404	0.913	0.837	0.913	0.917	0.884	0.889	0.127

“骄傲自信—共存包容”潜在构面的未限制模型的自由度为 26，卡方值等于 365.943（p=0.000<0.05）；限制模型的自由度为 27，卡方值等于 496.913，（p=0.000<0.05）。两个模型的自由度差异为 1（27-26），卡方显著值=496.913-365.943=130.97，卡方值差异量显著性检验的概率值 P=0.000<0.05，达到 0.05 显著水平，表示未限制模型与限制模型两个测量模型显著不同；与限制模型相比，未限制模型的卡方值显著较小，表示“骄傲自信—共存包容”两个潜在构面间的区分效度佳。

（2）“共存包容—尊重认可”构想的区分效度。

图 4.4 和图 4.5 给出了“共存包容—尊重认可”的未限制模型和限制模型的路径图，表 4.11 则显示了“共存包容—尊重认可”区分效度的模型拟合指标。

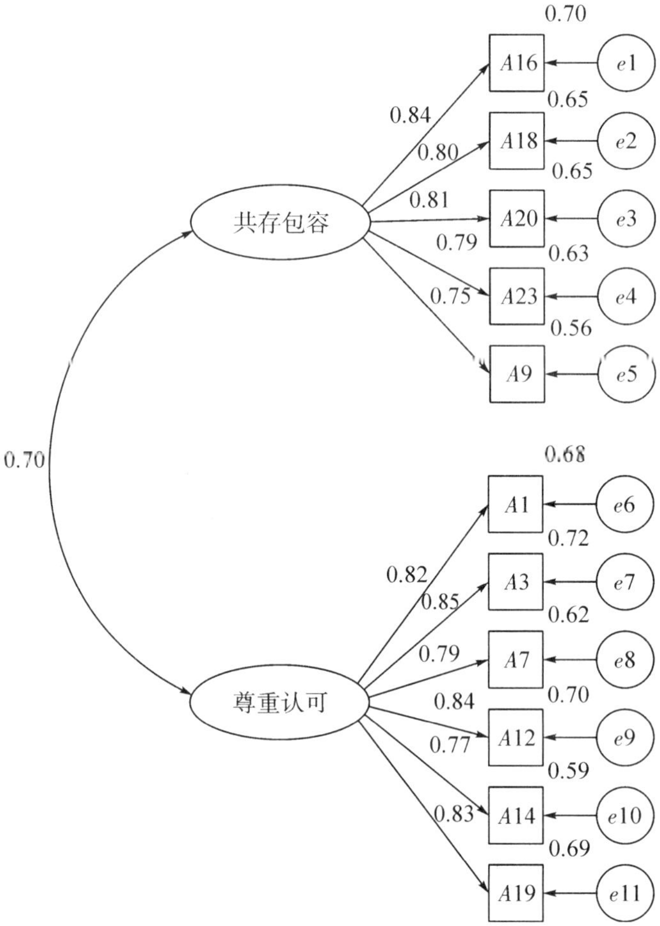

图 4.4 “共存包容—尊重认可”未限制模型的路径图

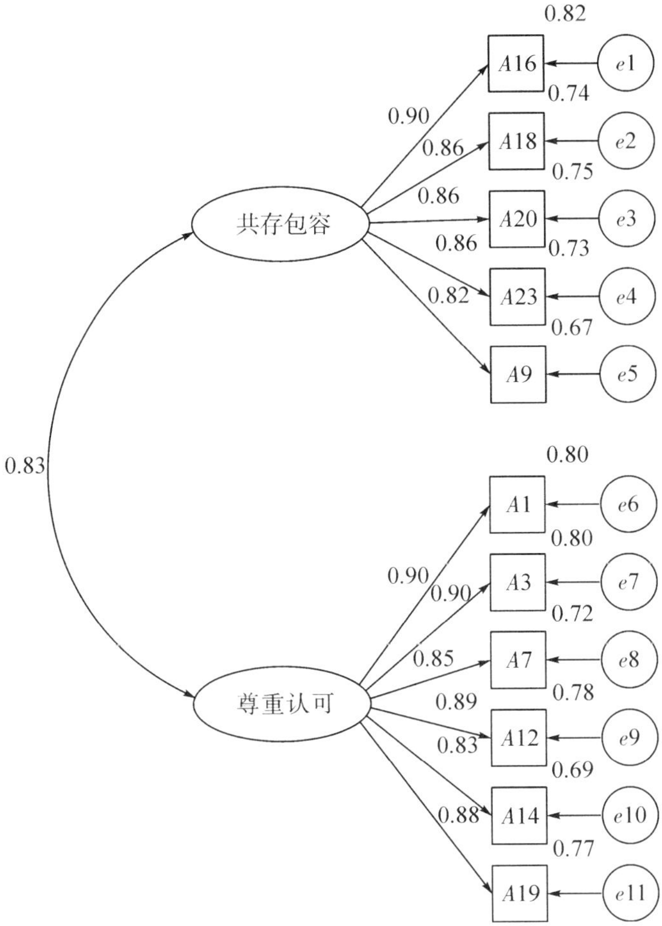

图 4.5 “共存包容—尊重认可”限制模型的路径图

表 4.11 “共存包容—尊重认可”区分效度的模型拟合指标

拟合指标	χ^2/df	GFI	AGFI	NFI	CFI	RFI	TLI	RMSEA
未限制模型	10.200	0.928	0.890	0.948	0.952	0.933	0.939	0.093
限制模型	13.681	0.907	0.861	0.928	0.933	0.910	0.916	0.109

“共存包容—尊重认可”潜在构面的未限制模型的自由度为43，卡方值等于438.610（p=0.000<0.05）；限制模型的自由度为44，卡方值等于601.960（p=0.000<0.05）。两个模型的自由度差异为1（44－43），卡方显著值=601.960－438.610=163.35，卡方值差异量显著性检验的概率值 P=0.000<0.05，达到0.05显著水平，表示未限制模型与限制模型两个测量模型显著不

同；与限制模型相比，未限制模型的卡方值显著较小，表示“共存包容—尊重认可”两个潜在构面间的区分效度佳。

（3）“骄傲自信—尊重认可”构想的区分效度。

图 4.6 和图 4.7 给出了“骄傲自信—尊重认可”的未限制模型和限制模型的路径图，表 4.12 则显示了“骄傲自信—尊重认可”区分效度的模型拟合指标。

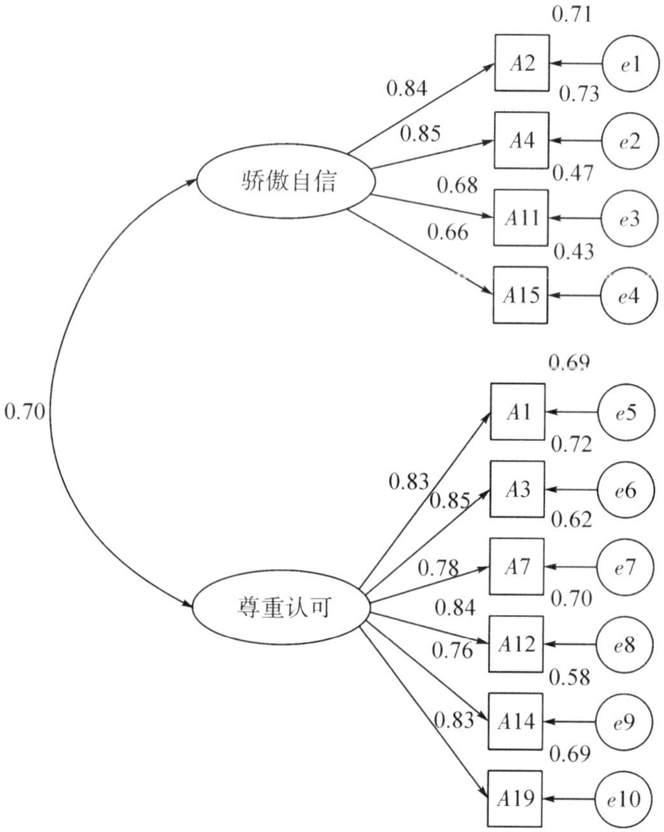

图 4.6 “骄傲自信—尊重认可”未限制模型路径图

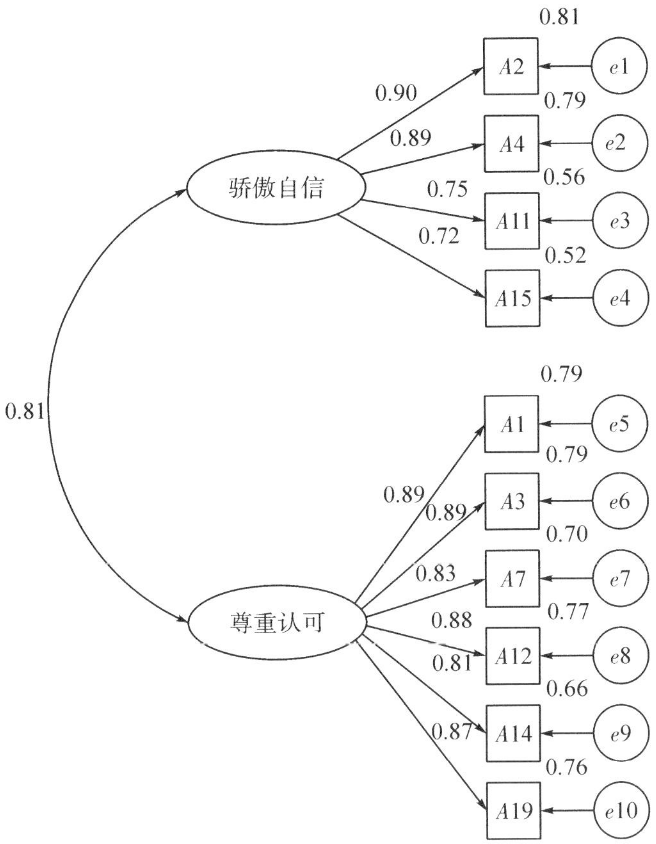

图 4.7 “骄傲自信—尊重认可”限制模型的路径图

表 4.12 “骄傲自信—尊重认可”区分效度的模型拟合指标

拟合指标	χ^2/df	GFI	AGFI	NFI	CFI	RFI	TLI	RMSEA
未限制模型	23.554	0.919	0.869	0.934	0.939	0.913	0.919	0.109
限制模型	27.59	0.902	0.846	0.919	0.924	0.896	0.902	0.120

“骄傲自信—尊重认可”潜在构面的未限制模型的自由度为 20，卡方值等于 471.090（$p=0.000<0.05$）；限制模型的自由度为 21，卡方值等于 579.387（$p=0.000<0.05$）。两个模型的自由度差异为 1（21－20），卡方显著值＝579.387－471.090＝208.297，卡方值差异量显著性检验的概率值 $P=0.000<0.05$，达到 0.05 显著水平，表示未限制模型与限制模型两个测量模型显著不同；与限制模型相比，未限制模型的卡方值显著较小，表示“骄傲自信—尊重认可”两个潜在构面间的区分效度佳。

4.4.2.2　收敛效度

收敛效度（convergent validity）是指测量相同潜在特质的题项或测验会落在同一个因素构面上，且题项或测验间所测得的测量值之间高度相关。在 AMOS 的操作中，求各构想的收敛效度即检验各潜在构想的单面向（unidimensionality）测量模型的适配度。

（1）共存包容构面测量模型的收敛效度检验（见图 4.8）。

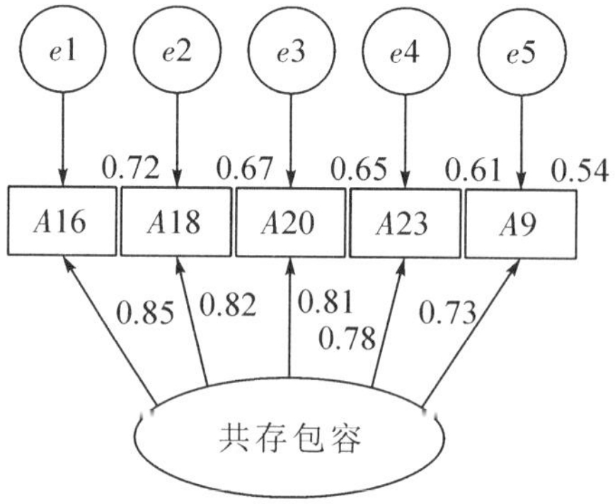

图 4.8　共存包容构面测量模型的收敛效度检验

在共存包容测量模型的初始模型中，假定所有误差项间相互独立，5 个测量指标误差项间均没有相关，模型检验结果显示 5 个测量指标的 C. R. 值均大于 1.96，表示 5 个测量指标参数均达到 0.05 显著水平，整体模型的自由度等于 5，卡方自由度比值为 21.714>3.000，RMSEA 值＝0.196>0.080，AGFI 值＝0.781<0.900，GFI＝0.927>0.900，大多数值均未达到适配标准，因而误差项间相互独立的测量模型无法获得支持。因此，我们需要对模型进行修正。修正的共存包容的收敛效度见图 4.9。

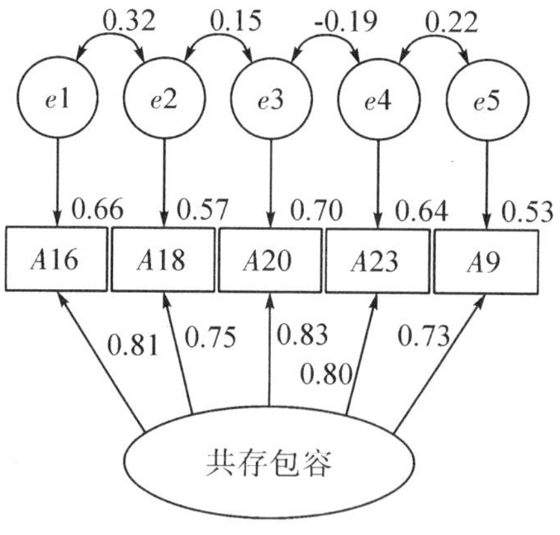

图 4.9　修正的共存包容的收敛效度

在共存包容测量模型的修正模型中，假定误差项间并非相互独立，5 个测量指标误差项间可能存在某种程度的关系，依据修正指标，逐一增列测量指标误差项间的共变关系。模型检验结果显示，5 个测量指标值的 C. R. 值均大于 1.96，表示 5 个测量指标参数均达到 0.05 显著水平，其余待估计的自由参数也均达到 0.05 显著水平。整体模型的自由度等于 3，卡方自由度比值 = 2.698 < 3.000，RMSEA = 0.056 < 0.080，AGFI 值 = 0.970 > 0.900，GFI 值 = 0.994 > 0.900，均达到模型适配标准，表示修正的单一构面的测量模型与样本可以契合，共存包容构面的收敛效度佳。

（2）骄傲自信构面测量模型的收敛效度检验（见图 4.10）。

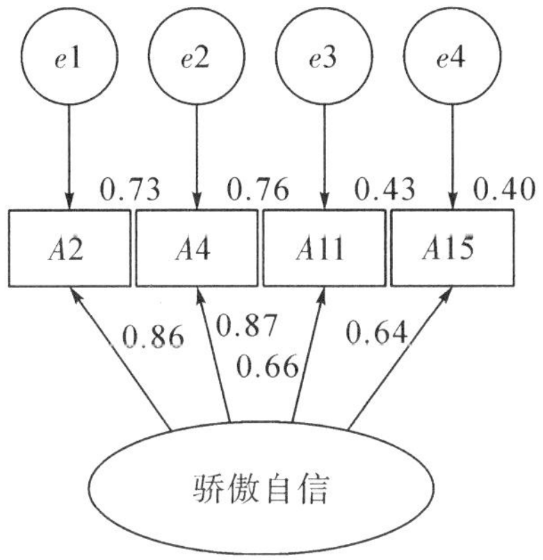

图 4.10　骄傲自信构面测量模型的收敛效度检验

在骄傲自信测量模型的初始模型中，假定所有误差项间相互独立，5 个测量指标误差项间均没有相关，模型检验结果显示 5 个测量指标的 C. R. 值均大于 1.96，表示 5 个测量指标参数均达到 0.05 显著水平，整体模型的自由度等于 2，卡方自由度比值为 10.537>3.000，RMSEA 值 = 0.133>0.080，AGFI 值 = 0.898<0.900，GFI = 0.98>0.900，大多数值均未达到适配标准，因而误差项间相互独立的测量模型无法获得支持。所以，我们需要对模型进行修正。修正的骄傲自信的收敛效度见图 4.11。

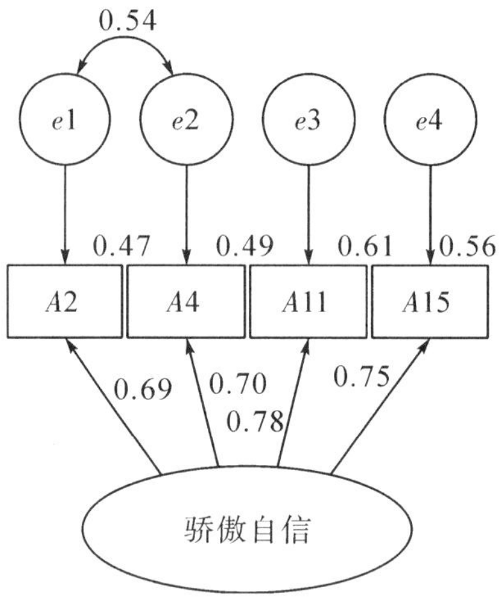

图 4.11　修正的骄傲自信的收敛效度

在骄傲自信测量模型的修正模型中，假定误差项间并非相互独立，4 个测量指标误差项间可能存在某种程度的关系，依据修正指标，逐一增列测量指标误差项间的共变关系。模型检验结果显示，4 个测量指标值的 C. R. 值均大于 1.96，表示 5 个测量指标参数均达到 0.05 显著水平，其余待估计的自由参数也均达到 0.05 显著水平。整体模型的自由度等于 1，卡方自由度比值 = 0.159 < 3.000，RMSEA = 0.000 < 0.080，AGFI 值 = 0.999 > 0.900，GFI 值 = 1.000 > 0.900，均达到模型适配标准，表示修正的单一构面的测量模型与样本可以契合，骄傲自信构面的收敛效度佳。

（3）尊重认可构面测量模型的收敛效度检验（见图 4.12）。

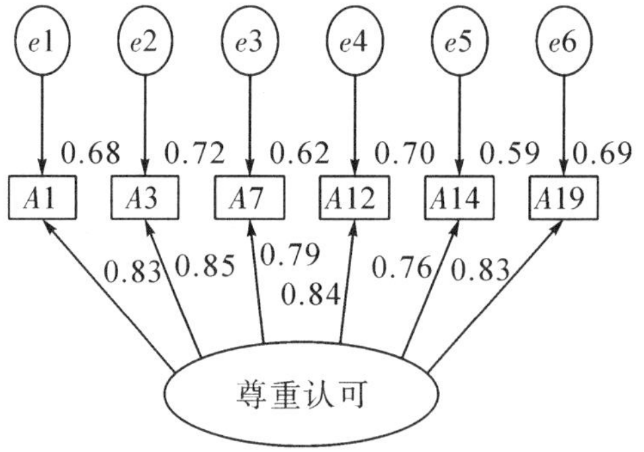

图 4.12　尊重认可构面测量模型的收敛效度检验

在尊重认可测量模型的初始模型中，假定所有误差项间相互独立，6 个测量指标误差项间均没有相关，模型检验结果显示 6 个测量指标的 C.R.值均大于

1.96，表示6个测量指标参数均达到0.05显著水平，整体模型的自由度等于9，卡方自由度比值为21.856>3.000，RMSEA值=0.197>0.080，AGFI值=0.743<0.900，GFI=0.890>0.900，大多数值均未达到适配标准，因而误差项间相互独立的测量模型无法获得支持。所以，我们需要对模型进行修正。修复的尊重认可的收敛效度见图4.13。

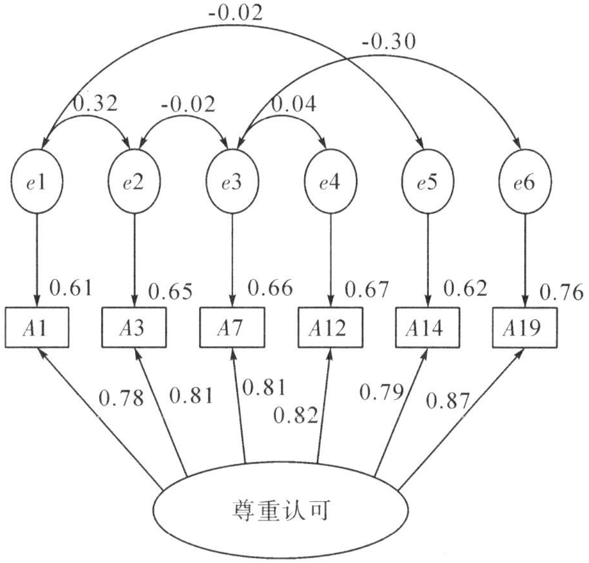

图4.13 修复的尊重认可的收敛效度

在尊重认可测量模型的修正模型中，假定误差项间并非相互独立，6个测量指标误差项间可能存在某种程度的关系，依据修正指标，逐一增列测量指标误差项间的共变关系。模型检验结果显示，6个测量指标值的C.R.值均大于1.96，表示5个测量指标参数均达到0.05显著水平，其余待估计的自由参数也均达到0.05显著水平。整体模型的自由度等于3，卡方自由度比值=2.704<3.000，RMSEA=0.056<0.080，AGFI值=0.966>0.900，GFI值=1.000>0.995，均达到模型适配标准，表示修正的单一构面的测量模型与样本可以契合，尊重认可构面的收敛效度佳。

4.4.2.3 体面劳动感知的二阶验证性因子分析

二阶验证性因子分析（second-order CFA model）是一阶验证性因子分析模型的特例，又称高阶因子分析。我们之所以会提出二阶验证性因子分析模型，乃是在一阶验证性因子分析模型中发现原先的一阶因子构想间有中高度的关联，且一阶验证性因子分析模型与样本数据可以适配，此时我们可进一步假定 3 个一阶因子构想在测量更高一阶的因子构想，即原先的一阶因子构想均受到一个较高阶潜在特质的影响，也可说某一高阶结构可以解释所有的一阶因子构想。体面劳动感知的二阶验证性因子分析路径如图 4. 14 所示，体面劳动感知二阶验证模型拟合指标见表 4. 13。

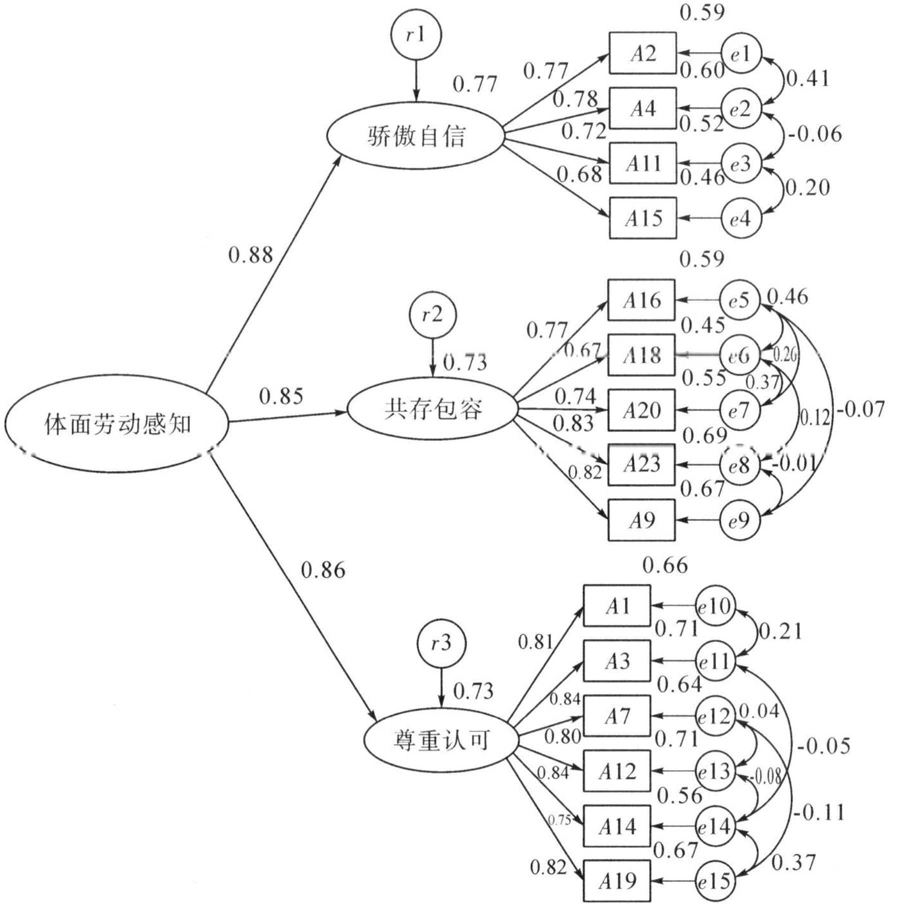

图 4. 14　体面劳动感知的二阶验证性因子分析路径

表 4. 13　体面劳动感知二阶验证模型拟合指标

拟合指标	χ^2/df	GFI	AGFI	NFI	CFI	RFI	TLI	RMSEA
	2. 191	0. 972	0. 954	0. 979	0. 986	0. 970	0. 979	0. 045

从体面劳动感知的二阶验证结果可以看出，3 个一阶因子构想的因素负荷量分别为 0. 88、0. 85 和 0. 86，3 个一阶构想的信度指标值分别为 0. 77、0. 73

和0.73，均符合要求，并且卡方自由度比值、GFI、AGFI、NFI、CFI、RFI、TLI、RMSEA均达到模型拟合的要求，表示3个一阶维度“骄傲自信”“共存包容”“尊重认可”受到高阶因子影响。

4.5 本章小结

本章主要针对根据访谈资料开发体面劳动感知的测量工具，通过体面劳动感知初始题项的建立和项目编制的注意事项来确定体面劳动感知的初始题项；通过小样本数据的题项净化（*T*检验、相关系数检验、信度检验和效度检验）以及探索性因子分析，最终形成了3个因子，分别命名为“尊重认可”“共存包容”和“骄傲自信”；通过对大样本数据的收集进行验证性因子分析，经过验证体面劳动感知的区分效度和聚合效度，以及二阶验证性因子分析的拟合指标均达到统计学要求，为体面劳动感知进行后续的实证研究奠定了基础。

5 企业一线员工体面劳动感知对敬业度的影响机制研究

员工的敬业度一直是学界关注的热点，本书在开发企业一线员工体面劳动感知量表的基础上，进一步探讨员工体面劳动感知在中国的文化背景下是否对员工敬业度产生影响、影响机理又是怎样的等问题。本章借鉴认知行为理论和自我需求理论确定本书的基本模型，并以一线员工体面劳动感知的3个维度为自变量，以工作动机为中介变量，以心理需求为调节变量，探讨了体面劳动感知对敬业度的内在影响机理。

5.1 理论模型构建

本书以认知行为理论和自我决定理论为整个模型的理论基础和变量之间关系假设的理论支撑，以此构建理论模型。

本书符合认知行为理论界定范畴，认知行为理论强调环境刺激、个体认知对行为的共同作用。事实上，员工在组织中的多数行为，都是人作为一个整体在进行诸多决策和选择，需要综合考虑组织、环境、个体等多种因素，而不是局部的或个别的考虑。这些整体行为不是局部行为的简单加总，而是具有整体特征，不是简单的“刺激—反应”过程，而是在外界刺激发生以后，个体对刺激的认知和内在处理过程之后才产生的行为倾向，进而决定行为的发生。2019年北京太和睿信企业管理顾问有限公司（简称“太和顾问”）对全国各地50多家企业的3 000名员工进行敬业度调查，结果显示，平均敬业度仅为2.4分（5分为满分）。该调查还指出，造成大多数员工敬业度偏低的首要原因并非薪酬，而是工作本身与工作环境两大因素，因为工作中的薪酬、福利等作为保健因素存在明显的边际效用递减规律，而工作本身才是员工产生热情、乐趣、成就等积极情感的根源。Kahn（1990）认为，员工与工作角色之间会形成契约关系，这种契约取决于员工与工作互动过程中的心理感知，员工将根据个体心理需求的满足程度决定对工作的投入程度，从而表现出不同的敬业度水平。结合本书来看，员工的敬业行为不是简单的工作体面性问题，而是员工对工作是否体面的认知，是一个复杂的意义建构过程。在这个过程中，不是简单的外界刺激就能导致员工不敬业，也不是单纯的员工自己想当然的自我意识的作用结果，而是外部刺激、内在认知与判断综合多种因素和各种可能最后做出的行为选择。因此，体面劳动感知对敬业度的影响符合认知行为理论的范畴。

目前，学者们虽然没有直接对体面劳动感知与敬业度的关系进行研究，但是他们对一些心理感知和工作相关的内容与社会化环境对敬业度的影响进行了研究，如组织支持感（Kahn，1990；Maslaeh et al.，2001）。一般来说，人的行为态度是由其思想或心理感知支配的，从员工对工作的心理感知的角度解释工作的体面性对敬业度影响的作用机制，符合从心理因素的角度解释人的行为特征的惯例。Hackman 和 Oldham（2002）的工作特征模型，说明了核心工作维度能够影响员工的敬业度。Latham 和 Pinder（2004）认为，社会支持能够影响敬业度。其实，体面劳动涵盖了工作的自主性、参与性、独立性、机会及支持等多个方面，不仅体现了工作内容，也体现了组织中“人”的因素。所以，本书以此理论为基础和依据来推导体面劳动感知对敬业度的影响。体面劳动感知属于外部环境刺激，也是对外部环境的一种主观评价，它是外在环境、个人能力、社会价值观等表现的一种主观评估，这种预先的估计将对后续的行为发生多方面的影响。基于认知行为理论，员工通过判断组织环境是否体面来决定其今后的反应。因此，通过该理论的推导，我们可以假设敬业度是体面劳动感知的结果变量。

Deci et al.（1985）和 Ryan et al.（2000）首次提出了自我决定理论，它是20世纪80年代在积极心理学背景下发展起来的一种认知动机观，积极心理学关注个体力量和积极产出，将研究重点放在促进个体力量和优点的人格和社会因素之上。他们认为，自我决定是个体的需要，人们都具有内在的自我决定的倾向，这种倾向引导人们从事感兴趣的、有益于能力发展的活动，从而实现与社会环境的灵活适应。Vallerand（2000）基于 Deci et al.（1985）和 Ryan et al.（2000）的自我决定论，使用内外在动机多层次模型继续了动机是如何被决定以及会产生何种结果的讨论。理论认为总体因素、脉络因素和情境因素引起三种基本心理需求：胜任感、关系感和自主感的满足，从而导致动机的产生，并最终产生认知、情感和行为性结果。在理论和实证研究的基础上，Deci et al.(1985) 又提出了工作动机的自我决定论模型。模型以自主性工作动机为中介，认为社会情境因素和个体差异因素会通过自主性工作动机影响员工的工作绩效、心理幸福感、组织认同度和工作满意度等。

作为积极心理学研究的重要内容，内在动机强调员工在工作中积极的情感体验，这对于从根本上解决企业员工“爱岗敬业”水平不高有积极作用。随着市场经济、知识经济在我国的不断深入发展，工业时代那种以严格的过程控制为基础的激励方式对员工收效甚微，各种可见的外在报酬也并非激发工作动机的“万能药”，它们存在着明显的边际效用递减规律，效果难以持久。作为具有复杂心理状态和工作动机的行为主体，员工的内在工作动机才是工作热情和积极性的源泉，只有通过恰当地激发他们的内在工作动机，才能使企业获得持久的绩效和竞争优势。所以，企业吸引、激励、保留人力资源的长久之道，关键在于明确员工内在激励作用过程，从工作本身出发，按需激励才能达到事半功倍的效果。SDT 的三种基本心理需求（自主需求、胜任需求和关系需求）能够影响欧诺工作动机的方式。通过用以解释金钱、语言表扬等外在报酬对内在动机的影响已经得到证实（Deci et al., 2001）。也有学者从关系需求的角度研究了对内在动机的影响方式（Deci et al., 2000），根据自我决定理论，三种基本心理需求的满足是促使企业一线员工外部动机内化的关键性要素。

基于此，本书构建了以体面劳动感知为前因变量、以敬业度为结果变量、以工作动机为中介变量、以心理需求为调节变量的模型。企业一线员工体面劳动感知对敬业度影响机制的理论模型如图 5.1 所示。

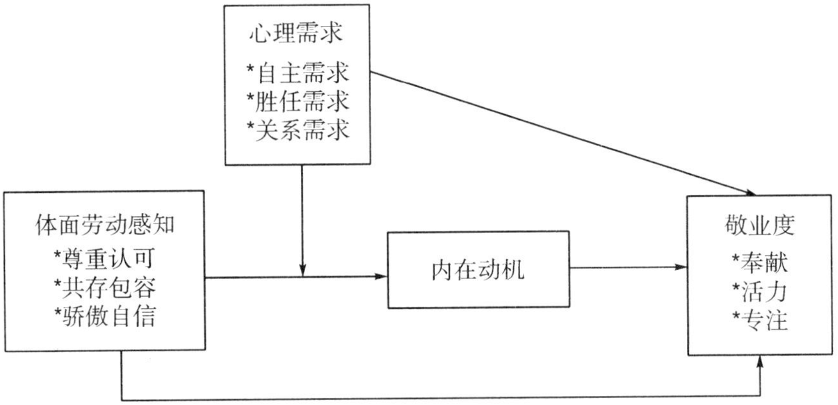

图 5.1　企业一线员工体面劳动感知对敬业度影响机制的理论模型

本模型主要包括：自变量（体面劳动感知）、因变量（敬业度）、中介变量（内在动机）、调节变量（心理需求）、控制变量（工作年限、受教育程度、年龄、签订劳动合同状况、工会会员状况）。

本模型主要研究以下几个关系：①企业一线员工体面劳动感知与敬业度的关系；②工作动机对体面劳动感知和敬业度的中介影响机制；③心理需求对体面劳动感知和敬业度的调节作用。

5.2 研究假设

5.2.1 企业一线员工体面劳动感知与敬业度的关系假设

目前为止，还没有直接针对体面劳动感知与员工敬业度关系的理论研究和实证分析，因为目前关于体面劳动的研究基本上处于探索阶段。国内的研究主要开始于2005年，且主要集中在应用体面劳动概念探索一些特殊就业群体的就业质量问题，如体面劳动与工会、体面劳动与非正规就业、体面劳动与劳工权益保护、体面劳动的实现等；研究的广度涉及劳工问题的方方面面，研究的深度却比较有限；研究的类型也主要集中于理论研究，应用研究比较薄弱；具体到体面劳动指标体系的构建，研究成果更为稀缺。国内对体面劳动的研究主要集中在不同职业群体的分类研究、不同性别群体的分类研究、特殊群体的研究、宏观战略、体面劳动测评体系研究以及体面劳动比较研究等几个方面。

尽管如此，已经有一些学者对心理感知和工作相关的内容与社会化环境对敬业度的影响进行了研究，主要有工作特征、工作认可和价值观、组织公平感、组织管理秩序、内部关系（主要侧重于主管、同事间良好的支持、信任关系）、组织价值与目标等（杨红明 等，2007；杨红明 等，2012）。一般来说，人的行为态度由其思想或心理感知所支配。从员工对工作的心理感知的角度解释工作的体面性以及对敬业度影响的作用机制，符合从心理因素的角度解释人的行为特征的惯例，如目前针对自尊与职业倦怠和敬业度关系的研究。许多研究探讨了自尊与职业倦怠之间的关系，研究发现低自尊者容易产生倦怠。此前有学者将敬业度与职业怠倦相结合构建模型，就是把工作敬业度作为职业倦怠的反衬议题。研究者观察到职业倦怠是对工作敬业度的侵蚀。由这个概念我们可以得出敬业度是职业倦怠的反面，又得知低自尊易产生职业倦怠，即我们可以推论出自尊越低，敬业度也就越低。Kahn（1990）和Maslaehetal（2001）的模型都表明，自尊是影响敬业度的重要因素。Hackman和Oldham

（2002）构建了工作特征模型（job characteristics model，JCM），该模型描述了核心工作维度通过员工对工作意义的经历、对结果负责任和感知三种心理状态的中介，形成内在激励，并影响工作满意度、绩效等变量。我们依据敬业度影响因素的实证研究以及工作特征模型建立的核心工作维度与员工态度、行为的有效联结，可以认为核心工作维度对敬业度具有一定的促进作用。Hackman 和 Oldham（2002）在对工作特征模型的修正中发现，核心工作维度和社会支持对内在激励和结果变量有显著预测作用。其中，社会支持包括上级和同事的支持。Latham 和 Pinder（2004）认为，社会支持对工作激励有很好的干预作用，应当更广泛地应用于工作激励领域。Karasek 和 Theorell（2005）认为，社会支持是来自管理者和同事全面的帮助性社会互动行为，有助于提升员工个体的心理与行为机能，社会支持能缓解过于紧张的工作气氛，提升员工的内在动机，促进员工的创造力和工作投入。在实证研究中，Saks（2006）选择了核心工作维度、社会支持、薪酬对敬业度进行了回归分析，结果显示核心工作维度、社会支持显著预测敬业度，而其他变量的预测作用则不显著。Schaufeli（2007）选择了工作反馈、社会支持、管理训练为自变量，结构方程分析结果显示三者与敬业度中度正相关。Rothmann 和 Joubert（2009）验证了社会支持与敬业度中度正相关。

本书采用 Schaufeli 定义的员工敬业度，具有三个特征：活力（vigor）、奉献（dedication）和专注（absorption）。因为敬业反映的是员工与组织的双向契约关系，员工在组织互动中认同自己的工作角色并在工作中进行生理、认知和情感上的投入与付出，而组织有义务向员工提供资源和利益（包括经济方面和社会情感方面）以维持和促进这种投入行为，而体面劳动感知反映了员工对组织给予自己的认知，所以推测体面劳动感知影响员工敬业度。简单地说，当员工们从组织中得到工作所需的经济或是情感资源时，他们内心认为受到重视，感觉到有义务也有能力以更高程度的敬业回报组织。但是一旦组织没有提供这些资源，员工们更可能从他们的角色中将自我投入的程度根据不同情况撤回，此时就会处于一种不敬业的状态甚至是怠工的状态。其实，体面劳动涵盖了工作的自主性、参与性、独立性、机会及支持等多个方面，不仅体现了工作内容，也体现了组织中“人”的因素。本书认为，如果员工工作体面性得不到满足，那么员工就不大可能敬业；相反，只有当员工认为自己工作是体面性的条件下，员工才能投入自身的精力、智力和努力，从而激励员工高度敬业，即达到情感层面的敬业，不仅满意和忠诚，还要做到无私奉献。基于此，本书提出以下假设：

①$H1$，即企业一线员工体面劳动感知对敬业度具有显著影响。

②$H1a$，即企业一线员工骄傲自信对敬业度具有显著影响。

③$H1b$，即企业一线员工共存包容对敬业度有显著影响。

④$H1c$，即企业一线员工尊重认可对敬业度有显著影响。

5.2.2 企业一线员工体面劳动感知与工作动机的关系假设

从文献回顾可知，内在动机起源于刺激物或诱因，并通过个体对刺激物和诱因的认知建立了心理状态与行为之间的联系。内在动机的过程取决于一线员工对自身价值观和工作相关的因素的共同作用，因为目前学术界还没有对体面劳动开展深入的研究，所以我们从体面劳动感知的构成维度来探讨企业一线员工体面劳动感知对工作动机的影响。在探讨与工作相关的因素中，本书考察的主要是工作自主性、工作机会和社会支持这些方面，社会支持这一社会性工作特征也是工作资源的核心因素。Latham 和 Pinder（2005）认为，社会支持这一工作因素目前广泛存在于工作应激领域，但在激励领域却被忽略。苏红玲（2008）认为，社会支持能缓解高工作要求带来的工作紧张，提升员工的内部动机，促进员工的创造力；当员工所做的工作是受到高度重视时，会给予许多的相关资源，让员工觉得工作更有挑战性，促使个人更加投入地做好工作。社会支持包括上级支持、同事支持和家人支持。员工如果感觉到体面，那么会增加其工作的动机。从 Beate 的模型中可见，内在性工作特征对内在动机具有直接作用，社会性工作特征对内在动机和员工工作的情感产出与行为产出都具有促进作用。

认知评价理论（Deci，1975；Deci et al.，1980）认为，与工作相关的因素主要通过两种基本的认知过程对内在动机产生影响：第一种导致个体认知过程中的因果关系路径发生改变。物质奖励、时间期限、监督和评价等往往使个体感觉到行为活动缺乏自主性，受到他人的控制，结果削弱内部动机；而工作中的选择机会、民主参与等外部事件使个体感觉到自我决定，将会增强内部动机。第二种导致胜任知觉的改变。当外在事件令个体感觉到胜任工作而不是削弱他们的胜任感觉时，内部动机将会增强。由此可见，环境因素可以区分为信息性、控制性与主动机性三种类型。信息性的事件促进个体内在的因果知觉与胜任感，由此提高个体内部动机的水平；控制性的事件产生的是一种压力，提高个体外在因果知觉的水平，降低自主的感觉，从而削弱内部动机；主动机性事件意味着无效的事件，导致个体产生无胜任力的感觉，这种感觉削弱内部动机。认知评价理论还确定了一种促进个体内部动机的环境因素特点，当个体处于具有安全感和归属感的环境，即处于满足个体关系需要的环境中时，会出现更多的内部动机行为。但与胜任需要和自主需要相比，关系需要是在远端促进内部动机。基于此，本书提出以下研究假设：

①$H2$，即企业一线员工体面劳动感知对工作动机有显著影响。

②$H2a$，即企业一线员工骄傲自信对工作动机有显著影响。

③$H2b$，即企业一线员工共存包容对工作动机有显著影响。

④$H2c$，即企业一线员工尊重认可对工作动机有显著影响。

5.2.3 企业一线员工工作动机与敬业度的关系假设

动机是一种能激发和维持个体活动，并促使该活动朝向某一目标进行的心理倾向。该定义表明，动机只是一种心理倾向，而不是一种行为结果。本书中的动机被定义为“行为的原因”，同样也不是行为的结果，但动机直接作用于并指向行为结果。许多研究表明，员工的内在动机对绩效、组织公民行为、组织承诺、工作满意度以及主观幸福感有积极的预测作用。Koestuer 和 Losier（2002）认为，对于趣味性较强的工作内在动机将产生较高绩效，而对于缺乏趣味性的工作认同和整合动机将产生较高的绩效，甚至对枯燥的工作自主动机也与工作满意度和员工的幸福感正相关（Ilardietal，1993；Shirometal，1999）。Reilly 和 Chatman（2011）提出的组织承诺三个构面依从、认同和内化之间的关系，证明内在动机与认同承诺、内化承诺有较强的正相关关系，在他们随后的研究发现内在动机与情感承诺也有较强的正相关关系。Bolin（1999）指出组织公民行为可能出于利他动机和对自我的印象管理，这种利他动机是一种内生动机，而印象管理则源于控制性动机。我们从这些实证研究中可以发现，内在动机对于积极的行为结果均产生促进作用，可以预测内在动机对敬业度的促进作用。

实证研究成果强调了内在动机对员工心理和行为积极产出的促进作用，敬业度反映了员工被工作吸引、愿意为工作奉献的程度，这一概念本身就具有内在激励的成分。Vallerand（1997）动机层级模型中提出三种心理需求对员工情感、认知和行为产出具有远端的促进作用，内在动机对员工情感、认知和行为具有近端促进作用。Eby（1999）以大样本的实证研究证明了内在动机对情感、态度和行为的近端促进作用。根据以上研究，本书提出了内在动机对敬业度近端作用模型，基于此，提出以下假设：$H3$，即企业一线员工工作动机对敬业度有显著影响。

5.2.4 工作动机中介效应的假设

在敬业度研究领域，工作因素和组织支持因素并不直接作用于员工的敬业度，关键心理状态在其中起到了中介作用。员工与工作角色之间存在一种契约关系，这种契约取决于员工与工作互动过程中的心理状态，包括意义感、安全性和可用性。工作中，员工对心理上的意义感、安全性和可用性是否满足，来源于对工作本身和工作环境的感知，并以此来调整自身对工作的投入程度。意义感是指个体在认知、情感、体力上投入工作后渴望得到回报的感觉；安全性是指环境稳定，员工不因自我的投入而冒险；可用性是指个体投入角色过程中可掌握的资源的多少。May（1967）对这一理论模型进行了检验，选取了工作丰富化、工作角色匹配、同事关系、上司关系等 8 个因素，通过结构方程模型验证了 Kahn 的理论，即 3 种关键心理状态对敬业度的中介作用。

Vanerand（1979）在动机层级模型中提出动机是需求满足与行为结果之间的中介变量，即动机对行为具有近端作用。Eby et al.（1999）以广义工作特征模型为基础提出了内在动机作用模型，关注内在动机对行为和情感产出的近端作用。在这一模型中，工作特征的选择除了技能多样性、工作重要性、任务完整性、工作自主性、反馈 5 个核心工作维度外，还选择了组织支持、参与和公平 3 个环境变量。除了 JCM 中的 3 种关键心理状态外，本书还基于因变量——情感性组织承诺、工作满意度增加了对授权与交换的感知这一关键心理状态。情感性组织承诺、工作满意度、离职倾向和缺勤分别作为内在动机在情感、态度和行为构面的产出。Eby 和 Freeman 等在提出这一构想模型后选择了 6 930 个样本，采用结构方程对模型进行了验证。结果显示，当内在动机独立充当部分中介变量时，模型获得最佳的拟合优度，这进一步验证了 JCM 3 种关键心理状态的中介作用效果不佳。相比之下，内在动机对工作情感和行为结果具有较好的近端作用。不体面是员工内部认知矛盾的外在表征，它能够引起员工内心的冲突，打破已有认知结构的平衡状态，唤起对体面性的追求和欲望。所以，不体面性的感知主要起着引发认知动力的作用。只有在感知到不体面的条件下才会被感受到主观上的疑难，基于此，本书提出以下假设：

①*H*4，即工作动机在体面劳动感知与敬业度之间起中介作用。

②*H*4*a*，即工作动机在尊重认可与敬业度之间起中介作用。

③*H*4*b*，即工作动机在共存包容与敬业度之间起中介作用。

④*H*4*c*，即工作动机在骄傲自信与敬业度之间起中介作用。

5.2.5 心理需求调节效应的假设

三种基本心理需要的观点是自我决定理论的核心。传统的工作动机理论将心理需要视作个体差异，认为心理需要的类型与强度决定个体的差异，应用研究常常检验心理需要或心理需要与工作特征的交互作用对工作动机、工作满意度及工作成果的预期（Hackman et al.，1971；McClelland et al.，1976），指出有效的工作激励方法是把握员工特定的心理需要。自我决定理论将胜任、自主与关系三种心理需要界定为普适性的，是实现人类个体最理想的发展与整合滋养品，对所有人而言都非常重要。自我决定理论指导下的应用研究关注的不是心理需要的强度差异导致的不同结果，而是社会环境中个体需要的满足程度的差异所导致的结果，由此有力地将社会环境因素与个体的行为连接到一起，为界定促进内部动机及其外部动机内化的社会环境因素提供了更为清晰的标准。因此，激发员工工作动机的管理活动变成致力于满足员工的胜任、自主和关系三种心理需要的环境因素的改造。

SDT 强调的不是个体本身需求强度的差异，而是客观环境对需求的满足程度，这种需求满足程度影响员工的动机。外在动机内化的思想对工作动机的激发极富价值。在工作场所中完全由兴趣和愉悦等内在动机推动的工作行为是极少见的，大多数工作行为都是由物质奖励、晋升、监督管理等外在动机推动的，对工作的初始兴趣和乐趣也会随时间的推移、工作的熟悉而减少。因此，相形于内在动机，自主性的外部动机在工作场所中更常见，对员工工作行为的激励作用更显著。自我决定理论是唯一阐述外在动机内化机理的工作动机理论，提出满足胜任、自主与关系三种心理需要的信息性环境因素，增强内在动机并滋养自主性外部动机的产生，从而为动机转化的管理性干预提供了明确路径。

研究证明，基本心理需要的满足是影响员工工作行为的核心内容：Ilardi et al.（1993）发现，那些对自主、胜任和关系等需要体验过更大的全面满意度的员工会显示出更积极的工作态度、更高的自尊和更好的幸福感；Kasser et al.（1992）发现，在被监督的工作环境中，那些对自主、胜任和关系等需要具有更高满意度的员工比那些具有较低满意度的员工能够在工作上花费更多的时间；Baard et al.（2004）的研究表明，人们在工作中对胜任、自主和关系等需要的满足会影响其在工作中的绩效表现和心理调整，同时感觉到自主支持和具有自主因果定向的员工在工作中更会去寻求内在需要满足的机会。Van et al.（2011）的研究发现，基本心理需要完全解释工作资源与工作倦怠之间的关系，且部分地解释工作需求和倦怠、工作资源和充满活力之间的关系；而且该研究进一步证实，基本心理需要的满足能够强有力地解释众多社会环境和个体特征（如领导风格、工作环境、员工个人内在的工作价值取向等）是怎样对工作幸福感和工作绩效产生影响的。

SDT假定所有人都有对于自主、关系和胜任的需要，当这三种先天心理需要得到满足后，个体将在内在动机驱动下工作，发挥潜力，产生积极的工作产出。如 Deci et al.（2001）将保加利亚员工和美国员工进行对比研究，选择了工作场所的自主支持对于敬业度、焦虑以及自尊的作用，在这一过程中自主、胜任、关系需求具有完全中介作用，在这一研究中工作场所支持包括上级支持、管理方式的支持以及工作环境的支持，这一研究为三种先天心理需求对内在动机的调节作用提供了借鉴。心理需求的满足在职业健康领域得到了重点关注。实证研究结果显示，心理需求满足与员工工作幸福感和工作满意度等积极变量正相关，同时也能够削弱焦虑、失望等消极产出，并能够影响员工对待顾客的态度、自尊程度以及组织承诺、个体绩效等（Baard et al.，2004；Nch et al.，2005）。lsteeste et al.（2007）针对心理需求的满足对结果变量的影响进行了横截面和纵向的研究，结果显示，在个体间和不同时间心理需求满足对于幸福感的促进作用都具有一定的信度。Gagne et al.（2003）将同样的研究以运动员为样本，也得到了心理需求满足与幸福感具有跨时间的稳定关系。Ilardi et al.（1993）在控制了员工薪酬和职务地位变量后，心理需求对结果变量解释力强于薪酬和地位，这表示积极工作产出在更大程度上取决于三种基本需求的满足，进而可以推断心理需求对敬业度有正向影响。

心理需求作为个体心理成长、整合以及幸福感的必备要素，基本心理需要的满足对个体心理健康具有重要作用。Gagne（2005）对此进行了总结，认为工作场所促进心理需求的满足将有助于提升员工的内在动机，促进外在动机的全面内化，进而产生积极的工作成果，包括：持续和稳定的行为改变；一线员工的工作能遵循个人意愿的内在渴望，能在工作中感受到心理上的自由，同时希望在工作中感到不受限制。或者由于一线员工目前工作中所建立的关系，以及目前对工作环境和工作结果能够完全掌控的状态，那么就能够降低劳动的体面感对敬业度的影响。

由于现在对员工敬业度的影响因素研究缺乏有效性和针对性，而考虑到员工个体的心理差异而使员工对自主需求、胜任需求和关系需求三种心理状态的感知不同，有必要深入探讨一线员工体面劳动感知是否会在不同的自主需求、胜任需求和关系需求等状态下通过工作动机对敬业度影响有差异。基于此，本书提出以下假设：*H5*，即心理需求通过工作动机调节一线员工体面劳动感知与敬业度的关系。

5.3 本章小结

本书在认知行为理论和自我决定理论的基础上构建了体面劳动感知对敬业度的影响机制模型，并提出以下假设：企业一线员工体面劳动感知对敬业度影响的主效应；企业一线员工体面劳动感知对工作动机的影响；企业一线员工工作动机对敬业度的影响；工作动机对企业一线员工体面劳动感知和敬业度的中介效应；心理需求对企业一线员工体面劳动感知和敬业度的调节效应。

6　企业一线员工体面劳动感知对敬业度影响的数据分析和假设检验

为了更好地研究企业一线员工体面劳动感知对敬业度的影响，本章对回收数据进行描述性统计分析，分析各变量间关系的作用机制，以此进行概念模型的主效应、中介效应、调节效应的检验，并针对检验结果进行讨论分析。为了测量体面劳动感知对敬业度的影响，以检验本书提出的理论假设，我们第三次发放问卷，先发放了 420 份问卷用于预调研，回收 375 份，有效问卷 310 份，有效率为 82.67%。经过初步的项目分析以后，我们发现信度、效度都符合要求，于是又进行了第四次问卷的发放。第四次共发放问卷 1 500 份，回收问卷 1 217 份，有效问卷 1 076 份，有效率为 88.41%，用以测量体面劳动对敬业度的影响。

6.1　研究方法与问卷设计

6.1.1　变量的操作性定义与测量

除了企业一线员工体面劳动感知是我们自己开发的量表外，工作动机、敬业度和心理需求都采用国外开发的成熟量表。对于成熟量表，我们也需要进行前测，但前测的应用主要在验证性因子分析上，即通过验证性因子分析判断原有量表在新群体中的聚合和区分效度，如果聚合和区分效度不理想，则进行进一步的探索性因子分析，以删除多余的指标进行纯化处理。下面分别对研究中使用到的每一个概念和量表做详细的介绍。

6.1.1.1 体面劳动感知

根据本书对体面劳动感知的建构意义，体面劳动感知就是企业一线员工通过自身的需求机制以及通过参照物选择和社会化的历史、文化等因素影响对自身工作的一种感知，主要包括：劳动者对自己的职业能够自由地选择；劳动者对自己的基本权利和人格尊严能够充分享受；劳动者感受到其自身的价值得到认可；劳动者在劳动过程中能够享受到快乐；劳动者对所从事工作的安全性有充分信心。使用本书第 4 章开发的量表，共 3 个维度（骄傲自信、共存包容和尊重认可），其信度系数都大于 0.7，达到统计学要求。同时，经过验证性因子分析（区分效度、聚合效度、二阶验证性分析）都达到统计学要求。

6.1.1.2 敬业度

本书针对敬业度这一概念主要采用了 Kahn（1987，1990）给出的定义，所谓的敬业度是指组织的成员所投入的个人认知、体力和情感的前提下所获得绩效的这一过程，是一种将工作中的角色和自我进行充分结合的表现。Schaufeli（2002）曾经提出有关敬业度表现的理论，将敬业度在情感和行为认知上的表现划分为 3 个维度，分别是专注、奉献和活力，其中活力和奉献是核心维度，专注是非核心维度。本书主要采用 Schaufeli 的 Utrecht 工作投入量表（utrecht work engagement scale，UWES），同时对这个量表进行了修改，修改后的量表中共有 13 个题目。

6.1.1.3 心理需求

通过对前人已有工作的研究可以发现，SDT 理论中存在自主需求、胜任需求、关系需求 3 种心理需求。自主需求主要指对行为具有遵循个人意愿并进行选择的内在渴望，同时希望在行为中能够切身感受到来自心理上所应有的自由感，渴望在实际工作中能够不被限制，并拥有对自我行为和决策的选择权利。胜任需求是指在工作中能够感受到对环境和工作结果的主导。尤其是个体在进行探索性和挑战性的工作时，能够扩展自己在生理或心理能力的表现。而关系需求则是指个体内在所具有的与他人建立连接的希望，并能够成为组织的意愿，在和周围人的交往过程中能够感受到关爱。以上 3 种心理需求的实际测量主要用的是 Deci 和 Ryan（1985）所提出来的先天心理需求量表，对这个量表进行修正，删除了一些相似度非常高的题目，修订后的量表有 13 个题目。

6.1.1.4 内在动机

本书在内在动机这一问题上采用 Deci et al.（2000）的相关定义。内在动机是指体现在工作当中的内在价值，当外部原因独立于人们从事的工作时，人们只是为了在工作当中追求某种乐趣、满足感和挑战时，所受到的内在激励。

从这一定义中，我们可以将内在动机划分为人们工作的内在原因，即工作中所得到的快乐感受。通过对前人文献的研究，我们可以将内在动机的操作划分为工作的内因，即从工作当中所得到的快乐感受。

通过对前人工作的总结，本书采用 Vallerand（1997）提出的工作动机量表（intrinsic motivation scale，IMS）来测量内在动机，它由 3 个构面组成，即从工作中获得的乐趣、在学习过程中获得的乐趣和取得成就的乐趣。这 3 个构面的内部一致性系数比较高，达到了 0.88。Van Yperen（2003）的研究指出，在实际的使用中，应该把这 3 个构面看成单维度来使用。根据这样的使用建议，本书也将内在动机作为单维度来处理。使用修改后的 IMS 量表为 Likert 5 点量表，共有 4 个题目。

6.1.2 数据收集与有效性控制

本书通过调查问卷进行数据收集。由于所使用的各分量表为国外成熟量表，但缺乏在我国文化情境下的应用。为了保证被试能够清楚地理解问卷内容，确保内容效度，我们在问卷发放之前对问卷进行了初步的修正。原始量表由我们自己翻译，继而请英语专业的一名硕士进行回译与原始量表对照后修正，又请外企员工根据个体理解对部分语句进行了修正。然后，我们请了 3 位人力资源和组织行为学领域的专业教师，对初步的问卷内容进行评价，告诉他们每个量表要测量的核心概念的含义，请他们对各题目的内容和表达提出意见，根据这些意见继续对问卷进行修改，使问卷能够简洁易懂、语意明晰，进而得到施测问卷。测量包括 2 个步骤，首先对于小规模样本进行了预测试，并对预测试问卷数据进行处理，检验问卷的信度与效度，并删除部分题目获得正式施测问卷。正式施测问卷包含 5 个部分：第一部分是企业一线员工的基本信息；第二部分是本书开发的体面劳动感知量表；第三部分是敬业度量表；第四部分是内在动机量表；第五部分是心理需求量表。这 5 个部分均采用 Likert 5 点量表。正式施测采取方便抽样原则：一部分问卷由调查人员现场发放，并对问卷填写进行现场指导；一部分问卷通过 E-mail 发放并回收；还有一部分问卷为委托发放并回收。对于存在以下几种情况的问卷视作无效问卷予以剔除，包括：一是题目回答完全相同的问卷；二是有题目或个人信息等方面被遗漏的问卷；三是各题目选项呈现规律变化的问卷，如 1、2 循环或 1、2、3、4、5 循环；四是正向问题与反向问题回答一致的问卷。小样本数据的收集，首先发放了 420 份问卷，用于预调研，回收 375 份，有效问卷 310 份，有效率为 82.67%。当小样本测试完成以后，得到一份质量较高的《体面劳动感知对敬业度影响》的调查问卷。大样本数据的收集，共发放问卷 1 500 份，回收问卷 1 217 份，有效问卷 1 076 份，有效率为 88.4%，用以测量体面劳动感知对敬业度的影响。

6.2 小样本预测试的数据分析

6.2.1 小样本概况

在正式问卷调查之前，笔者通过小样本对问卷进行预测试，通过对小样本数据的统计分析，对问卷的信度和效度进行初步验证，并根据被试对问卷的反馈情况对问卷再次进行适当修正。

小样本测试对象的描述件统计信息包括性别、婚姻状况、年龄、受教育程度、收入状况、工作年限、是否与所在企业签订劳动合同等内容。小样本测试的描述性分析汇总如表 6.1 所示。

表 6.1 小样本测试的描述性分析汇总

变量名称	编码	内容	数量/个	占比/%
性别	1	男	147	47.4
	2	女	163	52.6
婚姻状况	1	已婚	185	59.7
	2	未婚	125	40.3
年龄	1	20 周岁及以下	2	0.6
	2	21~25 周岁	38	12.2
	3	26~30 周岁	79	25.4
	4	31~35 周岁	62	20.0
	5	36~40 周岁	56	18.0
	6	41~45 周岁	59	19.0
	7	46~50 周岁	14	4.8
受教育程度	1	初中及以下	1	0.4
	2	高中及中专	34	10.9
	3	大专	98	31.6
	4	本科	127	40.9
	5	硕士	48	15.4
	6	博士	2	0.8

表6.1(续)

变量名称	编码	内容	数量/个	占比/%
收入状况	1	2 000元以下	54	17.4
	2	2 000~3 000元	68	21.9
	3	3 001~4 000元	79	25.4
	4	4 001~5 000元	99	31.9
	5	5 000元以上	10	3.4
工作年限	1	1年以下	70	22.5
	2	1~3年	78	25.1
	3	4~6年	76	24.5
	4	7~10年	76	24.5
	5	10年以上	10	3.4
是否与所在企业签订劳动合同	1	签订书面劳动合同	170	54.8
	2	仅口头合同	100	32.2
	3	两项都没有	40	13.0
是否工会会员	1	是	108	34.8
	2	否	201	65.2

从表6.1可以看出，本次大规模调研的样本呈现出以下特征：

第一，男女的比例差不多，女性比例略高于男性。

第二，从婚姻状况来看，有59.7%的受访者均未婚，在生活压力日益增加的今天，多数受访者选择单身。

第三，各行业的一线员工主要集中在26周岁到45周岁之间，年龄的分布呈现出以青年和中年为主的态势。

第四，从受教育程度这一指标来看，以本科和专科为主，分别占到了40.9%和31.6%的比例，具有硕士学历的员工也有15.4%的比例。

第五，从一线员工的收入状况来看，多数人的收入集中在2 000~5 000元，这一个区间所占人数的比例达到了近80%，只有3.2%的员工收入在5 000元以上。

第六，从工作年限来看，绝大多数员工工作年限都是在10年以下，这一比例高达96.6%，其中工作年限在1~3年的员工占25.1%，工作年限在4~6年的员工占24.5%，工作年限在7~10年的员工占24.5%。

第七，从是否与所在企业签订劳动合同来看，有54.8%的员工与企业签订了劳动合同，有32.2%的员工与企业只是口头合同，有13.0%的员工没有与企业签订任何形式的合同。

第八，从是否工会会员这一项来看，有65.2%的被试不是工会会员。

6.2.2 独立样本 T 检验

在进行项目分析之前，我们需要先检验数据的正态性。根据项目分析程序以27%分位数为界的高低分组各条目均值 T 检验，0.05（双侧）显著水平作为条目保留临界条件，敬业度、工作动机、心理需求的独立样本 T 检验结果如表6.2至表6.4所示。

表6.2 敬业度的独立样本 t 检验

		方差相等的 Levene's 检验		平均数相等的 T 检验						
		F	Sig.	T	Df.	Sig. (2-tailed)	平均差异	标准误差	差异的95%置信区间 下界	差异的95%置信区间 上界
$B1$	假设方差相等	1.086	0.299	7.405	187.000	0.000	1.068	0.144	0.783	1.352
	不假设方差相等			7.326	172.333	0.000	1.068	0.146	0.780	1.355
$B2$	假设方差相等	1.835	0.177	11.246	187.000	0.000	1.422	0.126	1.172	1.671
	不假设方差相等			11.266	184.655	0.000	1.422	0.126	1.173	1.671
$B3$	假设方差相等	8.513	0.004	6.017	187.000	0.000	0.856	0.142	0.575	1.136
	不假设方差相等			5.966	175.101	0.000	0.856	0.143	0.573	1.139
$B4$	假设方差相等	2.575	0.110	10.026	187.000	0.000	1.283	0.128	1.031	1.536
	不假设方差相等			9.808	155.673	0.000	1.283	0.131	1.025	1.542
$B5$	假设方差相等	0.241	0.624	9.783	187.000	0.000	1.408	0.144	1.124	1.691
	不假设方差相等			9.825	185.922	0.000	1.408	0.143	1.125	1.690
$B6$	假设方差相等	17.119	0.000	10.388	187.000	0.000	1.046	0.101	0.847	1.244
	不假设方差相等			10.100	145.649	0.000	1.046	0.104	0.841	1.250
$B7$	假设方差相等	1.612	0.206	7.620	187.000	0.000	0.748	0.098	0.554	0.941
	不假设方差相等			7.446	154.030	0.000	0.748	0.100	0.549	0.946
$B8$	假设方差相等	0.704	0.403	5.877	187.000	0.000	0.783	0.133	0.520	1.046
	不假设方差相等			5.924	186.896	0.000	0.783	0.132	0.522	1.044
$B9$	假设方差相等	59.583	0.000	4.437	187.000	0.000	0.798	0.180	0.443	1.152
	不假设方差相等			4.585	166.454	0.000	0.798	0.174	0.454	1.141
$B10$	假设方差相等	9.971	0.002	4.828	187.000	0.000	0.876	0.182	0.518	1.235
	不假设方差相等			4.953	176.827	0.000	0.876	0.177	0.527	1.226
$B11$	假设方差相等	31.761	0.000	13.253	187.000	0.000	1.243	0.094	1.058	1.428
	不假设方差相等			12.757	129.283	0.000	1.243	0.097	1.050	1.435

表6.2(续)

		方差相等的 Levene's 检验		平均数相等的 *T* 检验						
		F	Sig.	*T*	Df.	Sig.(2-tailed)	平均差异	标准误差	差异的95%置信区间	
									下界	上界
*B*12	假设方差相等	50.976	0.000	11.732	187.000	0.000	1.222	0.104	1.017	1.428
	不假设方差相等			11.265	125.436	0.000	1.222	0.109	1.008	1.437
*B*13	假设方差相等	35.211	0.000	11.545	187.000	0.000	1.106	0.096	0.917	1.295
	不假设方差相等			11.019	116.199	0.000	1.106	0.100	0.907	1.305

从表6.2的结果可以看出，各个题项的显著性水平都显著小于0.05。因此，所有的题项得以保留。

表6.3　工作动机的独立样本 *T* 检验

		方差相等的 Levene's 检验		平均数相等的 *T* 检验						
		F	Sig.	*T*	Df.	Sig.(2-tailed)	平均差异	标准误差	差异的95%置信区间	
									下界	上界
*C*1	假设方差相等	1.086	0.299	7.405	187.000	0.000	1.068	0.144	0.783	1.352
	不假设方差相等			7.326	172.333	0.000	1.068	0.146	0.780	1.355
*C*2	假设方差相等	1.835	0.177	11.246	187.000	0.000	1.422	0.126	1.172	1.671
	不假设方差相等			11.266	184.655	0.000	1.422	0.126	1.173	1.671
*C*3	假设方差相等	8.513	0.004	6.017	187.000	0.000	0.856	0.142	0.575	1.136
	不假设方差相等			5.966	175.101	0.000	0.856	0.143	0.573	1.139
*C*4	假设方差相等	2.575	0.110	10.026	187.000	0.000	1.283	0.128	1.031	1.536
	不假设方差相等			9.808	155.673	0.000	1.283	0.131	1.025	1.542

从表6.3的结果可以看出，各个题项的显著性水平都显著小于0.05。因此，所有的题项得以保留。

表 6.4　心理需求的独立样本 T 检验

		方差相等的 Levene's 检验		平均数相等的 T 检验						
		F	Sig.	T	Df.	Sig.（2-tailed）	平均差异	标准误差	差异的 95% 置信区间 下界	上界
$D1$	假设方差相等	0.528	0.468	6.575	189.000	0.000	0.632	0.096	0.442	0.821
	不假设方差相等			6.601	188.550	0.000	0.632	0.096	0.443	0.820
$D2$	假设方差相等	0.742	0.390	9.908	189.000	0.000	0.942	0.095	0.755	1.130
	不假设方差相等			9.992	188.832	0.000	0.942	0.094	0.756	1.128
$D3$	假设方差相等	1.582	0.210	9.307	189.000	0.000	0.924	0.099	0.728	1.120
	不假设方差相等			9.417	187.539	0.000	0.924	0.098	0.730	1.117
$D4$	假设方差相等	4.557	0.034	7.972	189.000	0.000	0.688	0.086	0.518	0.858
	不假设方差相等			7.941	182.841	0.000	0.688	0.087	0.517	0.859
$D5$	假设方差相等	7.015	0.009	7.642	189.000	0.000	0.728	0.095	0.540	0.916
	不假设方差相等			7.715	188.546	0.000	0.728	0.094	0.542	0.914
$D6$	假设方差相等	4.140	0.043	13.639	189.000	0.000	1.511	0.111	1.292	1.729
	不假设方差相等			13.842	185.202	0.000	1.511	0.109	1.295	1.726
$D7$	假设方差相等	18.057	0.000	14.580	189.000	0.000	1.568	0.108	1.356	1.780
	不假设方差相等			14.714	188.657	0.000	1.568	0.107	1.358	1.778
$D8$	假设方差相等	6.729	0.010	14.083	189.000	0.000	1.715	0.122	1.475	1.956
	不假设方差相等			14.094	187.026	0.000	1.715	0.122	1.475	1.955
$D9$	假设方差相等	9.429	0.002	11.575	189.000	0.000	1.457	0.126	1.209	1.705
	不假设方差相等			11.848	173.793	0.000	1.457	0.123	1.214	1.700
$D10$	假设方差相等	15.678	0.000	12.434	189.000	0.000	1.314	0.106	1.106	1.523
	不假设方差相等			12.631	184.333	0.000	1.314	0.104	1.109	1.520
$D11$	假设方差相等	22.343	0.000	12.589	189.000	0.000	1.374	0.109	1.158	1.589
	不假设方差相等			12.825	180.962	0.000	1.374	0.107	1.162	1.585
$D12$	假设方差相等	6.122	0.014	11.238	189.000	0.000	1.210	0.108	0.997	1.422
	不假设方差相等			11.373	187.409	0.000	1.210	0.106	1.000	1.419
$D13$	假设方差相等	1.387	0.240	11.476	189.000	0.000	1.270	0.111	1.052	1.488
	不假设方差相等			11.504	187.958	0.000	1.270	0.110	1.052	1.488

从表 6.4 的结果可以看出，各个题项的显著性水平都显著小于 0.05。因此，所有的题项得以保留。

6.2.3　相关系数检验

个别题项与总分的相关系数未达到显著的题项或两者为低度相关（相关

系数小于0.4)，表示题项与整体量表的同质性不高，最好删除。敬业度、工作动机、心理需求的相关性检验如表6.5至6.7所示。

表6.5 敬业度相关性检验

项目	敬业度总分	项目	敬业度总分	项目	敬业度总分
$B1$	0.538**	$B6$	0.563**	$B11$	0.573**
$B2$	0.396**	$B7$	0.381**	$B12$	0.561**
$B3$	0.588**	$B8$	0.515**	$B13$	0.568**
$B4$	0.453**	$B9$	0.442**		
$B5$	0.470**	$B10$	0.372**		

从敬业度各题项的相关系数可以看出$B2$与敬业度总分的相关系数为0.396，虽然达到统计学上的显著水平，但是系数太低（<0.4)，所以予以删除；同理，$B7$和$B10$也低于要求的相关系数，予以删除。

表6.6 工作动机的相关性检验

项目	工作动机总分	项目	工作动机总分
$C1$	0.869**	$C3$	0.897**
$C2$	0.874**	$C4$	0.850**

从工作动机各题项的相关系数可以看出，$C1$、$C2$、$C3$、$C4$与工作动机总分的相关系数都大于0.4，也达到$P>0.05$的显著水平，所以工作动机的题项都予以保留。

表6.7 心理需求的相关性检验

项目	敬业度总分	项目	敬业度总分	项目	敬业度总分
$D1$	0.313**	$D6$	0.727**	$D11$	0.716**
$D2$	0.513**	$D7$	0.715**	$D12$	0.714**
$D3$	0.535**	$D8$	0.662**	$D13$	0.683**
$D4$	0.419**	$D9$	0.685**		
$D5$	0.462**	$D10$	0.733**		

从心理需求各题项的相关系数可以看出，$D1$与心理需求总分的相关系数为0.313，虽然达到统计学上的显著水平，但是系数太低（<0.4)，所以予以删除；其余各项均大于0.4，所以予以保留。

6.2.4 信度检验

信度检验采用α系数（又称“内部一致性α系数”）检测。信度检验旨在检视题项删除后，整体量表的信度系数变化情形，如果题项删除后的量表整体信度系数比原先的信度系数（内部一致性 α 系数）高出许多，则此题项与其余题项所要测量的属性或心理特质可能不相同，代表此题项与其他题项的同质性不高，在项目分析时刻考虑将此题项删除。工作动机、敬业度、心理需求的CITC 和信度分析如表 6.8 至表 6.10 所示。

表 6.8　工作动机的 CITC 和信度分析

维度	题项	Scale Mean if Item Deleted	Scale Variance if Item Deleted	Corrected Item-Total Correlation	Cronbach's Alpha if Item Deleted	构想 Cronbach's Alpha
工作动机	*C*1	11.56	6.688	0.691	0.762	0.895
	*C*2	11.63	6.362	0.710	0.760	
	*C*3	11.49	6.684	0.716	0.817	
	*C*4	11.63	6.848	0.750	0.734	

从表 6.8 的结果可以看出，校正题项与总分相关均在 0.5 以上，删除任何题项后都会降低 Cronbach's α 系数，且 α = 0.895，以上各项均不符合删除条件，保留工作动机的 4 个条目。

表 6.9　敬业度的 CITC 和信度分析

维度	题项	Scale Mean if Item Deleted	Scale Variance if Item Deleted	Corrected Item-Total Correlation	Cronbach's Alpha if Item Deleted	构想 Cronbach's Alpha
敬业度	*B*1	43.58	33.567	0.409	0.709	0.732
	*B*3	43.42	34.396	0.359	0.715	
	*B*4	43.70	33.236	0.423	0.747	
	*B*5	44.18	32.302	0.422	0.792	
	*B*6	43.27	33.955	0.457	0.705	
	*B*8	43.35	35.319	0.281	0.724	
	*B*9	44.81	37.072	0.044	0.762	
	*B*11	43.06	33.958	0.472	0.704	
	*B*12	43.00	33.989	0.455	0.705	
	*B*13	42.93	34.302	0.473	0.705	

从表 6.9 的结果可以看出，校正题项与总分相关均在 0.5 以上，且 α = 0.731，删除 *B*4 以后 Cronbach's α 系数增大，也就意味着删除 *B*4 会提升敬业度的整体信度系数，所以 *B*4 予以删除；同理，*B*5 和 *B*9 也予以删除。

表 6.10 心理需求的 CITC 和信度分析

维度	题项	Scale Mean if Item Deleted	Scale Variance if Item Deleted	Corrected Item-Total Correlation	Cronbach's Alpha if Item Deleted	构想 Cronbach's Alpha
心理需求	*D*2	41.90	42.876	0.427	0.864	0.869
	*D*3	41.83	42.738	0.453	0.862	
	*D*4	41.97	44.323	0.339	0.867	
	*D*5	42.16	43.549	0.374	0.866	
	*D*6	42.24	39.000	0.651	0.851	
	*D*7	42.46	39.117	0.636	0.852	
	*D*8	42.58	38.639	0.556	0.878	
	*D*9	42.03	39.180	0.596	0.854	
	*D*10	42.41	39.661	0.667	0.890	
	*D*11	42.38	39.588	0.644	0.891	
	*D*12	42.48	40.011	0.646	0.852	
	*D*13	42.46	40.172	0.607	0.854	

从表 6.10 的结果可以看出，校正题项与总分相关均在 0.5 以上，且 α = 0.869，删除 *D*8 以后 Cronbach's α 系数增大，也就意味着删除 *D*8 会提升敬业度的整体信度系数，所以 *D*8 予以删除；同理，*D*10、*D*11 也予以删除。

6.2.5 效度检验

本书的量表均来自西方国家成熟量表，内容效度得到了较好的保证。从各个量表的应用来看，本书所使用的所有量表虽然翻译自英文，但是都以中国员工为样本进行过研究。本书对效度的考察主要通过 KMO（Kaiser-Meyer-Olkin measure of sampling adequacy）值和巴特利特球度检验（Bartlett's sphericity test）判断样本是否适合进行因素分析。因为依据 Kaiser（1974）的观点，可以从取样适切性量表值的大小来判断题项间是否适合进行因素分析。

6.2.5.1 敬业度量表的效度检验

经检验，敬业度量表的 KMO 值为 0.915，表明整体量表非常适合进行因素分析。Bartlett's 球形检验的卡方值为 6.936E3，达到了 0.05 显著水平，p = 0.000（<0.05），表明整体的相关矩阵间有共同因素存在，适合进行因素分析。同时，因素负荷量全部大于 0.40，所有题项的 MSA 值都大于 0.50，表明该量表适合进行因子分析和主成分分析。敬业度总方差解释和敬业度的因子负荷量如表 6.11 和表 6.12 所示。

表 6.11　敬业度总方差解释

成分	初始特征值			提取成分后特征值			转置后特征值		
	特征值	解释方差百分比	累计解释方差百分比	特征值	解释方差百分比	累计解释方差百分比	特征值	解释方差百分比	累计解释方差百分比
1	3.422	38.021	38.021	3.422	38.021	38.021	2.495	27.718	27.718
2	1.951	21.682	59.704	1.951	21.682	59.704	2.098	23.312	51.030
3	1.179	13.101	72.804	1.179	13.101	72.804	1.960	21.775	72.804

表 6.12　敬业度的因子负荷量

操作变量	共同因子 1	共同因子 2	共同因子 3
*B*1		0.839	
*B*3		0.774	
*B*6			0.728
*B*8			0.795
*B*11	0.886		
*B*12	0.918		
*B*13	0.862		

从表 6.11 和表 6.12 可以看出，3 个共同因子一共解释了敬业度 72.804%的方差，说明敬业度具有很高的构想效度。从旋转后因子载荷的结果来看，清晰地形成了 3 个共同因子，且 3 个共同因子的组成与原先的理论假设完全一致。

6.2.5.2　工作动机量表的效度检验

经检验，工作动机的 KMO 值为 0.790，表明整体量表非常适合进行因素分析。Bartlett’s 球形检验的卡方值为 2.094E3，达到了 0.05 显著水平，$p=0.000$（<0.05），表明整体的相关矩阵间有共同因素存在，适合进行因素分析。同时，因素负荷量全部大于 0.40，所有题项的 MSA 值都大于 0.50，表明该量表适合进行因子分析和主成分分析。工作动机总方差解释和工作动机的因子负荷量如表 6.13 和表 6.14 所示。

表 6.13　工作动机总方差解释

成分	初始特征值			提取成分后特征值			转置后特征值		
	特征值	解释方差百分比	累计解释方差百分比	特征值	解释方差百分比	累计解释方差百分比	特征值	解释方差百分比	累计解释方差百分比
1	2.727	68.185	68.185	2.727	68.185	68.185			

表 6.14　工作动机的因子负荷量

操作变量	共同因子 1
*C*1	0.872
*C*2	0.893
*C*3	0.899
*C*4	0.602

从表 6.13 和表 6.14 可以看出，1 个共同因子一共解释了工作动机 68.185%的方差，说明工作动机具有很高的构想效度。从旋转后因子载荷的结果来看，清晰地形成 1 个共同因子，且 1 个共同因子的组成与原先的理论假设完全一致。

6.2.5.3　心理需求量表的效度检验

经检验，心理需求的 KMO 值为 0.817，表明整体量表非常适合进行因素分析。Bartlett's 球形检验的卡方值为 6.226E3，达到了 0.05 显著水平，p = 0.000（<0.05），表明整体的相关矩阵间有共同因素存在，适合进行因素分析。同时，因素负荷量全部大于 0.40，所有题项的 MSA 值都大于 0.50，表明该量表适合进行因子分析和主成分分析。心理需求总方差解释和心理需求的因子负荷量如表 6.15 和表 6.16 所示。

表 6.15　心理需求总方差解释

成分	初始特征值			提取成分后特征值			转置后特征值		
	特征值	解释方差百分比	累计解释方差百分比	特征值	解释方差百分比	累计解释方差百分比	特征值	解释方差百分比	累计解释方差百分比
1	5.001	41.679	41.679	5.001	41.679	41.679	3.254	5.001	41.679
2	2.361	19.676	61.355	2.361	19.676	61.355	3.054	2.361	19.676
3	1.659	13.824	75.179	1.659	13.824	75.179	2.713	1.659	13.824

表 6.16　心理需求的因子负荷量

操作变量	共同因子 1	共同因子 2	共同因子 3
*D*2			0.819
*D*3			0.878
*D*4			0.790
*D*5			0.739
*D*6		0.868	
*D*7		0.827	

表6.16(续)

操作变量	共同因子1	共同因子2	共同因子3
$D9$		0.801	
$D12$	0.942		
$D13$	0.926		

从表6.15和表6.16可以看出，3个共同因子一共解释了心理授权75.179%的方差，说明心理需求具有很高的构想效度。从旋转后因子载荷的结果来看，清晰地形成3个共同因子，且3个共同因子的组成与原先的理论假设完全一致。

6.3 大样本正式测试的数据收集与处理

本书的研究对象为企业一线员工，具体的调查数据主要来自四川省的成都、雅安、资阳、乐山、广安、泸州等地区，另外还有部分问卷来自重庆、长沙、镇江、河北、武汉等地区。本书通过问卷了解员工对体面劳动感知、工作动机、敬业度和心理等方面的需求，为探索体面劳动感知对敬业度的影响提供了数据基础。

6.3.1 样本情况

众所周知，样本是按照一定的抽样规则从总体中抽取的一部分单位的集合，在样本的抽取和选择过程中，我们往往遵循不同的抽样规则。根据抽取方式的不同，抽样方法有概率抽样和非概率抽样。一般来说，统计学中的抽样推断都是建立在概率抽样的基础上的。常用的概率抽样方法有随机抽样、分层抽样、整群抽样和系统抽样。由于整群抽样的样本单元分布相对比较集中、调查实施过程相对便利，能大幅度降低调查费用，因此本书绝大部分样本来源采用了多阶段整群抽样的方法。按照与预调研样本一致的删除规则，我们最后得到了有效问卷1 076份。大样本测试的描述性分析汇总如表6.17所示。

表6.17 大样本测试的描述性分析汇总

变量名称	编码	内容	数量/个	占比/%
性别	1	男	523	48.6
	2	女	553	51.4

表6.17(续)

变量名称	编码	内容	数量/个	占比/%
婚姻状况	1	已婚	662	61.6
	2	未婚	414	38.4
年龄	1	20 周岁及以下	8	0.7
	2	21~25 周岁	132	12.3
	3	26~30 周岁	263	24.4
	4	31~35 周岁	207	19.2
	5	36~40 周岁	164	15.2
	6	41~45 周岁	195	18.1
	7	46~50 周岁	107	10.1
受教育程度	1	初中及以下	5	0.8
	2	高中及中专	214	19.8
	3	大专	293	27.2
	4	本科	357	33.1
	5	硕士	188	17.4
	6	博士	19	1.7
收入状况	1	2 000 元以下	164	15.2
	2	2 000~3 000 元	264	24.5
	3	3 001~4 000 元	325	25.4
	4	4 001~5 000 元	289	30.2
	5	5 000 元以上	34	4.7
工作年限	1	1 年以下	200	18.5
	2	1~3 年	256	23.7
	3	4~6 年	281	26.1
	4	7~10 年	250	23.2
	5	10 年以上	89	8.5
是否与所在企业签订劳动合同	1	签订书面劳动合同	564	52.4
	2	仅口头合同	420	39.0
	3	两项都没有	92	8.6
是否工会会员	1	是	302	28.8
	2	否	774	71.2

从表 6.17 可以看出，本次大规模调研的样本呈现出以下特征：

第一，男女的比例接近，女性比例（51.4%）略高于男性（48.6%）。

第二，从婚姻状况来看，有 61.6%的被试均未婚，表示在生活压力日益增加的今天，多数人选择了单身。

第三，各行业的一线员工主要集中在26周岁到45周岁之间，年龄的分布呈现出以青年和中年为主的态势。

第四，从受教育程度来看，以本科和专科为主，分别占到33.1%和27.2%，具有硕士学历的员工也有17.4%的比例。

第五，从一线员工的收入状况来看，多数人的收入集中在2 000~5 000元，这一个区间所占人数的比例达到了近80%，只有4.7%的员工收入在5 000元以上。

第六，从工作年限来看，绝大多数都是工作年限在10年以下的员工，这一比例高到91.5%，其中工作年限在1~3年的员工占23.17%，工作年限在4~6年的员工占26.1%，工作年限在7~10年的员工占23.2%。

第七，从是否与所在企业签订劳动合同来看，有52.4%的员工与企业签订了劳动合同，有39.0%的员工与企业只是口头合同，有8.6%的员工没有与企业签订任何形式的合同。

第八，从是否工会会员这一项来看，有71.2%的被试不是工会会员。

6.3.2 共同方法偏差的检验

所谓的共同方法偏差（common method biases，CMB），即环境和评分者特征所引起的预测变量与效标标量间的共同变化，这样的变化会导致研究成果产生极大的混淆，而且可能会存在误导研究的结论出现。共同方法偏差在学术界早已引起许多研究人员的注意。通常，在实用型的研究中，多数都采用Harman的单因素方法来对共同方法偏差进行检验。这样的方法常用的做法是对所有变量都进行探索性的因子分析，如果没有旋转的因子分析提取一个因子，或者是因为某些因子特别大，并且大于建议值的50%，那么此时就能断定存在比较严重的共同方法偏差。此外，还有一种方法是采用验证性因子分析，即把公因子设定为1，从而对单一因子的变异量进行解释。

本书共有35个测量题项（体面劳动感知15个、内在动机4个、敬业度7个、心理需求9个），将这些题项全部放在一起做探索性因子分析，采用主成分、未旋转、同时提取特征值大于1的因子。在未经旋转时提取特征值大于1的因子个数一共是9个，其中第一主成分解释了36.286%的变异量，未超过建议值的50%。因此，不存在严重的共同方法偏差。

6.3.3 信度和效度检验

在对数据的研究使用时，由于要考虑有些量表是通过直接翻译西方量表来对中国情境进行测量，很可能会存在理解上的偏差，从而会带来对因子提取方面的差异性。因此，在使用过程中，本书采用的方法是将现有数据分成两个部分：一部分数据用来进行探索性因子的分析，用来决定因子的数目和结构；另一部分数据用来进行验证性因子分析，以此来观测变量与因子结构之间的匹配程度。

在小样本分析的基础上，本书在538份大样本中随机抽取50%的数据进行大样本数据的信度与效度检验。调查问卷的信度与效度检验如表6.18所示。

表6.18 调查问卷的信度与效度检验（$N=382$）

变量	测量题项	因子载荷	Cronbach's α 值	量表的 KMO	被解释的方差/%
骄傲自信	*A*2	0.773	0.842	0.934	71.146
	*A*4	0.776			
	*A*11	0.744			
	*A*15	0.708			
共存包容	*A*16	0.821	0.897		
	*A*18	0.834			
	*A*20	0.785			
	*A*23	0.704			
	*A*30	0.649			
尊重认可	*A*32	0.758	0.922		
	*A*34	0.763			
	*A*36	0.753			
	*A*38	0.780			
	*A*45	0.776			
	*A*48	0.775			
奉献	*B*11	0.830	0.849	0.789	61.270
	*B*12	0.896			
	*B*13	0.850			
活力	*B*6	0.715	0.639		
	*B*8	0.730			
专注	*B*1	0.587	0.805		
	*B*3	0.635			
工作动机	*C*1	0.872	0.763	0.790	68.185
	*C*2	0.893			
	*C*3	0.899			
	*C*4	0.602			

表6.18(续)

变量	测量题项	因子载荷	Cronbach's α 值	量表的 KMO	被解释的方差/%
关系需求	*D*2	0.830	0.833	0.709	76.585
	*D*3	0.880			
	*D*4	0.785			
	*D*5	0.737			
胜任需求	*D*6	0.906	0.852		
	*D*7	0.812			
	*D*9	0.848			
自主需求	*D*12	0.942	0.940		
	*D*13	0.947			

6.3.4 验证性因子分析

在获得大样本数据之后，我们有必要对潜变量进一步进行验证性因子的分析。本书使用样本的另外50%的数据（$N=538$）对潜变量的收敛效度和区分效度进行了进一步检验。验证性因子分析（CFA）使用结构方程模型，Amos 17.0进行验证性因子以及本书模型进行检验。

6.3.4.1 工作动机的CFA分析

工作动机的验证性分析路径和工作动机的验证性因子分析结果见图6.1和表6.19。

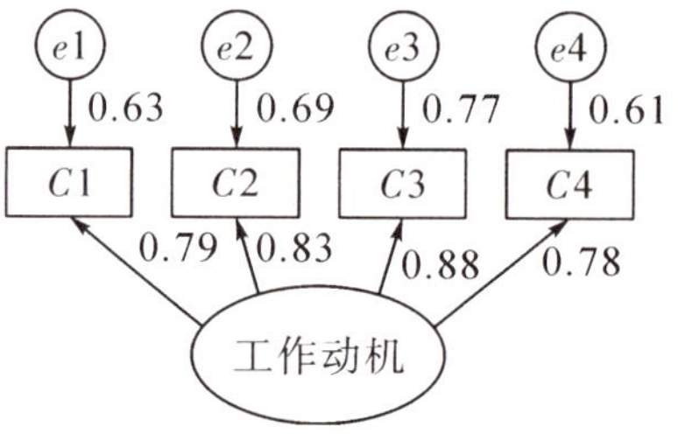

图6.1 工作动机的验证性分析路径

表6.19 工作动机的验证性因子分析结果

因子结构	测量题项	标准化载荷(*R*)	临界比(C.R.)	组合信度	AVE
工作动机	*C*1	0.794	—	0.8924	0.6751
	*C*2	0.832	20.554		
	*C*3	0.878	22.364		
	*C*4	0.779	18.693		
拟合优度	χ^2/df=2.312，NFI=0.974，RFI=0.922，IFI=0.976，TLI=0.927，CFI=0.976，RMSEA=0.069				

工作动机分析的结果表明，工作动机是一个一阶因子结构，包含了4个题项。从模型的验证中可以看出，工作分析的拟合优度指标均在0.90以上，每个因子抽取量的平方根均在0.70以上，远远超过要求0.50的临界值，同时各个题项的因子载荷标准均在0.70以上，说明该量表的整体收敛效度良好，适合做进一步的分析。

6.3.4.2　敬业度的CFA分析

敬业度的验证性因子分析路径和敬业度的验证性因子分析见图6.2和表6.20。

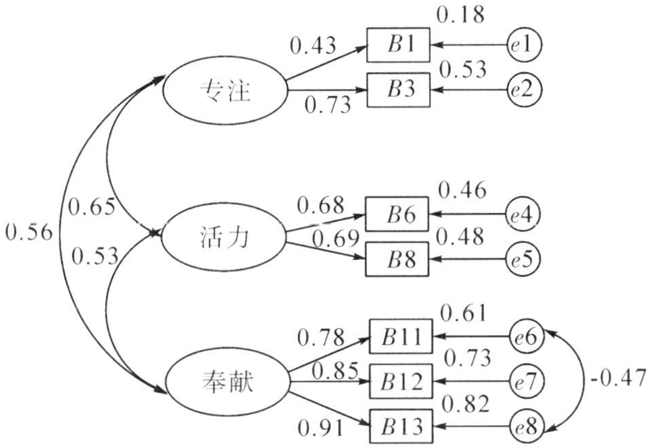

图6.2　敬业度的验证性因子分析路径

表6.20　敬业度的验证性因子分析

因子结构		测量题项	标准化载荷(*R*)	临界比(C.R.)	组合信度	AVE
敬业度	专注	B1	0.429	—	0.5122	0.3592
		B3	0.731	9.013		
	活力	B6	0.680	—	0.6387	0.4693
		B8	0.690	13.115		
	奉献	B11	0.779	—	0.8841	0.7185
		B12	0.852	20.478		
		B13	0.907	25.773		
拟合优度	$\chi^2/df=1.102$，NFI=0.996，RFI=0.991，IFI=1.000，TLI=0.999，CFI=1.000，RMSEA=0.010					

敬业度分析的结果表明，敬业度是一个二阶因子结构，包含了3个题项。从模型的验证中可以看出，工作分析的拟合优度指标均在0.90以上，每个因子抽取量的平方根均在0.70以上，远远超过要求0.50的临界值，同时各个题

项的因子载荷标准均在 0.70 以上，说明该量表的整体收敛效度良好，适合做进一步的分析。

6.3.4.3　心理需求的 CFA 分析

心理需求的验证性分析路径和心理需求的验证性因子分析见图 6.3 和表 6.21。

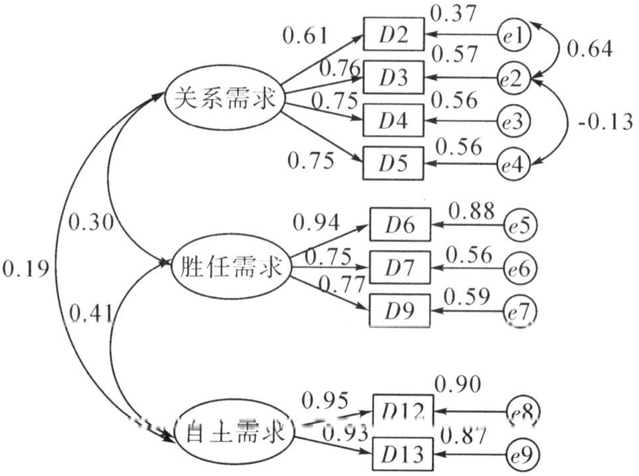

图 6.3　心理需求的验证性分析路径

表 6.21　心理需求的验证性因子分析

因子结构		测量题项	标准化载荷(*R*)	临界比(C.R.)	组合信度	AVE
心理需求	关系需求	D2	0.607	—	0.808 6	0.515 5
		D3	0.756	24.990		
		D4	0.751	16.134		
		D5	0.747	15.587		
	胜任需求	D6	0.939	—	0.913 2	0.780 1
		D7	0.747	27.844		
		D9	0.949	25.837		
	自主需求	D12	0.935	—	0.845 1	0.733 6
		D13	0.770	29.207		
拟合优度	$\chi^2/df=5.884$，NFI=0.977，RFI=0.962，IFI=0.981，TLI=0.968，CFI=0.981，RMSEA=0.067					

心理需求分析的结果表明，心理需求是一个二阶因子结构，包含了 3 个题项。从模型的验证中可以看出，心理需求的拟合优度指标均在 0.90 以上，每个因子抽取量的平方根均在 0.70 以上，远远超过要求 0.50 的临界值，同时各

个题项的因子载荷标准均在 0.70 以上，说明该量表的整体收敛效度良好，适合做进一步的分析。

6.4 描述性统计与相关性分析

6.4.1 变量的相关性分析

相关性分析（correlation analysis）用来研究各变量间的相关程度。描述变量之间相关程度的统计量称为相关系数，研究中最常采用的相关系数是 Pearson 系数。为了后面便于分析变量之间的回归关系，我们首先应该分析变量之间的相关关系。从表 6.22 的具体数据可以看到，各个变量间呈现一种较为明确的正相关关系。其中，自变量与自变量之间的相关系数虽然较高，但是全部低于临界值 0.70。同时，为了更大程度地避免多重共线性，在后面的数据处理中，结构方程模型使用的全部数据为标准化后的数据；做调节效应分析时，数据全部经过了中心化处理。各变量相关性分析见表 6.22。

表 6.22 各变量相关性分析

	尊重认同	共存包容	骄傲自信	工作动机	关系需求	胜任需求	自主需求	专注	活力	奉献
尊重认同	1									
共存包容	0.646**	1								
骄傲自信	0.637**	0.601**	1							
工作动机	0.584**	0.538**	0.425**	1						
关系需求	-0.088**	-0.142**	-0.104**	-0.084	1					
胜任需求	-0.05	-0.099**	-0.065*	-0.033	0.265**	1				
自主需求	-0.012	-0.071*	0.006	-0.012	0.167**	0.403**	1			
专注	0.425**	0.366**	0.313**	0.375**	-0.060*	-0.025	-0.020	1		
活力	0.393**	0.300**	0.153**	0.349**	-0.047	-0.029	0.001	0.336**	1	
奉献	0.487	0.426**	0.309**	0.464**	-0.081**	-0.035	-0.021	0.340**	0.403**	1

注：** 表示在置信度（双侧）为 0.01 水平时相关性显著；* 表示在置信度（双侧）为 0.05 水平时相关性显著。

6.4.2 人口统计特征的方差分析

控制变量指除自变量以外使因变量发生变化的其他重要因素，如年龄、性别、受教育程度等。如果不对这种类型的变量加以控制的话，将会影响自变量与因变量之间的关系（Pedhazur et al., 1991）。本书设定的控制变量有员工的个人特征，主要包括5个方面：性别、年龄、受教育程度、工会会员状况和签订劳动合同状况。根据统计检验的方法和原理，我们对性别和是否加入工会采用独立样本 T 检验的方法，对年龄、教育程度、签订劳动合同状况采用单因素方差分析。

6.4.2.1 性别的独立样本 T 检验

独立样本 T 检验是利用来自两个总体的独立样本推断两个总体的均值是否存在显著差异，这两个总体必相互独立。本书中，来自不同性别的被试（男性样本为523，女性样本为553）的抽样数据是相互独立的，满足独立样本 T 检验的前提条件。性别的独立样本 T 检验表如表6.23所示。

表6.23 性别的独立样本 T 检验表

		方差相等的Levene's检验		平均数相等的 T 检验						
		F 检验	显著性	T	自由度	显著性（双尾）	平均差异	标准误差异	差异的95%置信区间	
									下界	上界
骄傲自信	假设方差相等	0.722	0.396	0.238	1 043	0.812	0.014 01	0.058 93	−0.101 63	0.129 65
	不假设方差相等			0.238	1.037E3	0.812	0.014 01	0.058 81	−0.101 39	0.129 40
共存包容	假设方差相等	0.143	0.706	0.759	1 043	0.448	0.037 54	0.049 49	−0.059 57	0.134 65
	不假设方差相等			0.758	1.029E3	0.448	0.037 54	0.049 50	−0.059 60	0.134 68
尊重认可	假设方差相等	2.656	0.103	−1.123	1 043	0.262	−0.057 27	0.050 99	−0.157 32	0.042 78
	不假设方差相等			−1.126	1.039E3	0.260	−0.057 27	0.050 85	−0.157 04	0.042 50
自主需求	假设方差相等	3.887	0.049	0.109	1 043	0.913	0.007 95	0.072 74	−0.134 79	0.150 68
	不假设方差相等			0.112	890.955	0.910	0.007 95	0.070 67	−0.130 75	0.146 64
胜任需求	假设方差相等	3.360	0.067	−0.522	1 043	0.602	−0.024 12	0.046 18	−0.114 74	0.066 50
	不假设方差相等			−0.525	1.043E3	0.599	−0.024 12	0.045 92	−0.114 22	0.065 98
关系需求	假设方差相等	1.004	0.317	−1.209	1 043	0.227	−0.064 79	0.053 58	−0.169 94	0.040 35
	不假设方差相等			−1.210	1.031E3	0.227	−0.064 79	0.053 56	−0.169 89	0.040 31
工作动机	假设方差相等	1.752	0.186	0.209	1 043	0.835	0.012 18	0.058 34	−0.102 29	0.126 66
	不假设方差相等			0.211	1.038E3	0.833	0.012 18	0.057 74	−0.101 11	0.125 48
奉献	假设方差相等	8.831	0.003	−0.706	1 043	0.480	−0.025 09	0.035 54	−0.094 83	0.044 65
	不假设方差相等			−0.710	1.042E3	0.478	−0.025 09	0.035 36	−0.094 48	0.044 29
活力	假设方差相等	1.644	0.200	0.573	1 043	0.566	0.029 91	0.052 16	−0.072 44	0.132 26
	不假设方差相等			0.576	1.042E3	0.565	0.029 91	0.051 93	−0.071 99	0.131 82
专注	假设方差相等	5.733	0.017	0.399	1 043	0.690	0.020 41	0.051 17	−0.080 00	0.120 83
	不假设方差相等			0.401	1.043E3	0.688	0.020 41	0.050 85	−0.079 38	0.120 20

注：方差齐次性检验和均值差异检验的显著水平均为0.05。

从表6.23的检验结果可以看出，性别这一变量对骄傲自信、共存包容、尊重认同、自主需求、胜任需求、关系需求、工作动机、奉献、活力、专注维度的影响均不显著。这表明，在企业一线员工中，男性员工和女性员工在判断这些变量与自身状况的符合度上不存在明显差异。

6.4.2.2 员工年龄的方差分析

当需要检验三组或者三组以上数据均值是否存在显著差异时，我们需要采用方差分析。方差分析是根据样本方差对总体均值进行统计推断的方法，能够解决多个均值是否相等的检验问题。方差分析的目的是检验各个水平的均值是否相等，实现这个目的的手段是通过方差的比较。方差分析所研究的是分类型自变量对数值型因变量的影响，根据影响事件因素的个数，分为单因素方差分析、双因素或多因素方差分析。观察值之间的差异来自两个方面：一个由不同水平造成的系统性差异；另一个由抽选样本的随机性而产生的差异。这两个方面产生的差异可以用两个方差来衡量：一个由系统性因素和随机性因素共同造成的水平之间的方差；另一个由随机性因素造成的水平内部的方差。如果不同的水平对结果没有影响，则在水平之间的方差中，仅有随机因素的差异，所以两个方差的比值应接近于1；反之，则两个方差差异较大。由于方差分析无法控制分析中存在的某些随机因素，对结果的准确性有较大的影响，因此在可能的情况下，我们可以采用协方差分析来回避方差分析所存在的明显弊端。表6.24为年龄的样本方差分析，主要考察年龄对各个变量及其维度的影响。

表6.24 年龄的样本方差分析

		离差平方和	自由度	离差平方根	F	Sig.
骄傲自信	组间	7.085	7.000	1.012	1.117	0.349
	组内	967.319	1 068.000	0.906		
	总计	974.404	1 075.000			
共存包容	组间	7.132	7.000	1.019	1.621	0.126
	组内	671.380	1 068.000	0.629		
	总计	678.512	1 075.000			
尊重认可	组间	3.278	7.000	0.468	0.690	0.680
	组内	724.350	1 068.000	0.678		
	总计	727.627	1 075.000			
自主需求	组间	17.129	7.000	2.447	1.821	0.080
	组内	1 434.941	1 068.000	1.344		
	总计	1 452.070	1 075.000			

表6.24(续)

		离差平方和	自由度	离差平方根	*F*	Sig.
胜任需求	组间	3.491	7.000	0.499	0.895	0.510
	组内	594.979	1 068.000	0.557		
	总计	598.469	1 075.000			
关系需求	组间	8.166	7.000	1.167	1.580	0.137
	组内	788.527	1 068.000	0.738		
	总计	796.693	1 075.000			
工作动机	组间	7.607	7.000	1.087	1.239	0.278
	组内	937.049	1 068.000	0.877		
	总计	944.656	1 075.000			
奉献	组间	2.230	7.000	0.319	0.965	0.456
	组内	352.717	1 068.000	0.330		
	总计	354.947	1 075.000			
活力	组间	11.357	7.000	1.622	2.326	0.023
	组内	745.087	1 068.000	0.698		
	总计	756.444	1 075.000			
专注	组间	6.857	7.000	0.980	1.447	0.183
	组内	723.158	1 068.000	0.677		
	总计	730.015	1 075.000			

从 *F* 统计量的最终结果可以看出，只有活力这一维度达到显著性统计要求，但由于本书并未对敬业度的几个维度做展开论述，所以此处略去对活力用 LSD 方法的事后分析。

6.4.2.3　工会会员状况的独立样本 *T* 检验

从表 6.25 的检验结果可以看出，工会会员状况这一变量对骄傲自信、共存包容、尊重认同、自主需求、胜任需求、关系需求、工作动机、奉献、活力、专注维度的影响均不显著。这表明，企业一线员工的工会会员状况在判断这些变量与自身状况的符合度上不存在明显差异。工会会员状况的独立样本 *T* 检验见表 6.25。

表 6.25　工会会员状况的独立样本 *T* 检验

		方差相等的 Levene's 检验		平均数相等的 *T* 检验						
		F 检验	显著性	*T*	自由度	显著性（双尾）	平均差异	标准误差异	差异的 95% 置信区间	
									下界	上界
骄傲自信	假设方差相等	0. 439	0. 508	−0. 380	1 042	0. 704	−0. 022 39	0. 058 87	−0. 137 90	0. 093 12
	不假设方差相等			−0. 381	1. 040E3	0. 704	−0. 022 39	0. 058 84	−0. 137 84	0. 093 06
共存包容	假设方差相等	1. 396	0. 238	0. 673	1 042	0. 501	0. 033 11	0. 049 23	−0. 063 48	0. 129 71
	不假设方差相等			0. 674	1. 042E3	0. 500	0. 033 11	0. 049 09	−0. 063 22	0. 129 45
尊重认可	假设方差相等	0. 064	0. 801	0. 687	1 042	0. 492	0. 034 89	0. 050 79	−0. 064 78	0. 134 55
	不假设方差相等			0. 687	1. 039E3	0. 492	0. 034 89	0. 050 76	−0. 064 73	0. 134 50
自主需求	假设方差相等	2. 221	0. 136	2. 762	1 042	0. 006	0. 199 12	0. 072 08	0. 057 67	0. 340 56
	不假设方差相等			2. 800	925. 873	0. 005	0. 199 12	0. 071 12	0. 059 55	0. 338 69
胜任需求	假设方差相等	1. 387	0. 239	0. 896	1 042	0. 371	0. 041 31	0. 046 12	−0. 049 19	0. 131 82
	不假设方差相等			0. 893	1. 017E3	0. 372	0. 041 31	0. 046 26	−0. 049 47	0. 132 09
关系需求	假设方差相等	0. 732	0. 392	2. 242	1 042	0. 025	0. 118 60	0. 052 90	0. 014 79	0. 222 40
	不假设方差相等			2. 238	1. 027E3	0. 025	0. 118 60	0. 052 99	0. 014 61	0. 222 59
工作动机	假设方差相等	0. 138	0. 711	−0. 178	1 042	0. 859	−0. 010 34	0. 058 10	−0. 124 34	0. 103 67
	不假设方差相等			−0. 177	998. 999	0. 859	−0. 010 34	0. 058 37	−0. 124 88	0. 104 20
奉献	假设方差相等	0. 048	0. 827	−4. 137	1 042	0. 000	−0. 146 18	0. 035 33	−0. 215 51	−0. 076 85
	不假设方差相等			−4. 135	1. 035E3	0. 000	−0. 146 18	0. 035 35	−0. 215 55	−0. 076 81
活力	假设方差相等	2. 004	0. 157	−2. 861	1 042	0. 004	−0. 147 36	0. 051 50	−0. 248 42	−0. 046 30
	不假设方差相等			−2. 853	1. 019E3	0. 004	−0. 147 36	0. 051 65	−0. 248 71	−0. 046 02
专注	假设方差相等	7. 197	0. 007	−1. 686	1 042	0. 092	−0. 085 00	0. 050 43	−0. 183 95	0. 013 95
	不假设方差相等			−1. 681	1. 020E3	0. 093	−0. 085 00	0. 050 56	−0. 184 22	0. 014 22

6. 4. 2. 4　受教育程度的独立样本 *T* 检验

受教育程度的样本方差分析见表 6. 26。

表 6. 26　受教育程度的样本方差分析

		离差平方和	自由度	离差平方根	*F*	Sig.
骄傲自信	组间	30. 345	6. 000	5. 058	5. 727	0. 000
	组内	944. 059	1 069. 000	0. 883		
	总计	974. 404	1 075. 000			
共存包容	组间	21. 075	6. 000	3. 513	5. 711	0. 000
	组内	657. 436	1 069. 000	0. 615		
	总计	678. 512	1 075. 000			

表6.26(续)

		离差平方和	自由度	离差平方根	*F*	Sig.
尊重认可	组间	28.064	6.000	4.677	7.147	0.000
	组内	699.564	1 069.000	0.654		
	总计	727.627	1 075.000			
自主需求	组间	35.135	6.000	5.856	4.418	0.000
	组内	1 416.935	1 069.000	1.325		
	总计	1 452.070	1 075.000			
胜任需求	组间	4.829	6.000	0.805	1.449	0.193
	组内	593.640	1 069.000	0.555		
	总计	598.469	1 075.000			
关系需求	组间	24.958	6.000	4.160	5.762	0.000
	组内	771.736	1 069.000	0.722		
	总计	796.693	1 075.000			
工作动机	组间	17.501	6.000	2.917	3.363	0.003
	组内	927.155	1 069.000	0.867		
	总计	944.656	1 075.000			
奉献	组间	5.733	6.000	0.956	2.925	0.008
	组内	349.214	1 069.000	0.327		
	总计	354.947	1 075.000			
活力	组间	16.663	6.000	2.777	4.013	0.001
	组内	739.781	1 069.000	0.692		
	总计	756.444	1 075.000			
专注	组间	9.364	6.000	1.561	2.315	0.032
	组内	720.651	1 069.000	0.674		
	总计	730.015	1 075.000			

从表6.26的检验结果可以看出，受教育程度这一变量对骄傲自信、共存包容、尊重认同、自主需求、胜任需求、关系需求、工作动机、奉献、活力、专注维度的影响均显著。这表明，企业一线员工的受教育程度状况在判断这些变量与自身状况的符合度上存在明显差异。由于LSD事后分析的图表太大，本处只列出如下结果：

（1）就骄傲自信而言，本科组群体显著高于大专组群体；大专组群体显著高于硕士组群体；硕士组群体显著高于初中及以下组群体；初中及以下组群体显著高于高中及中专组群体；高中及中专组群体显著高于博士组群体。

（2）就共存包容而言，本科组群体显著高于大专组群体；大专组群体显著高于硕士组群体；硕士组群体显著高于初中及以下组群体；初中及以下组群体显著高于高中及中专组群体；高中及中专组群体显著高于博士组群体。

（3）就尊重认同而言，博士组群体显著高于本科组群体；本科组群体显著高于大专组群体；大专组群体显著高于初中及以下组群体；初中及以下组群体显著高于硕士组群体；硕士组群体显著高于高中及中专组群体。

（4）就自主需求而言，博士组群体显著高于本科组群体；本科组群体显著高于大专组群体；大专组群体显著高于硕士组群体；硕士组群体显著高于初中及以下组群体；初中及以下组群体显著高于高中及中专组群体。

（5）就胜任需求而言，博士组群体显著高于本科组群体；本科组群体显著高于大专组群体；大专组群体显著高于初中及以下组群体；初中及以下组群体显著高于高中及中专组群体；高中及中专组群体显著高于硕士组群体。

（6）就关系需求而言，博士组群体显著高于本科组群体；本科组群体显著高于硕士组群体；硕士组群体显著高于大专组群体；大专组群体显著高于初中及以下组群体；初中及以下组群体显著高于高中及中专组群体。

（7）就工作动机而言，博士组群体显著高于本科组群体；本科组群体显著高于初中及以下组群体；初中及以下组群体显著高于大专组群体；大专组群体显著高于硕士组群体；硕士组群体显著高于高中及中专组群体。

（8）就奉献而言，博士组群体显著高于初中及以下组群体；初中及以下组群体显著高于高中及中专组群体；高中及中专组群体显著高于大专组群体；大专组群体显著高于本科组群体；本科组群体显著高于硕士组群体。

（9）就活力而言，初中及以下组群体显著高于硕士组群体；硕士组群体显著高于高中及中专组群体；高中及中专组群体显著高于本科组群体；本科组群体显著高于大专组群体；大专组群体显著高于博士组群体。

（10）就专注而言，初中及以下组群体显著高于高中及中专组群体；高中及中专组群体显著高于硕士组群体；硕士组群体显著高于本科组群体；本科组群体显著高于博士组群体；博士组群体显著高于大专组群体。

6.4.2.5 签订劳动合同状况

签订劳动合同状况的样本方差分析见表 6.27。

表 6.27　签订劳动合同状况的样本方差分析

		离差平方和	自由度	离差平方根	F	Sig.
骄傲自信	组间	43.466	3.000	14.489	16.684	0.000
	组内	930.938	1 072.000	0.868		
	总计	974.404	1 075.000			
共存包容	组间	36.399	3.000	12.133	20.256	0.000
	组内	642.113	1 072.000	0.599		
	总计	678.512	1 075.000			
尊重认可	组间	42.598	3.000	14.199	22.220	0.000
	组内	685.029	1 072.000	0.639		
	总计	727.627	1 075.000			
自主需求	组间	16.125	3.000	5.375	4.013	0.007
	组内	1 435.945	1 072.000	1.340		
	总计	1 452.070	1 075.000			
胜任需求	组间	8.161	3.000	2.720	4.940	0.002
	组内	590.308	1 072.000	0.551		
	总计	598.469	1 075.000			
关系需求	组间	5.588	3.000	1.863	2.524	0.056
	组内	791.105	1 072.000	0.738		
	总计	796.693	1 075.000			
工作动机	组间	33.445	3.000	11.148	13.115	0.000
	组内	911.212	1 072.000	0.850		
	总计	944.656	1 075.000			
奉献	组间	5.539	3.000	1.846	5.665	0.001
	组内	349.408	1 072.000	0.326		
	总计	354.947	1 075.000			
活力	组间	23.208	3.000	7.736	11.310	0.000
	组内	733.236	1 072.000	0.684		
	总计	756.444	1 075.000			
专注	组间	14.219	3.000	4.740	7.098	0.000
	组内	715.796	1 072.000	0.668		
	总计	730.015	1 075.000			

从表 6.27 可以看出，签订劳动合同状况在骄傲自信、共存包容、尊重认同、自主需求、胜任需求、关系需求、工作动机、奉献、活力、专注维度均有显著差异（关系需求不显著，本书不做具体讨论）。为了进一步分析这种差异的具体情况，我们有必要进行进一步的 LSD 多重比较。各变量及维度签订劳动合同状况的 LSD 法多重比较的结果见表 6.28。

表 6.28　各变量及维度签订劳动合同状况的 LSD 法多重比较的结果

因变量	签订劳动合同状况(*I*)	签订劳动合同状况(*J*)	均值差(*I*-*J*)	标准误	Sig.	比较结果
骄傲自信	签订书面劳动合同	仅口头合同	-0.404 87*	0.066 61	0.000	两项都没有>仅口头合同>签订书面劳动合同
		两项都没有	-0.481 48*	0.103 97	0.000	
	仅口头合同	签订书面劳动合同	0.404 87*	0.066 61	0.000	
		两项都没有	-0.076 61	0.112 75	0.497	
	两项都没有	签订书面劳动合同	0.481 48*	0.103 97	0.000	
		仅口头合同	0.076 61	0.112 75	0.497	
共存包容	签订书面劳动合同	仅口头合同	-0.421 99*	0.055 32	0.000	仅口头合同>两项都没有>签订书面劳动合同
		两项都没有	-0.175 43*	0.086 35	0.042	
	仅口头合同	签订书面劳动合同	0.421 99*	0.055 32	0.000	
		两项都没有	0.246 56*	0.093 64	0.009	
	两项都没有	签订书面劳动合同	0.175 43*	0.086 35	0.042	
		仅口头合同	-0.246 56*	0.093 64	0.009	
尊重认可	签订书面劳动合同	仅口头合同	-0.451 49*	0.057 14	0.000	仅口头合同>两项都没有>签订书面合同
		两项都没有	-0.299 64*	0.089 19	0.001	
	仅口头合同	签订书面劳动合同	0.451 49*	0.057 14	0.000	
		两项都没有	0.151 85	0.096 72	0.117	
	两项都没有	签订书面劳动合同	0.299 64*	0.089 19	0.001	
		仅口头合同	-0.151 85	0.096 72	0.117	
自主需求	签订书面劳动合同	仅口头合同	-0.284 97*	0.082 73	0.001	仅口头合同>两项都没有>签订书面合同
		两项都没有	-0.073 46	0.129 13	0.570	
	仅口头合同	签订书面劳动合同	0.284 97*	0.082 73	0.001	
		两项都没有	0.211 51	0.140 03	0.131	
	两项都没有	签订书面劳动合同	0.073 46	0.129 13	0.570	
		仅口头合同	-0.211 51	0.140 03	0.131	

表6.28(续)

因变量	签订劳动合同状况(*I*)	签订劳动合同状况(*J*)	均值差(*I*-*J*)	标准误	Sig.	比较结果
胜任需求	签订书面劳动合同	仅口头合同	-0.189 24*	0.053 04	0.000	仅口头合同>签订书面合同>两项都没有
		两项都没有	0.060 76	0.082 80	0.463	
	仅口头合同	签订书面劳动合同	0.189 24*	0.053 04	0.000	
		两项都没有	0.250 00*	0.089 78	0.005	
	两项都没有	签订书面劳动合同	-0.060 76	0.082 80	0.463	
		仅口头合同	-0.250 00*	0.089 78	0.005	
关系需求	签订书面劳动合同	仅口头合同	-0.126 29*	0.061 41	0.040	仅口头合同>两项都没有>签订书面合同
		两项都没有	-0.016 58	0.095 85	0.863	
	仅口头合同	签订书面劳动合同	0.126 29*	0.061 41	0.040	
		两项都没有	0.109 70	0.103 94	0.291	
	两项都没有	签订书面劳动合同	0.016 58	0.095 85	0.863	
		仅口头合同	-0.109 70	0.103 94	0.291	
工作动机	签订书面劳动合同	仅口头合同	-0.397 51*	0.065 90	0.000	仅口头合同>两项都没有>签订书面合同
		两项都没有	-0.247 71*	0.102 87	0.016	
	仅口头合同	签订书面劳动合同	0.397 51*	0.065 90	0.000	
		两项都没有	0.149 80	0.111 55	0.180	
	两项都没有	签订书面劳动合同	0.247 71*	0.102 87	0.016	
		仅口头合同	-0.149 80	0.111 55	0.180	
奉献	签订书面劳动合同	仅口头合同	-0.006 39	0.040 81	0.876	两项都没有>签订口头合同>签订书面合同
		两项都没有	-0.255 57*	0.063 70	0.000	
	仅口头合同	签订书面劳动合同	0.006 39	0.040 81	0.876	
		两项都没有	-0.249 19*	0.069 07	0.000	
	两项都没有	签订书面劳动合同	0.255 57*	0.063 70	0.000	
		仅口头合同	0.249 19*	0.069 07	0.000	
活力	签订书面劳动合同	仅口头合同	0.085 40	0.059 12	0.149	两项都没有>签订书面合同>签订口头合同
		两项都没有	-0.458 37*	0.092 28	0.000	
	仅口头合同	签订书面劳动合同	-0.085 40	0.059 12	0.149	
		两项都没有	-0.543 77*	0.100 06	0.000	
	两项都没有	签订书面劳动合同	0.458 37*	0.092 28	0.000	
		仅口头合同	0.543 77*	0.100 06	0.000	

表6.28（续）

因变量	签订劳动合同状况（I）	签订劳动合同状况（J）	均值差（$I-J$）	标准误	Sig.	比较结果
专注	签订书面劳动合同	仅口头合同	0.059 12	0.058 41	0.312	两项都没有>签订书面合同>仅口头合同
		两项都没有	−0.372 13*	0.091 17	0.000	
	仅口头合同	签订书面劳动合同	−0.059 12	0.058 41	0.312	
		两项都没有	−0.431 26*	0.098 87	0.000	
	两项都没有	签订书面劳动合同	0.372 13*	0.091 17	0.000	
		仅口头合同	0.431 26*	0.098 87	0.000	

表6.28为采用最小显著差异法（least significant difference，LSD）的多重比较，从表中可以发现：

（1）就骄傲自信而言，“两项都没有”组群体显著高于“签订书面劳动合同”组群体；“仅口头合同”组群体显著高于“签订书面劳动合同”组群体。

（2）就共存包容而言，“仅口头合同”组群体显著高于“签订书面劳动合同”组群体；“两项都没有”组群体显著高于“签订书面劳动合同”组群体。

（3）就尊重认同而言，“仅口头合同”组群体显著高于“签订书面劳动合同”组群体；“两项都没有”组群体显著高于“签订书面劳动合同”组群体。

（4）就自主需求而言，“仅口头合同”组群体显著高于“签订书面劳动合同”组群体；“两项都没有”组群体显著高于“签订书面劳动合同”组群体。

（5）就胜任需求而言，“仅口头合同”组群体显著高于“两项都没有”组群体；“签订书面劳动合同”组群体显著高于“两项都没有”组群体。

（6）就关系需求而言，“仅口头合同”组群体显著高于“签订书面劳动合同”组群体；“两项都没有”组群体显著高于“签订书面劳动合同”组群体。

（7）就工作动机而言，“仅口头合同”组群体显著高于“签订书面劳动合同”组群体；“仅口头合同”组群体显著高于“签订书面劳动合同”组群体。

（8）就奉献而言，“两项都没有”组群体显著高于“签订书面劳动合同”组群体；“仅口头合同”组群体显著高于“签订书面劳动合同”组群体。

（9）就活力而言，“两项都没有”组群体显著高于“仅口头合同”组群体；“签订书面劳动合同”组群体显著高于“仅口头合同”组群体。

（10）就专注而言，“两项都没有”组群体显著高于“仅口头合同”组群体；“签订书面劳动合同”组群体显著高于“仅口头合同”组群体。

6.5 假设检验

6.5.1 体面劳动感知对敬业度影响的主效应检验

6.5.1.1 体面劳动感知与员工敬业度的关系

从体面劳动感知对敬业度影响的理论模型来看，χ^2/df 为 3.682，大于最佳建议值 3，但小于可接受值 5；GFI 值为 0.945，AGFI 值为 0.926，NFI 值为 0.953，CFI 值为 0.965，IFI 值为 0.965，TLI 值为 0.957，这几个指标均接近或者超过 0.90；RMSEA 的值为 0.049，小于建议值 0.08。以上各项拟合指标基本都符合要求，所以体面劳动感知各维度对敬业度的影响表拟合情况较好。体面劳动感知各维度对敬业度影响关系模型拟合指标如表 6.29 所示。

表 6.29 体面劳动感知各维度对敬业度影响关系模型拟合指标

拟合指标	χ^2/df	GFI	AGFI	NFI	CFI	IFI	TLI	RMSEA
2	3.682	0.945	0.926	0.953	0.965	0.965	0.957	0.049

图 6.4 显示，体面劳动感知对员工敬业度的标准化路径系数为 0.76，*P* 值为 0.000，达到显著性水平，表明体面劳动感知对敬业度影响关系模型成立，且体面劳动感知与敬业度之间有很强的相关系数，数据支持了假设 *H*1。体面劳动感知各维度对敬业度的影响路径见图 6.4。

6.5.1.2 体面劳动感知各维度对员工敬业度的影响

从体面劳动感知各维度对员工敬业度的影响模型来看，χ^2/df 为 4.920，大于最佳建议值 3，但是小于可接受值 5，该比值相对较大的一个很重要的原因可能是因为样本量较大；AGFI 值为 0.908，NFI 值为 0.902，CFI 值为 0.904，IFI 值为 0.902，这几个指标均接近或者超过 0.90；RMSEA 的值为 0.071，小于建议值 0.08。以上各项拟合指标都符合要求，唯独 GFI 值为 0.864，TLI 值为 0.899，小于建议值 0.90，但是大部分数据拟合程度较好，若有个别数据不符合要求，也不会影响最终结果，所以体面劳动感知各维度对敬业度的影响表拟合情况（见表 6.30）较好。

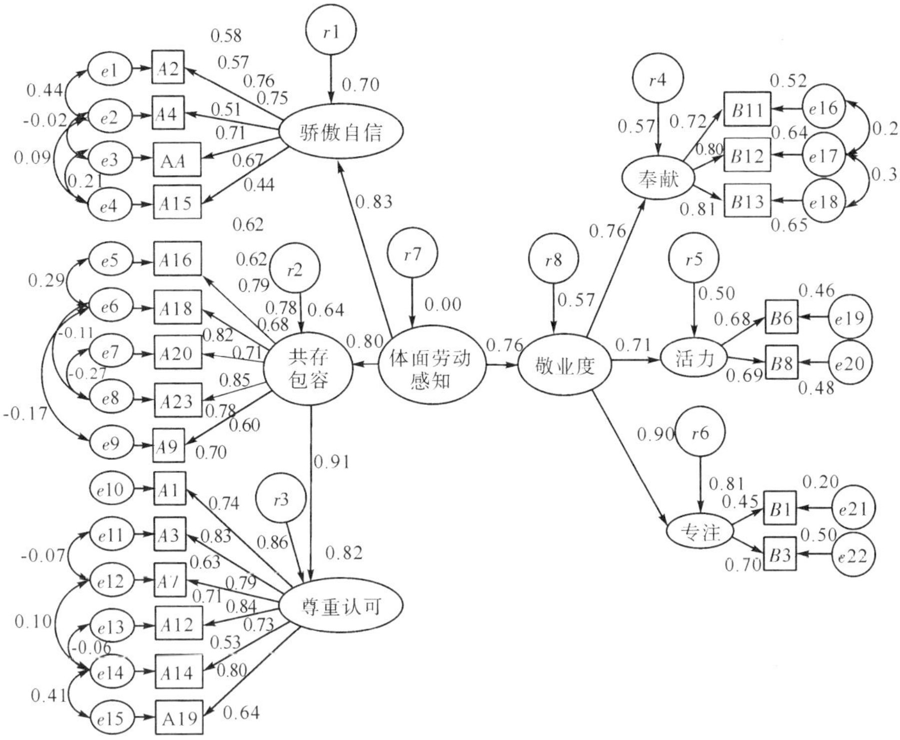

图 6.4　体面劳动感知各维度对敬业度的影响路径

表 6.30　体面劳动感知各维度对敬业度的影响表拟合情况

拟合指标	χ^2/df	GFI	AGFI	NFI	CFI	IFI	TLI	RMSEA
2	4.920	0.864	0.908	0.902	0.904	0.902	0.899	0.071

图 6.5 显示，体面劳动感知三维度对员工敬业度的影响是不一样的。从路径系数来看，其中以尊重认可与敬业度之间的关系最为密切，之后为共存包容，其系数都在 0.000 的水平上达到显著；而骄傲自信对敬业度的影响系数为负数，但是也达到 0.000 的显著性水平，数据支持了假设 *H*1*a*、*H*1*b* 和 *H*1*c*。体面劳动感知三维度对敬业度的影响路径见图 6.5。

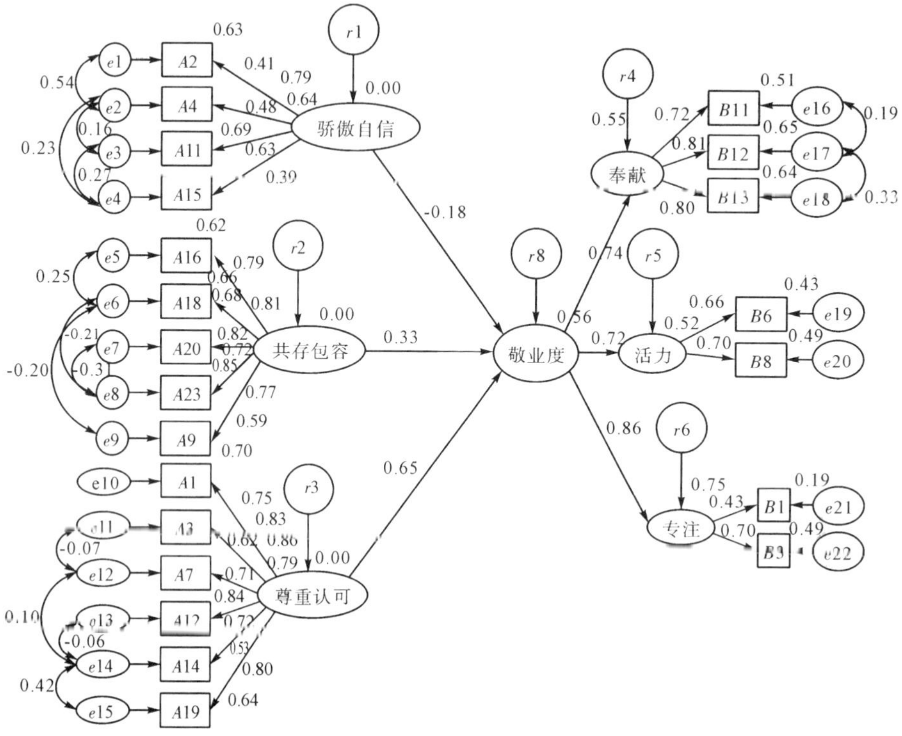

图 6.5　体面劳动感知三维度对敬业度的影响路径

6.5.2 体面劳动感知与工作动机的关系检验

6.5.2.1 体面劳动感知与工作动机的关系

从体面劳动感知与工作动机的理论模型来看，χ^2/df 为 3.952，大于最佳建议值 3，但小于可接受值 5；GFI 值为 0.950，AGFI 值为 0.931，NFI 值为 0.961，CFI 值为 0.971，IFI 值为 0.971，TLI 值为 0.964，这几个指标均接近或者超过 0.90；RMSEA 的值为 0.052，小于建议值 0.08。以上各项拟合指标都符合要求，所以体面劳动感知各维度对工作动机的影响表拟合情况（见表 6.31）较好。

表 6.31　体面劳动感知各维度对工作动机的影响表拟合情况

拟合指标	χ^2/df	GFI	AGFI	NFI	CFI	IFI	TLI	RMSEA
2	3.952	0.950	0.931	0.961	0.971	0.971	0.964	0.052

图 6.6 的结果显示，体面劳动感知对工作动机的标准化路径系数为 0.74，*P* 值达到 0.000 的显著水平，表明体面劳动感知和工作动机的影响关系模型成立，且体面劳动感知和工作动机之间有很强的相关关系，数据支持了假设 *H*2。体面劳动感知各维度对工作动机的影响路径见图 6.6。

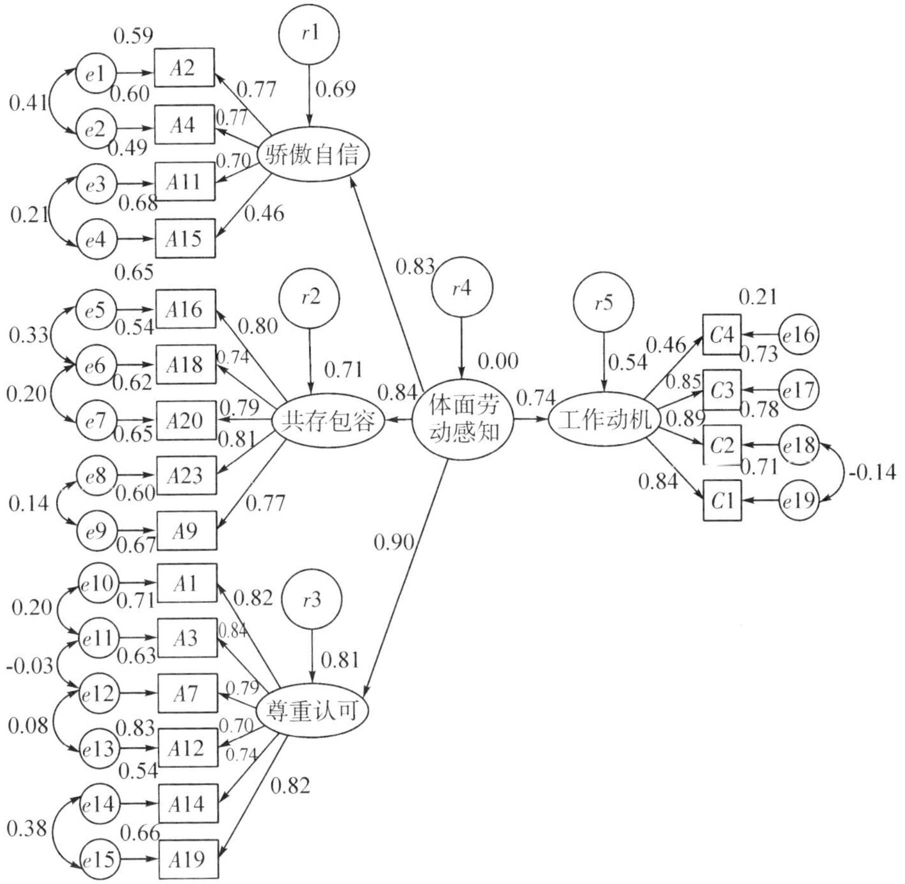

图 6.6　体面劳动感知各维度对工作动机的影响路径

6.5.2.2　体面劳动感知各维度对工作动机的影响关系

从体面劳动感知各维度与工作动机的理论模型来看，χ^2/df 为 4.538，大于最佳建议值 3，但是小于可接受值 5，该比值相对较大的一个很重要的原因可能是因为样本量较大；NFI 值为 0.900，IFI 值为 0.901，CFI 值为 0.902，这几个指标均接近或者超过 0.90；RMSEA 的值为 0.078，小于建议值 0.08。虽然 GFI、AGFI、TLI 均>0.90，但都接近，所以不会影响最终结果。因此，体面劳动感知各维度对工作动机的影响表拟合情况较好。体面劳动感知各维度对工作动机影响关系模型拟合指标如表 6.32 所示。

表 6.32　体面劳动感知各维度对工作动机影响关系模型拟合指标

拟合指标	χ^2/df	GFI	AGFI	NFI	CFI	IFI	TLI	RMSEA
2	4.538	0.854	0.893	0.900	0.902	0.901	0.899	0.078

体面劳动感知三维度对工作动机的影响是不一样的。从图 6.7 显示的路径系数来看，其中尊重认可对工作动机的影响最为密切，之后为共存包容。其系数均在 0.000 的水平上达到显著，数据假设支持了 *H2b* 和 *H2c*，但是骄傲自信对工作动机的影响不显著，假设 *H2a* 未得到验证。体面劳动感知三维度对工作动机的影响路径见图 6.7。

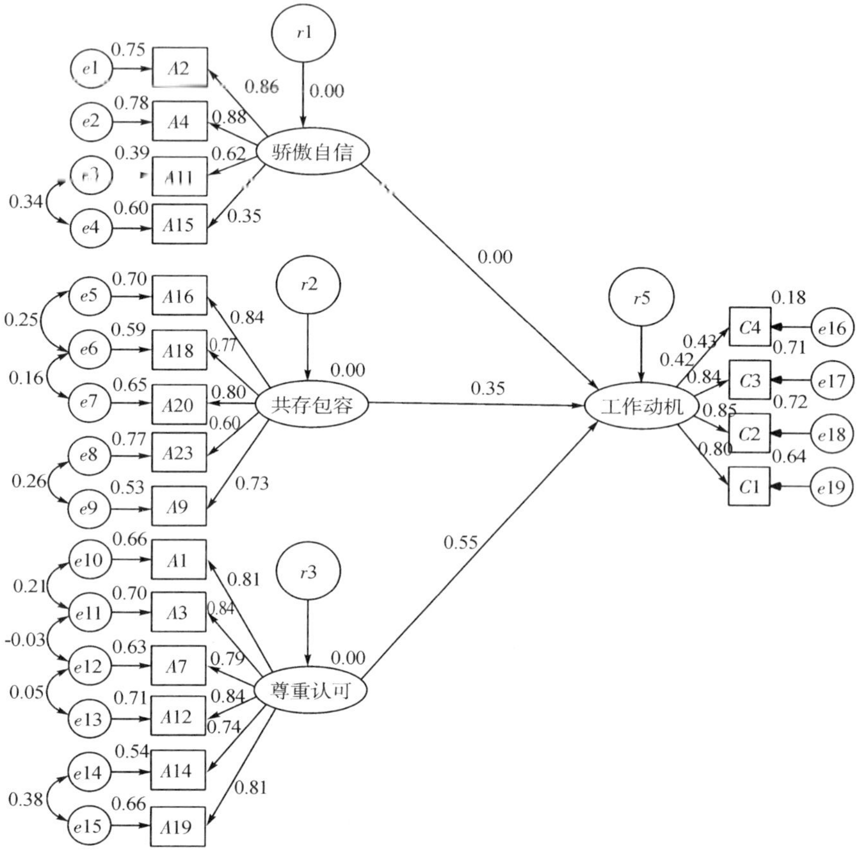

图 6.7　体面劳动感知三维度对工作动机的影响路径

6.5.3 工作动机与敬业度的关系检验

从工作动机对敬业度影响的理论模型来看，χ^2/df 为 2.364，小于最佳建议值 3；GFI 值为 0.985，AGFI 值为 0.974，NFI 值为 0.982，CFI 值为 0.990，IFI 值为 0.990，TLI 值为 0.985，这几个指标均接近或者超过 0.90；RMSEA 的值为 0.036，小于建议值 0.08。以上各项拟合指标都符合要求，所以工作动机对企业一线员工敬业度的影响表拟合情况较好。工作动机对企业一线员工敬业度影响关系模型拟合指标如表 6.33 所示。

表 6.33 工作动机对企业一线员工敬业度影响关系模型拟合指标

拟合指标	χ^2/df	GFI	AGFI	NFI	CFI	IFI	TLI	RMSEA
2	2.364	0.985	0.974	0.982	0.990	0.990	0.985	0.036

从图 6.8 可以看出，工作动机对敬业度影响的标准化路径系数为 0.76，*P* 值为 0.000，达到显著水平，表明工作动机对员工敬业度的影响关系模型成立，且工作动机与敬业度之间有很强的相关关系，数据支持了假设 *H*3。工作动机对敬业度的影响路径见图 6.8。

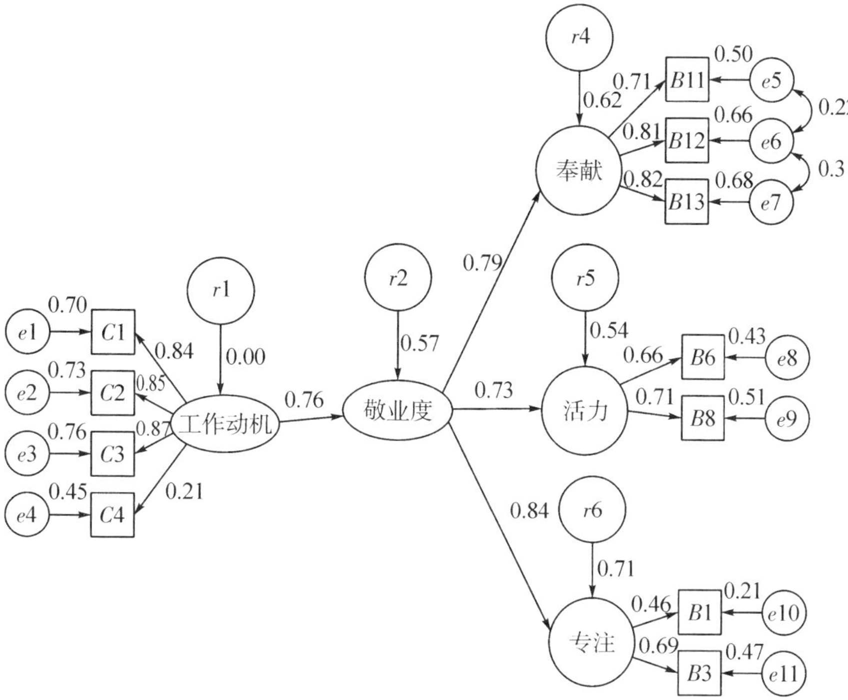

图 6.8 工作动机对敬业度的影响路径

6.5.4 工作动机中介效应的检验

6.5.4.1 工作动机对体面劳动感知和敬业度的中介效应

从工作动机中介效应的理论模型来看，χ^2/df 为 4.053，大于最佳建议值 3，但是小于可接受值 5，该比值相对较大的一个很重要的原因可能是因为样本量较大；GFI 值为 0.902，AGFI 值为 0.901，CFI 值为 0.907，IFI 值为 0.908，GFI 值为 0.896，NFI 值为 0.887，这几个指标均接近或者超过 0.90；RMSEA 的值为 0.061，小于建议值 0.08。以上各项拟合指标都符合要求，所以工作动机对体面劳动感知与敬业度的影响表拟合情况（见表 6.34）较好。

表 6.34 工作动机对体面劳动感知与敬业度的影响表拟合情况

拟合指标	χ^2/df	GFI	AGFI	NFI	CFI	IFI	TLI	RMSEA
2	4.053	0.902	0.90 1	0.887	0.907	0.908	0.896	0.061

如图 6.9 所示，依据中介作用的判断原则，在模型中加入控制变量年龄、受教育程度、性别、工会会员状况和签订劳动合同状况。图中标准化系数显示：年龄对敬业度的影响 P 值为 0.391，未达到显著水平；受教育程度对敬业度的影响 P 值为 0.885，未达到显著水平；性别对敬业度的影响 P 值为 0.024，达到显著水平；签订劳动合同状况对敬业度的影响为-0.019，达到 P 值为 0.05 的显著水平；是否工会会员对敬业度的影响 P 值为 0.222，未到 P 值为 0.05 的显著水平。所以从控制变量来看，年龄、工会会员状况、受教育程度对敬业度的影响均不显著，只有是否签订劳动合同和性别对敬业度的影响显著。工作动机对体面劳动感知与敬业度的中介效应检验见图 6.9。

模型中体面劳动感知与工作动机的标准化路径系数是 0.74，显著水平为 0.000；体面劳动感知与敬业度之间的路径系数为 0.49，显著水平为 0.000；工作动机与敬业度的路径系数为 0.39，显著水平为 0.000。如表 6.35 所示，根据中介作用的判定条件，敬业度同时对体面劳动感知和工作动机进行回归。工作动机与敬业度之间的标准路径系数达到显著水平，而体面劳动感知与敬业度之间的回归系数减少，从 0.76 减少到 0.49，且 0.49 的标准化路径系数仍然在 0.000 的水平上显著，因而判定工作动机在体面劳动感知与敬业度之间起到部分中介作用，其中介作用占总效应的比重为 $0.74 \times 0.39 / 0.76 = 0.380$。这说明，中介效应占总效应的百分比为 38%，验证了之前的 $H4$。体面劳动感知、工作动机、敬业度部分中介作用模型的参数估计见表 6.35。

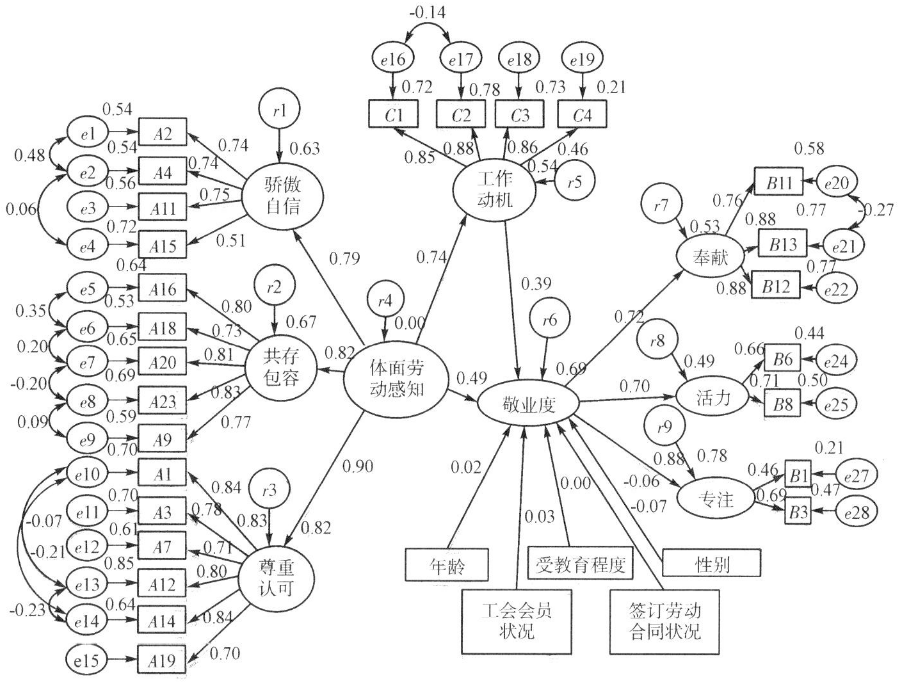

图 6.9 工作动机对体面劳动感知与敬业度的中介效应检验

表 6.35 体面劳动感知、工作动机、敬业度部分中介作用模型的参数估计

	标准化因子载荷	标准误差（S.E.）	临界比（C.R.）	显著性概率
工作动机←——体面劳动感知	0. 888	0. 053	16. 882	0. 000
敬业度←——工作动机	0. 303	0. 041	7. 301	0. 000
敬业度←——体面劳动感知	0. 458	0. 055	8. 343	0. 000
敬业度←——工会会员状况	0. 019	0. 016	1. 221	0. 222
敬业度←——受教育程度	−0. 002	0. 012	−0. 144	0. 885
敬业度←——签订劳动合同状况	−0. 065	0. 028	−2. 353	−0. 019
敬业度←——性别	−0. 079	0. 035	−2. 249	0. 024
敬业度←——年龄	0. 013	0. 015	0. 857	0. 391

6. 5. 4. 2 工作动机对体面劳动各维度与敬业度影响的中介效应

从工作动机中介效应的理论模型来看，χ^2/df 为 4. 794，大于最佳建议值 3，但是小于可接受值 5，该比值相对较大的一个很重要的原因可能是样本量较大；GFI 值为 0. 838，AGFI 值为 0. 906，NFI 值为 0. 926，CFI 值为 0. 845，

IFI 值为 0. 845，TLI 值为 0. 925，这几个指标均接近或者超过 0. 90；RMSEA 的值为 0. 079，小于建议值 0. 08。以上各项拟合指标都符合要求，所以工作动机各维度对敬业度影响的中介效应表拟合情况较好。工作动机对体面劳动各维度与敬业度影响的中介效应的拟合指标如表 6. 36 所示。

表 6. 36　工作动机对体面劳动各维度与敬业度影响的中介效应的拟合指标

拟合指标	χ^2/df	GFI	AGFI	NFI	CFI	IFI	TLI	RMSEA
2	4. 794	0. 838	0. 906	0. 926	0. 845	0. 845	0. 925	0. 079

前面已经验证骄傲自信对工作动机不显著，所以此处不验证工作动机在骄傲自信与敬业度之间的中介效应。从图 6. 10 可以看出，共存包容和尊重认可与敬业度呈现出正向关系，且关系显著。5 个控制变量中，只有是否签订劳动合同达到 0. 05 的显著水平，性别达到 0. 10 的显著水平。从路径系数来看，是否签订劳动合同和性别对敬业度都是负向影响。工作动机对体面劳动感知三维度与敬业度的中介效应检验见图 6. 10。

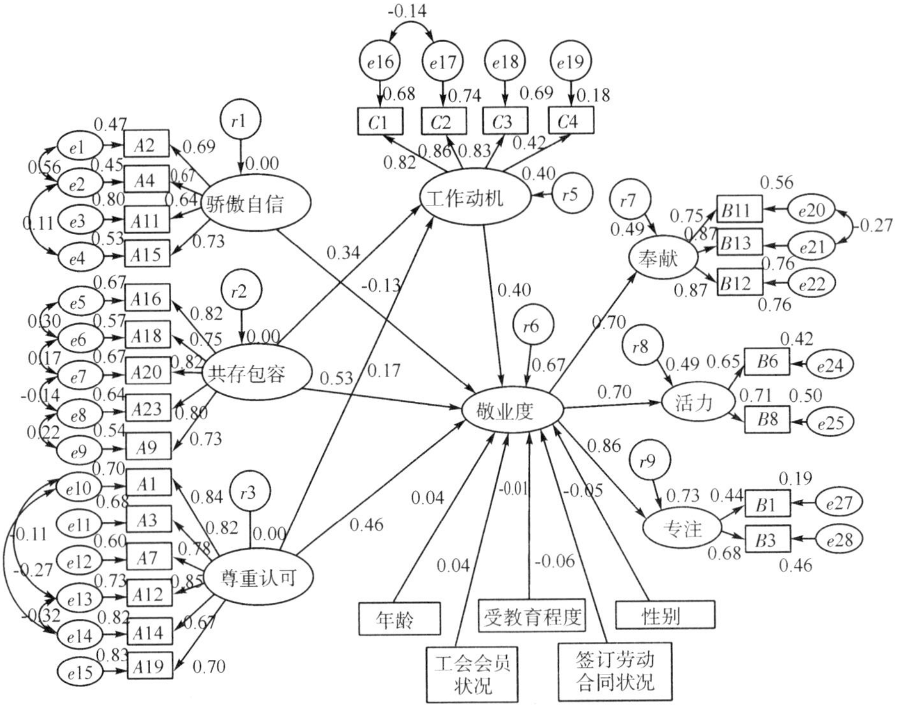

图 6. 10　工作动机对体面劳动感知三维度与敬业度的中介效应检验

模型中，共存包容与工作动机之间的标准化路径系数为 0. 356，显著水平为 0. 000；工作动机与敬业度之间的标准化路径系数为 0. 321，达到 0. 000 的显著水平；共存包容与敬业度之间的标准化系数为 0. 142，显著水平为 0. 000。如表 6. 37 所示，根据中介作用的判断条件，敬业度同时对共存包容与工作动机回归。工作动机与敬业度的标准路径系数达到显著水平，而要求共存包容与敬业度之间的标准路径系数减少，从 0. 31 减少到 0. 142，且 0. 142 的标准化路径系数仍然在 0. 000 的水平上显著，因而判定工作动机在共存包容与敬业度之间起到部分中介作用。其中，中介作用占总效应的比重为 0. 356×0. 321/0. 31＝0. 369，这说明中介效应占 36. 9%，验证了之前的假设 *H4b*。

同理，尊重认同与工作动机之间的标准化路径系数为 0. 512，显著水平为 0. 000；工作动机与敬业度之间的标准化路径系数为 0. 321，达到 0. 000 的显著水平；尊重认同与敬业度之间的标准化系数为 0. 351，显著水平为 0. 000。如表 6. 37 所示，根据中介作用的判断条件，敬业度同时对尊重认同与工作动机回归。工作动机与敬业度的标准路径系数达到显著水平，而要求尊重认同与敬业度之间的标准路径系数减少，从 0. 66 减少到 0. 351，且 0. 351 的标准化路径系数仍然在 0. 000 的水平上显著，因而判定工作动机在尊重认同与敬业度之间起到部分中介作用。其中，中介作用占总效应的比重为 0. 512×0. 321/0. 66＝0. 249，这说明中介效应占 24. 9%。验证了之前的假设 *H4c*。体面劳动感知、工作动机、敬业度部分中介作用模型的参数估计见表 6. 37。

表 6. 37　体面劳动感知、工作动机、敬业度部分中介作用模型的参数估计

	标准化因子载荷	标准误差（S.E.）	临界比（C.R.）	显著性概率
工作动机←——共存包容	0. 356	0. 032	11. 036	0. 000
工作动机←——尊重认可	0. 512	0. 030	17. 086	0. 000
敬业度←——工会会员状况	0. 021	0. 015	1. 347	0. 178
敬业度←——工作动机	0. 321	0. 038	8. 485	0. 000
敬业度←——教育程度	−0. 005	0. 012	−0. 420	0. 674
敬业度←——签订劳动合同状况	−0. 056	0. 027	−2. 068	0. 039
敬业度←——性别	−0. 064	0. 034	−1. 872	0. 061
敬业度←——年龄	0. 021	0. 015	1. 411	0. 158
敬业度←——骄傲自信	−0. 090	0. 023	−3. 962	0. 000
敬业度←——共存包容	0. 142	0. 030	4. 711	0. 000
敬业度←——尊重认可	0. 351	0. 034	10. 457	0. 000

6.5.5 心理需求调节效应的检验

6.5.5.1 调节变量的内涵

通俗地说，调节变量就是“视情况而定”“因人而异”。比如，同样的一次失败经历对不同类型的人的影响却大相径庭，高自我效能感的人倾向于将失败归因于自己努力不足，于是他们会更加努力并坚持下去；低自我效能感的人则把失败归结为能力不足，于是会自暴自弃。在这里我们看到，一次失败的经历（自变量）对人的行为（因变量）的影响随着自我效能（调节变量）的变化而变化。如果两个变量之间的关系（如 Y 与 X 的关系）是变量 M 的函数，称 M 为调节变量。也就是说，Y 与 X 的关系受到第三个变量 M 的影响。这种有调节变量的模型一般用图 6.11 表示。调节变量示意图见图 6.11。

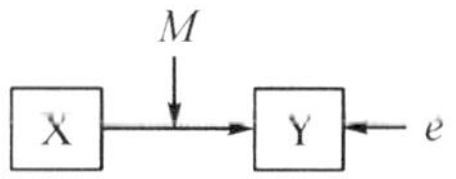

图 6.11 调节变量示意图

尤其在相关分析框架下，调节变量被看作影响另外两个变量零次相关的第三个变量。例如，Stern et al.（1982）发现，改变生活的事件与严重的疾病之间的正相关关系，不可控事件（如丧偶）比可控事件（如离婚）更强烈一些。在 Stern et al.（1982）的研究中，如果可控的生活变化已经降低了患病的概率，然而变化的生活事件与患病之间的关系由正号变为负号，那么调节效应就可能产生了。

6.5.5.2 有中介的调节效应的检验

如果一个模型包含多个变量，可能会同时包含中介变量和调节变量。图 6.12 表示的是有中介的调节模型示意图。

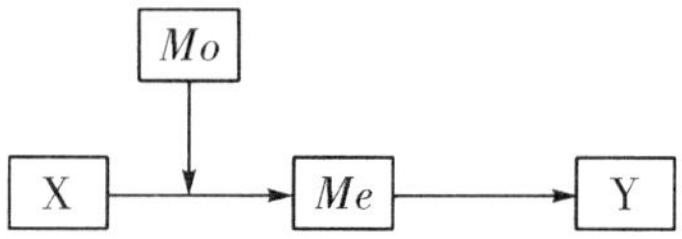

注：X 表示自变量，*Me* 表示中介变量，Y 表示因变量，*Mo* 表示调节变量。

图 6.12 有中介的调节模型示意图

（资料来源：参考温忠麟、刘红云、侯杰泰（2011）的研究所得）

Muller（2005）提出其具体操作步骤如下：

第一步，建立模型。

$$Y = b_{10} + b_{11}X + b_{12}Mo + b_{13}XMo + \varepsilon_1 \quad (6.1)$$

$$Me = b_{20} + b_{21}X + b_{22}Mo + b_{23}XMo + \varepsilon_2 \quad (6.2)$$

$$Y = b_{30} + b_{31}X + b_{32}Mo + b_{33}XMo + b_{34}Me + b_{35}MeMo + \varepsilon_3 \quad (6.3)$$

其中，X 表示自变量，Me 表示中介变量，Y 表示因变量，Mo 表示调节变量，ε_1、ε_2、ε_3表示回归方程的误差项，b_{ij}（i，$j \neq 0$）表示影响系数。

第二步，检验步骤。

首先，在检验有中介的调节作用时，前提条件是自变量与调节变量的交互项与因变量之间的关系显著（b_{13}显著）。

其次，b_{23}、b_{34}显著，说明自变量与调节变量的交互项同中介变量关系显著，以及中介变量同因变量关系显著，说明调节变量对自变量与中介变量的关系产生调节影响。心理需求调节效应检验结果见表 6.38。

表 6.38 心理需求调节效应检验结果

预测变量	方程 1 敬业度		方程 2 工作动机		方程 3 敬业度	
	b	t	b	t	b	t
年龄	0.02	0.618	0.05	1.943	0.01	0.449
性别	−0.08	−2.228	0.02	0.618	−0.06	−1.928
受教育程度	−0.05	−1.943	−0.03	−0.679	−0.02	−0.618
签订劳动合同状况	−0.09*	−2.776	−0.07	−2.011	−0.06*	−1.928
工会会员状况	0.04*	0.859	0.08*	2.228	0.03*	0.679
自变量：体面劳动感知	0.598***	19.432	0.298**	2.463	0.289***	7.391
调节变量：心理需求	0.409***	11.135	0.324**	2.114	0.181***	4.466
自变量×调节变量： 体面劳动感知×心理需求	0.062***	2.932	0.552**	2.521	0.038*	0.862
中介变量： 工作动机					0.423**	11.544
中介变量×调节变量： 工作动机×心理需求					0.029**	0.796
F 值（P 值）	147.769***		116.925***		103.412**	
R^2	0.629		0.674		0.711	
ΔR^2	0.629		0.045		0.037	

注：以上分析的数据皆为经过中心化处理的数据；表中的 b 值为标准化回归系数，其中 * 表示 $P<0.10$，** 表示 $P<0.05$，*** 表示 $P<0.01$。

根据 Muller（2005）的观点，检验有中介的调节效应是否存在，应该满足以下两个条件：第一，必须满足自变量与调节变量乘积项同因变量之间的关系显著；第二，自变量与调节变量的交互项同中介变量回归标准化系数显著的同时，中介变量与因变量之间的标准化系数显著。

结合本书分析步骤，我们控制人口学变量后结果如下：

第一步的回归分析中（方程 6.1），自变量（体面劳动感知）与调节变量（心理需求）乘积与因变量员工敬业度之间的标准化回归系数为 0.062，在 0.01 的水平上显著，这满足了有中介的调节检验的第一个条件。

第二步以中介变量（工作动机）为因变量（方程 6.2），自变量、调节变量及自变量与调节变量的交互作用项进入的回归模型中，自变量与调节变量的标准化回归系数为 0.552，在 0.05 水平上显著。

第三步将自变量、调节变量、自变量与调节变量的乘积项、中介变量、中介变量与调节变量的乘积项放入回归模型中，中介变量的标准化回归系数为 0.423，在 0.05 水平上显著。

从以上几个系数之间的关系可以看出，满足第一个条件（自变量与调节变量的乘积项与因变量之间的关系显著），同时满足第二个条件（自变量与调节变量的乘积项与中介变量之间的关系显著），并且中介变量与因变量之间的关系显著。因此，判断心理需求在体面劳动感知与敬业度之间有显著的调节作用，验证了假设 *H*5。

6.6 研究假设检验结果汇总

本书旨在探讨企业一线员工体面劳动感知对员工敬业度的影响机理，旨在揭示骄傲自信、共存包容、尊重认可、工作动机、心理需求和敬业度等几个变量之间的逻辑关系。通过对小样本预调研和大样本的数据收集，我们共收集 2 264 份有效问卷，并且运用独立样本 *T* 检验、因子分析、相关分析、方差分析、回归分析以及结构方程建模等方法对所研究的概念模型进行了基于数据的统计检验。研究假设检验结果汇总见表 6.39。

表 6.39　研究假设检验结果汇总

序号	假设内容	结果
*H*1	企业一线员工体面劳动感知对敬业度具有显著影响	支持
*H*1*a*	企业一线员工骄傲自信对敬业度具有显著影响	支持
*H*1*b*	企业一线员工共存包容对敬业度具有显著影响	支持
*H*1*c*	企业一线员工尊重认可对敬业度具有显著影响	支持
*H*2	体面劳动感知对工作动机具有显著影响	支持
*H*2*a*	骄傲自信对工作动机具有显著影响	不支持
*H*2*b*	共存包容对工作动机具有显著影响	支持
*H*2*c*	尊重认可对工作动机具有显著影响	支持
*H*3	工作动机对敬业度具有显著影响	支持
*H*4	工作动机在体面劳动感知与敬业度之间起中介作用	支持（部分中介）
*H*4*a*	工作动机在骄傲自信与敬业度之间起中介作用	不支持
*H*4*b*	工作动机在共存包容与敬业度之间起中介作用	支持（部分中介）
*H*4*c*	工作动机在尊重认可与敬业度之间起中介作用	支持（部分中介）
*H*5	心理需求通过工作动机调节体面劳动感知与敬业度的关系	支持

7 企业一线员工体面劳动感知对组织公民行为的影响机制研究

本章在企业一线员工体面劳动感知量表开发以及探讨员工体面劳动感知对员工敬业度影响的基础上，进一步验证了体面劳动感知量表，并挖掘其对员工行为如组织公民行为的影响机理。本章依据社会交换理论和认知行为理论构建研究模型，以一线员工体面劳动感知为自变量、心理所有权为中介变量、主管支持感为调节变量来探讨体面劳动感知对组织公民行为的影响机制。

7.1 理论模型构建

本书基于社会交换理论视角和认知行为理论的“S(刺激)—C(认知)—R(反应)”模型，构建体面劳动感知对组织公民行为影响的理论模型，并探讨各变量之间的相互关系。

社会交换理论指出，在社会交换关系中，一方的行动取决于另一方的行为。交换过程遵循着互惠的原则，即当一方对另一方提供帮助、给予好处时，另一方会用回报性的行动来反馈。因此，当员工感受到在组织中的工作是体面的、有尊严的时候，意味着他获得了来自组织的经济与社会情感方面的资源，这势必会对其态度、行为产生积极的影响，促使其采取行动回报组织。

认知行为理论提出，刺激与反应之间并非直接的作用关系，中间一定存在中介因素。虽然这种因素我们无法直接观察，但却可以通过行为产生的前因后果推断而来（B. R. 赫根汗，2004）。因此，在分析人的行为时，我们要注意个体的内部因素在行为中的作用。如在某种刺激下，会引发个体产生相应的行为，可是这种影响必须经过有机体自身的感知、领悟、推理等一系列认知过程的中介作用。基于此，“S(刺激)—C(认知)—R(反应)”模型被提出，强调在环境因素影响人行为的过程中，人的认知要素（生理与心理的状态）起着重要的中介作用。因此，当员工感知到他在组织中的工作是体面劳动时，势必会先影响其心理状态和认知，进而影响其行为。

当员工感受到在组织中的工作是体面的、有尊严的（体面劳动感知）时候，他们会感觉自身价值得到了认可并对组织产生强烈的认同感与归属感，进而评价判断自己是否是组织的主人翁，即组织是否是“我们的”（心理所有权）。员工有了这种认知之后，就会对其行为产生影响，也就是本书中的组织公民行为。

Pierce et al.（2004）提出，在心理所有权的形成过程中，情境因素具有重要影响。而在我国，员工同其主管的关系是影响员工工作情景的关键因素（郑伯埙，1999）。因此，在员工感知到体面劳动并进而形成心理所有权的过程中，员工同其主管之间的关系很有可能会影响体面劳动感知对心理所有权的影响程度，即主管支持感很可能会对员工体面劳动感知与其心理所有权之间的关系起到调节作用。

基于此，本书建构了体面劳动感知对组织公民行为的影响机制模型，推断在员工感知到体面劳动时，其心理及行为路径。企业一线员工体面劳动感知对组织公民行为影响机制的理论模型如图 7.1 所示。

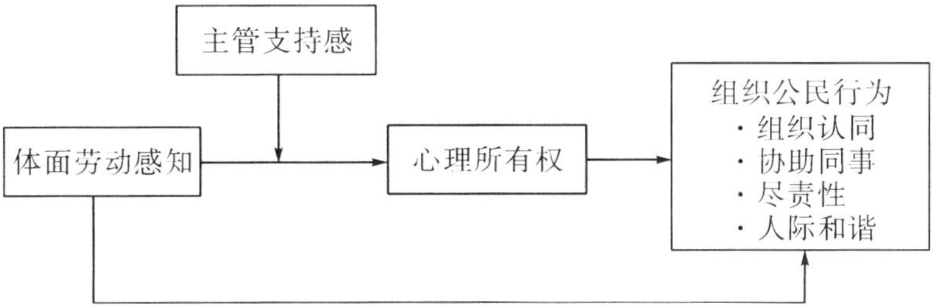

图 7.1　企业一线员工体面劳动感知对组织公民行为影响机制的理论模型

本模型主要探讨如下关系：①体面劳动感知对组织公民行为的影响；②心理所有权在两者之间的中介作用机制；③主管支持感对体面劳动感知与心理所有权之间关系的调节作用。

体面劳动感知：我们采用本书建构的体面劳动定义，即员工通过自身的需求机制以及通过参照物选择和社会历史、文化等因素影响对自身工作的一种感知，包含工作中的权利、就业平等、社会保障以及社会对话等。具体而言，涵盖了以下几个方面：员工对自己的职业能够自主选择；员工对其基本权利和人格尊严能够充分享受；员工感受到其自身价值得到认可；员工在劳动过程中能够享受到快乐；员工对所从事工作的安全性有充分信心。

组织公民行为：通过前文对 OCB 概念的梳理，本书采用 Farh et al.（1997）的定义，认为组织公民行为是"个体自主地、非强制性地、促进组织高效运作的行为，它不为正式报酬体系明确或直接规定"。

心理所有权：本书拟采用 Van Dyne et al.（2004）提出的心理所有权定义，即"员工建立发展对目标物拥有感的一种心理体验现象，不仅有情感上的因素，还包括认知上的因素，它表示拥有和心系目标的感觉"。

主管支持感：本书拟采用 Kottke et al.（1988）对主管支持感的定义，即"员工感受到主管重视他们的贡献、关心他们的福利的程度"。

7.2 研究假设

7.2.1 体面劳动感知与组织公民行为的关系假设

通过前文对一线员工体面劳动感知的阐释可以看出，它涵盖了员工在组织中工作时得到的合理回报以及体验到的尊重、认可、公平、自主、支持、快乐、安全等。依据社会交换理论，当员工获得这些来自组织的经济与社会情感方面的资源时，个体与组织间的交换关系更加紧密，他们会努力做出更多的贡献以及增加组织公民行为来回报组织。

虽然在现阶段，通过理论或实证方式来探索体面劳动感知与组织公民行为之间联系的研究较少，但是已经有文献资料表明，组织公民行为会受到工作任务特征因素和个体特征因素的影响。员工是否产生组织公民行为会受到其在工作中决策权大小的影响，若提供给员工的工作角色拥有更多的自主性，这将使得员工做出更多的角色内与角色外行为。诸多学者的研究结果也证实了，在工作中自主性较多的员工要比那些自主性较少的员工更容易表现出组织公民行为（Slowik et al.，1999；Mueller et al.，2000；Morgeson et al.，2005）。曹慧和梁慧平（2010）研究证实，员工的组织公平感会对其组织公民行为产生促进作用，企业构建公正、公平的工作氛围和环境，有助于提高组织成员对组织公平的认知，从而激发员工的组织公民行为。Shore et al.（1993）通过实证分析，指出情感承诺、组织支持感能正向预测员工的组织公民行为；温燕飞（2013）通过实证研究发现，和谐双赢的劳动关系氛围有助于激发员工做出对组织有利的角色外行为；张红丽和胡成林（2015）的研究表明，组织支持感能够增加员工的心理资本，也能促进员工组织公民行为的产生，并且心理资本完全中介组织支持感与组织公民行为两者之间的关系。由于体面劳动涵盖了工作合理的经济回报、自主性、参与性、机会、公平、支持以及良好的劳动关系氛围等多个方面，不仅体现了工作任务内容，也体现了员工个体对组织环境的种种心理体验。因此，本书认为当一线员工感知到自己在组织中的工作是体面劳动时，他们会付出更多的组织公民行为来回报组织。基于以上分析，本书提出如下假设：

①$H1$，即体面劳动感知对组织公民行为具有正向影响。

②$H1a$，即体面劳动感知对组织认同有正向影响。

③$H1b$，即体面劳动感知对协助同事有正向影响。

④$H1c$，即体面劳动感知对尽责性有正向影响。

⑤$H1d$，即体面劳动感知对人际和谐有正向影响。

⑥$H1e$，即体面劳动感知对保护组织资源有正向影响。

7.2.2 体面劳动感知与心理所有权的关系假设

Pierce et al.（1991）研究表明，心理所有权之所以产生，是因为它能满足个体的如下需求：①效能感。当个体可以控制某一事物并且按自己的意愿去使用或改变时，其效能感就能得到满足。②自我认同。个体可以通过占有物与自我身份紧密联系的这种心理感知来界定自我、认知自我，并确保在一定时间跨度内保持不变。③“家”（空间感）。人的基本需要之一是有归属感，而所有权的心理感知恰能满足个体心理上对空间的需要，从而让个体感到安全和舒适。

Lin et al.（2003）指出在组织情境下，增强工作的自主性和提高决策参与度均有助于改善员工的控制感和效能感，进而促使员工产生较高的所有权知觉。体面劳动强调员工在组织工作中的自主性、参与度等，所以会有助于提高员工的效能感，增强其心理所有权。刘永明和李艳萍（2012）通过实证研究探讨了组织公正感对员工心理所有权的作用机理，研究结果证实了两者存在着显著的正相关关系。杨连杰（2013）通过对沈阳市餐饮行业的研究，证明了组织支持感三个维度与心理所有权之间存在显著的相关关系，即员工所感受到的工作支持感、价值认同感、利益关心感越强，其心理所有权也会更加强烈。体面劳动涵盖了工作的安全性和公平性，以及员工能从组织中获得所需的经济与社会情感上的支持，因而当员工感知到体面劳动时就自然会促进其组织心理所有权的形成。熊佳（2007）的实证研究证实，组织内部的沟通氛围、人际关系以及组织对个人的人性关怀都与组织心理所有权正相关。ZHU et al.（2010）的研究探讨了人际关系与心理所有权之间的关系，发现交往中形成的关系和工作中发展出的亲密关系也能产生心理所有权。体面劳动要求公司为内部成员创造积极向上的工作氛围，使他们能够得到尊重和关爱，因而这种和谐包容的氛围和关系也有助于增强员工对组织的心理所有权。综上所述，本书提出第二个假设：*H*2，即体面劳动感知对心理所有权有正向影响。

7.2.3 心理所有权与组织公民行为的关系假设

Pierce（2001）就曾提出组织公民行为是心理所有权的结果变量之一，员工对组织的心理所有权会激发出责任意识，包括为组织付出超过一般要求的时间和精力、爱护保护组织以及主动为组织承担一定的风险和为组织做出一定的牺牲。Van Dyne et al.（2004）指出，员工对组织的心理所有权较他们对组织的承诺和工作满意度而言，可以更好地对 OCB 进行预测。王沛和陈淑娟（2005）的研究指出，员工对组织的心理所有权对其态度以及工作行为具有积极的正向影响。吕福新和顾姗姗（2007）以浙江省部分企业的员工为样本，分析发现员工心理所有权与 OCB 具有正相关的关系。乔志华（2007）的研究认为，若员工的自我效能感、自我认同和归属感需求得到满足时，会激起他们的责任感，从而采取积极的行为来回报组织。Avey et al.（2009）指出，当个体感觉到自己是特定目标物的主人时，会通过对它的拥有感来反映，进而感觉自身有对目标物产生影响的责任，这就满足了自我的效能感。同时，他们也通过实证研究证实了对组织的心理所有权会催生出个体的组织公民行为。综上所述，心理所有权使得员工对所有权抱有更大的期望，同时也增强了他们对组织的责任感，自觉自愿地为组织投入更多。

基于以上分析，本书提出以下假设：

①*H*3，即心理所有权对组织公民行为有正向影响。

②*H*3*a*，即心理所有权对组织认同有正向影响。

③*H*3*b*，即心理所有权对协助同事有正向影响。

④*H*3*c*，即心理所有权对尽责性有正向影响。

⑤*H*3*d*，即心理所有权对人际和谐有正向影响。

⑥*H*3*e*，即心理所有权对保护组织资源有正向影响。

7.2.4 心理所有权中介效应的假设

托尔曼的认知行为理论指出，在分析人的行为时，要注意个体的内部因素在行为中的作用。也就是说，心理分析是认知人的行为的关键，认知状态是在人接收到外部刺激后产生情感和行为反应的桥梁。在环境因素影响人行为的过程中，人的认知要素（生理的和心理的状态）起着重要的中介作用。

Michael et al.（2006）通过对心理所有权和工作环境、公民行为关系的探讨，证实了心理所有权在工作环境结构和员工的反应之间发挥着中介效应。贾传秋（2012）在研究组织公平、心里所有权、组织公民行为三者之间的关系时，验证了心理所有权在组织公平与组织公民行为之间的中介机制。这些研究均表明，心理所有权极有可能用以解释外部环境刺激对组织公民行为的影响机理。

依据认知行为理论的“刺激—认知—反应”模型，体面劳动感知作为一种外部环境刺激，当员工感受到在组织中的工作是体面的、有尊严的时候，他们会感觉自身价值得到了认可，并对组织产生强烈的认同感与归属感，进而增强其组织主人翁的意识，认知到组织是“我们的”。在这种认知的作用下，最终为组织发展而承担更多角色之外的行为，即体面劳动感知对组织公民行为的内在影响很可能通过心理所有权来传递。

基于以上分析，本书提出如下假设：

①*H*4，即心理所有权在体面劳动感知与组织公民行为之间起中介作用。

②*H*4*a*，即心理所有权在体面劳动感知与组织认同之间起中介作用。

③*H*4*b*，即心理所有权在体面劳动感知与协助同事之间起中介作用。

④*H*4*c*，即心理所有权在体面劳动感知与尽责性之间起中介作用。

⑤*H*4*d*，即心理所有权在体面劳动感知与人际和谐之间起中介作用。

⑥*H*4*e*，即心理所有权在体面劳动感知与保护组织资源之间起中介作用。

7.2.5 主管支持感调节效应的假设

在日常管理实践中，组织相对于员工而言是一个较为抽象的概念，组织推行的理念和政策等主要是通过员工的主管来体现。对员工来说，主管是组织的代理人，员工会把主管如何对待自己视作组织支持的一个“指示器”（李锐等，2008），会将主管对自己的支持看作组织对自己的支持（Eisenberger et al.，2002）。因此，员工很可能将对主管的积极心理体验转移到组织，进而对组织产生相应的态度、认知和行为等。

Pierce et al.（2004）提出，在心理所有权的形成过程中，情境因素具有重要影响。而在华人组织中，员工同其主管的关系是影响员工工作情景的关键因素（郑伯埙，1999）。因此，员工同其主管之间的关系很有可能会影响员工对其工作情景的体验，进而影响心理所有权的形成过程。已有研究曾得出相似的结论：方园（2013）认为，领导成员关系对组织变革认知与心理所有权间的关系起到负向调节作用；姜薇薇（2014）经过实证检验，证明了领导成员交换在组织支持感与心理所有权之间起着调节作用，高质量的领导成员交换能强化两者之间的关系，而低质量的领导成员交换则对两者间的关系起到弱化的作用。

由上文分析可知，体面劳动感知会对员工的心理所有权产生正向的影响，但在这一过程中，员工同主管间关系这个重要的情境因素很可能影响体面劳动感知对心理所有权的影响程度。当员工感知到主管重视自己的贡献并且关心自己的福利时，他会将主管对自己的支持视为组织对自己的支持，从而同组织建立起更加紧密的情感联系。而情感联系越紧密，员工就越容易产生对组织的认同感和归属感，将其视作“家”（梁果 等，2014）。此外，若员工的主管支持感较高，表明员工的贡献受到了重视，其价值得到了认可，因而会促使员工自我效能感得到提升。综合上述分析可以推测，主管支持感会影响体面劳动感知对心理所有权的影响程度。当员工在组织中的工作是体面劳动时，员工感知到的主管支持越强，越会强化体面劳动感知对心理所有权的正向影响；反之，员工感知到主管支持感越弱，越会弱化体面劳动感知对心理所有权的正向影响。

基于以上分析，本书提出假设：*H*5，即主管支持感在体面劳动感知与心理所有权之间具有调节作用。

7.3 理论模型的形成及研究假设汇总

企业一线员工体面劳动感知对组织公民行为影响的研究概念模型见图 7.2。

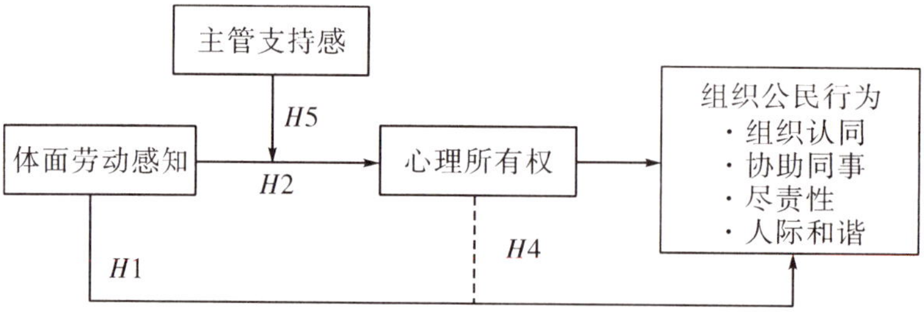

图 7.2 企业一线员工体面劳动感知对组织公民行为影响的研究概念模型

本书的研究假设汇总如表 7.1 所示。

表 7.1　研究假设汇总

序号	假设内容	假设类型
$H1$	体面劳动感知对组织公民行为有正向影响	探索性
$H1a$	体面劳动感知对组织认同有正向影响	探索性
$H1b$	体面劳动感知对协助同事有正向影响	探索性
$H1c$	体面劳动感知对尽责性有正向影响	探索性
$H1d$	体面劳动感知对人际和谐有正向影响	探索性
$H1e$	体面劳动感知对保护组织资源有正向影响	探索性
$H2$	体面劳动感知对心理所有权有正向影响	探索性
$H3$	心理所有权对组织公民行为有正向影响	验证性
$H3a$	心理所有权对组织认同有正向影响	验证性
$H3b$	心理所有权对协助同事有正向影响	验证性
$H3c$	心理所有权对尽责性有正向影响	验证性
$H3d$	心理所有权知对人际和谐有正向影响	验证性
$H3e$	心理所有权对保护组织资源有正向影响	验证性
$H4$	心理所有权在体面劳动感知与组织公民行为之间具有中介作用	探索性
$H4a$	心理所有权在体面劳动感知与组织认同之间具有中介作用	探索性
$H4b$	心理所有权在体面劳动感知与协助同事之间具有中介作用	探索性
$H4c$	心理所有权在体面劳动感知与尽责性之间具有中介作用	探索性
$H4d$	心理所有权在体面劳动感知与人际和谐之间具有中介作用	探索性
$H4e$	心理所有权在体面劳动感知与保护组织资源之间具有中介作用	探索性
$H5$	主管支持感在体面劳动感知与心理所有权之间具有调节作用	探索性

8 企业一线员工体面劳动感知对组织公民行为影响的数据分析和假设检验

为了更好地研究企业一线员工体面劳动感知对组织公民行为的影响，本章对回收数据进行了描述性统计分析，分析各变量间关系的作用机制，以此进行概念模型的主效应、中介效应、调节效应的检验，并针对检验结果进行讨论分析。为了测量体面劳动感知对组织公民行为的影响，以检验本书提出的理论假设，我们先发放并回收了100份问卷用于预调研，经过初步的项目分析以后，发现信度、效度都符合要求。接下来，我们又发放并回收问卷358份，有效问卷260份，有效率为72.63%，用以测量体面劳动感知对组织公民行为的影响。

8.1 研究方法与问卷设计

8.1.1 变量的操作性定义与测量

8.1.1.1 变量的操作性定义

通过综合分析和比较本书所涉及的变量概念，对各变量采取操作性定义（见表8.1）。

表8.1 变量的操作性定义

变量	操作性定义
体面劳动感知	员工通过自身的需求机制以及通过参照物选择和社会历史、文化等因素影响对自身工作的一种感知，其核心内容为工作中的权利、就业平等、社会保障以及社会对话。主要包括员工对自己职业能够自由选择；员工对其基本权利和人格尊严能够充分享受；员工感受到其自身价值得到认可；员工在劳动过程中能够享受到快乐；员工对所从事工作的安全性有充分信心

表8.1（续）

变量	操作性定义
心理所有权	员工建立发展对目标物拥有感的一种心理体验现象，不仅有情感上的因素，还包括认知上的因素，它表示拥有和心系目标的感觉（Van Dyne et al., 2004）
主管支持感	员工感受到主管重视他们的贡献、关心他们的福利的程度（Kottke et al., 1988）
组织公民行为	个体自主地、非强制性地促进组织高效运作的行为，它不是正式报酬体系明确或直接规定的行为。它包括协助同事、超出公司要求的守时和出勤，以及志愿承担一些计划外的责任（Farh et al., 1997） （1）组织认同：指员工尽力维护组织形象，参与组织会议与决策，为促进组织发展而提供意见建议等 （2）协助同事：指帮助新同事适应环境，协助同事完成任务和与同事交流等 （3）尽责性：指按时上班、认真工作、自觉遵守组织章程等 （4）人际和谐：指员工不会为了一己之利，破坏组织原有的和谐人际关系 （5）保护组织资源：指员工不会利用上班时间做私事和私用组织资源

8.1.1.2　测量工具的选择

（1）体面劳动感知

体面劳动感知的测量采用本书第4章开发的企业一线员工体面劳动量表，其中共有15个题目，包含尊重认可、共存包容、骄傲自信3个维度。我们采用Likert 5点量表进行计分，其中1为“完全不同意”，5为“完全同意”。体面劳动感知量表见表8.2。

表8.2　体面劳动感知量表

维度	操作变量	问题描述
尊重认可	A11	公司提供的工资或福利待遇对我有足够的吸引力
	A12	公司没有设定任何对一线员工的歧视政策
	A13	我在工作中能够得到大家的尊重和关爱
	A14	公司为员工提供了积极向上的工作氛围
	A15	一线员工是有职业安全感的
	A16	公司为我提供了足够多的参与机会（参与决策和项目）

表8.2(续)

维度	操作变量	问题描述
共存包容	*A*21	我的工作能够得到社会的普遍认可和尊重
	*A*22	我的工作能够得到家人的理解和支持
	*A*23	公司制定了偏向一线员工的政策
	*A*24	一线员工与领导的沟通渠道是畅通无阻的
	*A*25	一线员工能够顺利获得与工作相关的资源
骄傲自信	*A*31	在朋友面前提到我的工作时我感觉有面子
	*A*32	公司的地位、形象让我感到骄傲
	*A*33	一线员工在工作中内心感到充实快乐
	*A*34	目前的工作让我感觉到我自身价值的存在

（2）心理所有权

心理所有权的测量采用 Van Dyne 和 Pierce（2004）开发的心理所有权量表，共计 7 个题目。我们采用 Likert 5 点量表进行计分，其中 1 为“完全不同意”，5 为“完全同意”，其中对 *B*7 进行反向计分。心理所有权量表见表 8.3。

表 8.3　心理所有权量表

维度	操作变量	问题描述
心理所有权	*B*1	这是我的组织
	*B*2	我觉得这个组织是我们的组织
	*B*3	我深深觉得这个组织是我的
	*B*4	我觉得这是我的公司
	*B*5	这是我们的公司
	*B*6	大部分为这个组织工作的人感觉这是属于他们的公司
	*B*7	对我来说，很难让我认为这个组织是属于我的

资料来源：参考 Van et al.（2004）的研究所得。

（3）主管支持感

主管支持感的测量采用 Pearce et al.（1992）开发的量表，共计 7 个题目。我们采用 Likert 5 点量表进行计分，其中 1 为“完全不同意”，5 为“完全同意”。主管支持感量表见表 8.4。

表 8.4　主管支持感量表

维度	操作变量	问题描述
主管支持感	*C*1	我的直接上司愿意聆听我的问题和困难
	*C*2	我的直接上司很关心下属的内心感受
	*C*3	我可以依靠我的直接上司
	*C*4	我的直接上司比较友善
	*C*5	我的确感觉到我和我的直接上司在为同一个目标共同努力
	*C*6	我的直接上司平易近人
	*C*7	我的直接上司与其下属对彼此都有信心

资料来源：参考 Pearce et al.（2009）的研究所得。

（4）组织公民行为

组织公民行为的测量采用 Farh et al.（1997）在我国文化情景下开发的量表，共计 20 个题目，涵盖组织认同、协助同事、尽责性、人际和谐、保护组织资源 5 个维度。原量表是采用 Likert 7 点法计分，但为避免趋中现象，以及因问卷过于复杂导致被试无从下手，在本书中将原 Likert 7 点法计分改为 Likert 5 点法计分，其中 1 表示"完全不同意"，5 表示"完全同意"。其中，对人际和谐、保护公司资源两个分维度进行反向计分。组织公民行为量表见表 8.5。

表 8.5　组织公民行为量表

维度	操作变量	问题描述
组织认同	*D*11	我愿意站出来捍卫公司的声誉
	*D*12	我迫切地向公司以外的人宣扬公司的好消息，或澄清他们对公司的误会
	*D*13	我愿意提出能够改进公司运营的建设性建议
	*D*14	我积极参加公司的会议
协助同事	*D*21	我愿意协助新同事来适应工作环境
	*D*22	我愿意帮助新同事解决工作上的问题
	*D*23	必要时，我愿意为同事顶岗，帮他完成工作任务
	*D*24	我愿意与同事协调和交流
尽责性	*D*31	即使在无人监管、无人知晓的情况下，我依然遵守公司规则和流程
	*D*32	我工作认真，很少出错
	*D*33	我不介意承担新的或有挑战性的工作任务
	*D*34	为了提高工作水平，我努力自学
	*D*35	我经常上班很早，并且一到公司就立即开始工作

表8.5(续)

维度	操作变量	问题描述
人际和谐	*D*41	我用不正当的伎俩寻求个人影响和利益，同时对公司中的人际和谐造成不良影响
	*D*42	我以权谋私
	*D*43	我功劳自己拿，黑锅让别人背，费尽心机谋取私人利益
	*D*44	我经常在背地里说上级或同事的坏话
保护组织资源	*D*51	我在上班时间做自己的私事（如炒股、购物、理发等）
	*D*52	我把公司的资源私用（如电话、复印机、电脑、汽车等）
	*D*53	我把病假看作一项福利，并且找借口请病假

资料来源：参考 Farh et al.（1997）的研究所得。

8.1.1.3 控制变量

本书将人口统计特征如性别、婚姻状况、年龄、受教育程度、月均收入、现单位工作年限、是否与所在企业签订劳动合同、是否工会会员等纳入研究。

8.1.2 数据收集与有效性控制

本书通过调查问卷进行数据收集，采用国内外比较成熟的量表进行问卷设计。问卷设计主要遵循如下步骤：①对国外量表采用倒译的方法形成问卷的初步题项；对已翻译为中文的量表，则直接采用中文译本。②编制预测问卷。③发放预测问卷，对其进行初步调查。④分析回收的小样本，在此基础上对问卷进行修订，编制形成本书的正式问卷。

问卷调查对象为企业的一线员工，即工作在企业第一线，直接创造企业价值和社会财富的员工，主要包括：服务业中的销售人员、酒店行业的服务人员、民营医院的护理人员、金融企业的一线员工、IT 行业的程序员、建筑行业的建筑工人和制造业中处于一线的生产工人。问卷主要以纸质形式和电子形式进行发放。我们首先邀请工作在企业一线的家人、朋友、同学进行问卷填写，其次再请他们将问卷发放给其在企业一线工作的好友、同事和熟人。这种操作方式属于非随机抽样中的滚雪球抽样。

8.2 小样本预测试的数据分析

正式调研前，本书通过小样本预调研，发放并成功回收问卷 100 份，以对所使用量表的信度和效度进行初步检验。

8.2.1 信度检验

本书采用 Cronbach's α 系数检测问卷的信度，并结合 CITC 指标进行判断，以便决定对哪些量表条目予以保留、修正或剔除。Nunnally（1978）提出，当 Cronbach's α 系数高于 0.70 时，问卷的信度较高。De Vellis（1991）认为，Cronbach's α 系数为 0.65~0.70 是可接受最小值，而 0.70~0.80 则是相当好，0.80~0.90 是非常好。若量表的信度已经达到门槛值，并且在剔除任一题项后的 Cronbach's α 值不会发生较大改变，就无须剔除题项，因为题项剔除后可能会使量表的结构发生变化。

8.2.1.1 体面劳动感知量表的信度分析（见表 8.6）

表 8.6 体面劳动感知量表的信度分析（N=100）

名义变量	题项	CITC 值	删除该题项后的 Cronbach's α 值	Cronbach's α 值
尊重认可	$A11$	0.691	0.890	0.901
	$A12$	0.642	0.897	
	$A13$	0.783	0.877	
	$A14$	0.807	0.873	
	$A15$	0.759	0.880	
	$A16$	0.713	0.887	
共存包容	$A21$	0.665	0.875	0.886
	$A22$	0.724	0.861	
	$A23$	0.694	0.869	
	$A24$	0.767	0.852	
	$A25$	0.788	0.846	
骄傲自信	$A31$	0.676	0.874	0.882
	$A32$	0.761	0.843	
	$A33$	0.778	0.836	
	$A34$	0.769	0.840	

我们通过信度分析可看出体面劳动感知各维度（尊重认可、共存包容、骄傲自信）的 Cronbach's α 值分别为 0.901、0.886、0.882，均大于 0.80，说明内部一致性较高，并且 CITC 值均高于 0.50，因此保留原量表全部题项。

8.2.1.2 心理所有权量表的信度分析（见表8.7）

表8.7 心理所有权量表的信度分析（N=100）

名义变量	题项	CITC值	删除该题项后的Cronbach's α值	Cronbach's α值
心理所有权	$B1$	0.720	0.871	0.891
	$B2$	0.700	0.874	
	$B3$	0.782	0.863	
	$B4$	0.660	0.878	
	$B5$	0.634	0.881	
	$B6$	0.711	0.872	
	$B7$	0.607	0.884	

信度分析结果表明量表的Cronbach's α值为0.891，大于0.70，内部一致性水平较高，且各题项对应的CITC值均大于0.50，同时删除任何一项后的Cronbach's α值均未高于原0.891，因此题项予以保留。

8.2.1.3 主管支持感量表的信度分析（见表8.8）

表8.8 主管支持感量表的信度分析（N=100）

名义变量	题项	CITC值	删除该题项后的Cronbach's α值	Cronbach's α值
主管支持感	C1	0.821	0.935	0.944
	C2	0.838	0.934	
	C3	0.720	0.945	
	C4	0.839	0.934	
	C5	0.868	0.931	
	C6	0.779	0.939	
	C7	0.847	0.933	

信度分析结果表明主管支持感量表Cronbach's α为0.944，大于0.70，其内部一致性水平较高。所有题项的CITC值均大于0.50。除第三题外，在删除任意题项后的Cronbach's α值均未大于原0.944，并且删除第三题后的Cronbach's α值提升并不大，所以各题项予以保留。

8.2.1.4　组织公民行为量表的信度分析（见表8.9）

表8.9　组织公民行为量表的信度分析（$N=100$）

名义变量	题项	CITC值	删除该题项后的Cronbach's α值	Cronbach's α值
组织认同	*D*11	0.659	0.819	0.847
	*D*12	0.766	0.770	
	*D*13	0.681	0.809	
	*D*14	0.642	0.823	
协助同事	*D*21	0.811	0.902	0.922
	*D*22	0.885	0.877	
	*D*23	0.768	0.916	
	*D*24	0.819	0.900	
尽责性	*D*31	0.592	0.716	0.771
	*D*32	0.558	0.727	
	*D*33	0.492	0.752	
	*D*34	0.479	0.750	
	*D*35	0.625	0.700	
人际和谐	*D*41	0.511	0.816	0.824
	*D*42	0.803	0.711	
	*D*43	0.734	0.746	
	*D*41	0.623	0.789	
保护组织资源	*D*51	0.608	0.803	0.811
	*D*52	0.748	0.646	
	*D*53	0.643	0.765	

我们通过信度分析可看出组织公民行为各维度（组织认同、协助同事、尽责性、人际和谐、保护组织资源）的Cronbach's α值分别为0.847、0.922、0.771、0.824、0.811，均大于0.70，说明内部一致性较高。CITC值除去*D*33和*D*34外，均高于0.50，并且删除这两个题项后的Cronbach's α值并未升高，因此保留原量表全部题项。

8.2.2　效度检验

本书采用因子分析法来检验所使用量表的构想效度。首先，本书根据KMO值和Bartlett's球形检验的结果来判断是否适合做因子分析。Kaiser

（1960）指出，进行因子分析的前提是 KMO 值须高于 0.50，并且 Bartlett's 球形检验显著。其次，本书采用主成分分析法提取因子。根据吴明隆（2010）的观点，如果因子载荷量低于 0.32，那么因素载荷情况不理想，综合考虑因素载荷最好在 0.40 以上。Kaiser（1960）认为，若因子特征值高于 1，则进行保留。石金涛、王莉（2004）以及陈升（2005）认为，共同因素累计解释变异量大于 60%时，表明量表的构想效度较高；而吴明隆（2010）认为，共同因素累计解释变异量大于 50%，其分析结果也是可接受的。

8.2.2.1　体面劳动感知量表的效度分析

本书对体面劳动感知的 15 个题项进行探索性因子分析，其 KMO 值为 0.932，大于 0.50，同时 Bartlett's 检验 P 值为 0.000，表明适合做因子分析及主成分分析。体面劳动感知量表总的方差分解表（$N=100$）见表 8.10，体面劳动感知各操作变量因子载荷（$N=100$）见表 8.11。

表 8.10　体面劳动感知量表总的方差分解表（$N=100$）

成分	初始特征值			提取平方和载入			旋转平方和载入		
	特征值	方差的百分比	累积百分比	特征值	方差的百分比	累积百分比	特征值	方差的百分比	累积百分比
1	8.805	58.703	58.703	8.805	58.703	58.703	5.563	37.084	37.084
2	1.020	6.803	65.505	1.020	6.803	65.505	4.263	28.422	65.505

注：①特征值小于 1 的成分省略；②提取方法为主成分分析。

表 8.11　体面劳动感知各操作变量因子载荷（$N=100$）

操作变量	共同因子 1	共同因子 2
A23	0.832	
A15	0.775	
A16	0.727	
A22	0.708	
A24	0.690	
A25	0.676	
A13	0.662	
A14	0.621	
A11	0.601	
A21	0.559	
A12	0.516	

表8.11(续)

操作变量	共同因子 1	共同因子 2
*A*31		0.858
*A*32		0.799
*A*34		0.740
*A*33		0.694

注：提取方法为主成分分析。

从表 8.10 可以看出，2 个共同因子共同解释了体面劳动感知 65%以上的方差，说明体面劳动感知有较高的构想效度。表 8.11 表明，旋转后因子载荷的结果与设想的因子结构有一定的差异。*A*11～*A*16 设想的是归入尊重认可，*A*21～*A*25 设想的是归入共存包容，但结果显示两组题项合并成为一个共同因子后，出现了一定的偏误，这可能与样本抽取与被调查者的理解有关。

8.2.2.2　心理所有权量表的效度分析

本书对心理所有权的 7 个题项做探索性因子分析，其 KMO 值为 0.816，Bartlett's 检验 *P* 值为 0.000，表明适合做因子分析及主成分分析。心理所有权量表的总方差分解（$N=100$）见表 8.12，心理所有权各操作变量因子载荷（$N=100$）见表 8.13。

表 8.12　心理所有权量表的总方差分解（$N=100$）

成分	初始特征值			提取平方和载入		
	特征值	方差的百分比	累积百分比	特征值	方差的百分比	累积百分比
1	4.247	60.677	60.677	4.247	60.677	60.677

注：①特征值小于 1 的成分省略；②提取方法为主成分分析。

表 8.13　心理所有权各操作变量因子载荷（$N=100$）

操作变量	共同因子
*B*1	0.852
*B*2	0.808
*B*3	0.796
*B*4	0.789
*B*5	0.754
*B*6	0.738
*B*7	0.709

注：提取方法为主成分分析。

从表 8.12 可以看出，1 个共同因子共同解释了心理所有权 60%以上的方差，与原设想一致；并且各个题项的载荷在 0.70~0.90，表明该量表的效度较好，题项较为合理，故保留各题项。

8.2.2.3 主管支持感量表的效度分析

本书对主管支持感的 7 个题项做探索性因子分析，其 KMO 值为 0.919，Bartlett's 检验 P 值为 0.000，表明适合做因子分析及主成分分析。主管支持感量表的总方差分解（$N=100$）见表 8.14，主管支持感各操作变量因子载荷（$N=100$）见表 8.15。

表 8.14 主管支持感量表的总方差分解（$N=100$）

成分	初始特征值			提取平方和载入		
	特征值	方差的百分比	累积百分比	特征值	方差的百分比	累积百分比
1	5.275	75.361	75.361	5.275	75.361	75.361

注：①特征值小于 1 的成分省略；②提取方法为主成分分析。

表 8.15 主管支持感各操作变量因子载荷（$N=100$）

操作变量	共同因子
*C*5	0.907
*C*7	0.893
*C*4	0.886
*C*2	0.884
*C*1	0.871
*C*6	0.841
*C*3	0.789

注：提取方法为主成分分析。

从表 8.14 可以看出，1 个共同因子共同解释了主管支持感 75%以上的方差，与原设想一致，并且各个题项的载荷均高于 0.70，表明该量表的效度较好，题项设置为合理，故保留各题项。

8.2.2.4 组织公民行为量表的效度分析

本书对组织公民行为的 20 个题项做探索性因子分析，其 KMO 值为 0.860，Bartlett's 检验 P 值为 0.000，表明适合做因子分析及主成分分析。组织公民行为量表总方差分解（$N=100$）见表 8.16，组织公民行为各操作变量因子载荷（$N=100$）见表 8.17。

表 8.16　组织公民行为量表总方差分解（$N=100$）

成分	初始特征值			提取平方和载入			旋转平方和载入		
	特征值	方差的百分比	累积百分比	特征值	方差的百分比	累积百分比	特征值	方差的百分比	累积百分比
1	7.473	37.364	37.364	7.473	37.364	37.364	3.710	18.552	18.552
2	3.006	15.028	52.391	3.006	15.028	52.391	2.970	14.852	33.404
3	1.362	6.809	59.201	1.362	6.809	59.201	2.921	14.607	48.012
4	1.218	6.091	65.292	1.218	6.091	65.292	2.346	11.729	59.740
5	1.126	5.632	70.924	1.126	5.632	70.924	2.237	11.183	70.924

注：①特征值小于 1 的成分省略；②提取方法为主成分分析。

表 8.17　组织公民行为各操作变量因子载荷（$N=100$）

操作变量	共同因子 1	共同因子 2	共同因子 3	共同因子 4	共同因子 5
*D*22	0.850				
*D*23	0.832				
*D*21	0.810				
*D*24	0.807				
*D*52		0.881			
*D*51		0.799			
*D*53		0.785			
*D*14			0.818		
*D*11			0.708		
*D*13			0.700		
*D*12			0.670		
*D*41				0.844	
*D*42				0.735	
*D*43				0.699	
*D*44				0.546	
*D*32					0.844
*D*35					0.582
*D*31					0.577
*D*34					0.568
*D*33					0.516

注：提取方法为主成分分析。

由表 8. 16 与表 8. 17 可知，第一个成分解释了总体的 18. 552%，在题项 *D*21 ~ *D*24 有较大的载荷，主要描述了“协助同事”；第二个成分解释了总体的 14. 852%，在题项 *D*51 ~ *D*53 有较大的载荷，主要描述了“保护组织资源”；第三个成分解释了总体的 14. 607%，在题项 *D*11 ~ *D*14 有较大的载荷，主要描述了“组织认同”；第四个成分解释了总体的 11. 729%，在题项 *D*41 ~ *D*44 有较大的载荷，主要描述了“人际和谐”；第五个成分解释了总体的 11. 183%，在题项 *D*31 ~ *D*35 有较大的载荷，主要描述了“尽责性”。5 个共同因子共同解释了组织公民行为 70%以上的方差，效度水平理想。

8. 3　大样本正式测试的数据收集与处理

8. 3. 1　样本情况

本书总共发放并成功回收 358 份调查问卷，对收回的问卷进行筛选，除去具有明显逻辑错误或是任意填写的问卷后，有效问卷共计 260 份，有效率为 72. 63%。正式调研问卷样本结构（N = 260）如表 8. 18 所示。

表 8. 18　正式调研问卷样本结构（N = 260）

名称	编码	类别	样本数量/个	占比/%
性别	1	男	113	43. 5
	2	女	147	56. 5
婚姻状况	1	未婚	112	43. 1
	2	已婚	148	56. 9
年龄	1	20 周岁以下	4	1. 5
	2	20 ~ 25 周岁	70	26. 9
	3	26 ~ 30 周岁	80	30. 8
	4	31 ~ 35 周岁	41	15. 8
	5	36 ~ 40 周岁	15	5. 8
	6	41 ~ 45 周岁	21	8. 1
	7	46 周岁及以上	29	11. 1
受教育程度	1	高中及以下	43	16. 5
	2	大专	75	28. 8
	3	本科	120	46. 2
	4	硕士及以上	22	8. 5

表8.18(续)

名称	编码	类别	样本数量/个	占比/%
月均收入	1	2 000元以下	10	3.8
	2	2 000~3 000元	51	19.6
	3	3 001~4 000元	58	22.3
	4	4 001~5 000元	38	14.6
	5	5 000元以上	103	39.7
现单位工作年限	1	1年以下	26	10.0
	2	1~3年	79	30.4
	3	4~6年	53	20.4
	4	6年以上	102	39.2
是否与所在企业签订劳动合同	1	签订书面劳动合同	214	82.3
	2	仅口头合同	16	6.2
	3	两项都没有	30	11.5
是否工会会员	1	是	86	33.1
	2	否	174	66.9

由表8.18可以看到：①从被试性别来看，男女样本基本平衡，女性样本数量略多于男性；②从婚姻状况来看，未婚人数约占总样本的43.1%；③从年龄层次来看，各行业的一线员工主要集中在20~45周岁，以青年和中年为主；④从受教育程度来看，以大专及本科为主，占总人数的70%以上，硕士及以上也有8.5%；⑤从月均收入来看，主要集中在2 000~5 000元；⑥就现单位工作年限而言，被试大部分工作年限在1~6年，占总人数的50.8%；⑦从是否与所在企业签订劳动合同来看，签订书面劳动的员工占82.3%，仅与企业有口头合同的员工占6.2%，两项都没有的员工占11.5%；⑧从是否工会会员来看，66.9%的员工都不是工会会员。

8.3.2 信度和效度检验

从表8.19的结果可以看出，正式量表中各个变量的Cronbach's α值均高于0.70：体面劳动感知各维度的Cronbach's α值分别为0.847、0.851和0.861；心理所有权量表为0.884；主管支持感量表为0.943；组织公民行为量表各维度Cronbach's α值分别为0.877、0.901、0.792、0.833和0.841。因此，本书所选量表的信度水平较为理想。各量表的KMO值分别为0.927、0.863、0.922和0.900，全部大于0.50，所以适合运用因子分析法。因子分析的结果显示，本书所采用量表的各题项因子载荷均高于0.40，对总体的解释率累计分别为64.563%、59.352%、75.355%和71.317%，均高于50%，因而判断所选量表内部一致性较高，具有较高的效度。正式量表的信度和效度结果表（$N=260$）见表 8.19。

表 8.19　正式量表的信度和效度结果表（$N=260$）

变量	维度	题项	因子载荷	Cronbach's α 值	KMO 值	被解释的方差/%
体面劳动	尊重认可	A11	0.700	0.847	0.927	64.563
		A12	0.811			
		A13	0.499			
		A14	0.509			
		A15	0.617			
		A16	0.484			
	共存包容	A21	0.475	0.851		
		A22	0.564			
		A23	0.768			
		A24	0.815			
		A25	0.781			
	骄傲自信	A31	0.806	0.861		
		A32	0.805			
		A33	0.654			
		A34	0.687			
心理所有权		B1	0.824	0.884	0.863	59.352
		B2	0.813			
		B3	0.820			
		B4	0.789			
		B5	0.792			
		B6	0.710			
		B7	0.624			
主管支持感		C1	0.855	0.943	0.922	75.355
		C2	0.873			
		C3	0.734			
		C4	0.903			
		C5	0.892			
		C6	0.891			
		C7	0.914			

表8.19(续)

变量	维度	题项	因子载荷	Cronbach's α值	KMO值	被解释的方差/%
组织公民行为	组织认同	*D*11	0.765	0.877	0.900	71.317
		*D*12	0.789			
		*D*13	0.758			
		*D*14	0.729			
	协助同事	*D*21	0.771	0.901		
		*D*22	0.843			
		*D*23	0.739			
		*D*24	0.738			
	尽责性	*D*31	0.567	0.792		
		*D*32	0.781			
		*D*33	0.623			
		*D*34	0.658			
		*D*35	0.663			
	人际和谐	*D*41	0.814	0.833		
		*D*42	0.762			
		*D*43	0.728			
		*D*44	0.601			
	保护组织资源	*D*51	0.836	0.841		
		*D*52	0.816			
		*D*53	0.785			

8.4 描述性统计与相关性分析

8.4.1 变量的描述性统计

通过表8.20的汇总结果可以看出，在9个预测变量之中，心理所有权的平均得分最低，为3.450，人际和谐的平均得分最高，为4.436。调查对象对所有变量的评分均值大致处于3.4~4.2分，说明他们的评价和感知处在一般到较高之间。各变量的描述性统计表（$N=260$）见表8.20。

表 8.20　各变量的描述性统计表（$N=260$）

变量	均值	标准差	偏度	峰度
体面劳动感知	3.462	0.767 52	-0.363	-0.313
心理所有权	3.450	0.880 95	-0.317	-0.421
主管支持感	3.622	0.987 22	-0.656	-0.119
组织公民行为	4.152	0.554 04	-0.698	-0.167
组织认同	3.769	0.850 63	-0.583	0.197
协助同事	4.230	0.740 66	-1.012	0.550
尽责性	4.052	0.633 16	-0.421	-0.355
人际和谐	4.436	0.743 66	-1.504	1.856
保护组织资源	4.346	0.736 45	-1.218	1.354

8.4.2　变量的相关性分析

通过相关性分析，我们可以检验变量两两之间关系的强弱水平，而 Pearson 系数通常被用作判断的依据。当 Pearson 系数高于 0.70 时，判断变量与变量之间呈强相关关系；当 Pearson 系数在 0.40~0.70 时，判断变量与变量之间呈中等程度的相关关系；而当 Pearson 系数小于 0.40 时，判断变量与变量之间呈弱相关关系。相关系数矩阵（$N=260$）见表 8.21。

表 8.21　相关系数矩阵（$N=260$）

变量	体面劳动感知	心理所有权	主管支持感	组织公民行为	组织认同	协助同事	尽责性	人际和谐	保护组织资源
体面劳动感知	1.000								
心理所有权	0.585**	1.000							
主管支持感	0.647**	0.594**	1.000						
组织公民行为	0.529**	0.589**	0.531**	1.000					
组织认同	0.549**	0.620**	0.511**	0.804**	1.000				
协助同事	0.369**	0.429**	0.442**	0.810**	0.641**	1.000			
尽责性	0.406**	0.533**	0.460**	0.782**	0.590**	0.598**	1.000		
人际和谐	0.288**	0.280**	0.290**	0.698**	0.347**	0.425**	0.331**	1.000	
保护组织资源	0.341**	0.285**	0.233**	0.630**	0.322**	0.305**	0.334**	0.575**	1.000

注：** 表示在 0.01 水平（双侧）上显著相关；* 表示在 0.05 水平（双侧）上显著相关。

由表 8.21 可以看出，体面劳动感知与心理所有权、组织公民行为呈正相关关系，Pearson 系数分别为 0.585 与 0.529，均大于 0.40；体面劳动感知与组织公民行为的各维度均正相关，Pearson 系数均为 0.29~0.55；心理所有权与组织公民行为及其各维度之间呈正相关关系，Pearson 系数均为 0.28~0.62；主管支持感与保护组织资源之间的相关性系数最低（0.233），以上基本符合预期设想。

8.5 人口统计特征的方差分析

本书选取的人口统计特征变量包括：性别、婚姻状况、年龄、受教育程度、月均收入、现单位工作年限、是否与所在企业签订劳动合同、是否工会会员。其中，性别、婚姻状况和是否工会会员的组别均为两组，采用独立样本 *T* 检验的方法进行检验；剩余的变量组别均大于三组（含三组），运用单因素方差分析法进行分析。

8.5.1 性别的独立样本 *T* 检验

本书采用独立样本 *T* 检验来对性别变量进行检测，用以判断不同性别的调查对象对调查的某类变量的感知是否存在差别。在本书的有效样本中，男性 113 人，女性 147 人，其抽样数据相互独立，符合独立样本 *T* 检验的检验条件。性别独立样本 *T* 检验结果如表 8.22 所示。

表 8.22 性别独立样本 *T* 检验结果

变量		方差方程的 Levene 检验		均值方程的 *T* 检验						
		F	Sig.	*T*	df	Sig.（双侧）	均值差值	标准误差值	差分的 95% 置信区间	
									下限	上限
体面劳动感知	假设方差相等	2.334	0.128	-1.063	258.000	0.289	-0.102 03	0.096 00	-0.291 07	0.087 01
	假设方差不相等			-1.081	253.273	0.281	-0.102 03	0.094 41	-0.287 96	0.083 90
心理所有权	假设方差相等	0.065	0.800	-0.076	258.000	0.939	-0.008 39	0.110 43	-0.225 84	0.209 06
	假设方差不相等			-0.076	236.840	0.940	-0.008 39	0.110 93	-0.226 92	0.210 14
主管支持感	假设方差相等	0.113	0.737	0.364	258.000	0.716	0.045 07	0.123 72	-0.198 55	0.288 70
	假设方差不相等			0.365	242.425	0.716	0.045 07	0.123 53	-0.198 26	0.288 40
组织公民行为	假设方差相等	3.367	0.068	-1.242	258.000	0.215	-0.086 02	0.069 24	-0.222 37	0.050 33
	假设方差不相等			-1.269	255.501	0.205	-0.086 02	0.067 77	-0.219 48	0.047 44
组织认同	假设方差相等	0.633	0.427	-0.945	258.000	0.346	-0.100 54	0.106 44	-0.310 14	0.109 07
	假设方差不相等			-0.946	242.103	0.345	-0.100 54	0.106 32	-0.309 97	0.108 90

表8.22(续)

变量		方差方程的 Levene 检验		均值方程的 T 检验						
		F	Sig.	T	df	Sig.(双侧)	均值差值	标准误差值	差分的 95% 置信区间	
									下限	上限
协助同事	假设方差相等	4.487	0.035	-0.796	258.000	0.427	-0.073 85	0.092 73	-0.256 45	0.108 75
	假设方差不相等			-0.819	257.329	0.414	-0.073 85	0.090 21	-0.251 50	0.103 79
尽责性	假设方差相等	5.036	0.026	-0.597	258.000	0.551	-0.047 33	0.079 31	-0.203 51	0.108 85
	假设方差不相等			-0.609	255.006	0.543	-0.047 33	0.077 72	-0.200 38	0.105 72
人际和谐	假设方差相等	0.176	0.675	-1.301	258.000	0.195	-0.120 84	0.092 91	-0.303 81	0.062 13
	假设方差不相等			-1.308	245.733	0.192	-0.120 84	0.092 41	-0.302 85	0.061 18
保护组织资源	假设方差相等	2.593	0.109	-1.096	258.000	0.274	-0.100 95	0.092 10	-0.282 32	0.080 41
	假设方差不相等			-1.076	221.592	0.283	-0.100 95	0.093 86	-0.285 93	0.084 03

由表8.22可看出，除协助同事和尽责性外，所有变量 F 统计量的 p 值均大于0.05，协助同事维度“假设方差不相等”一行的 T 检验值为0.414（大于0.05），尽责性维度“假设方差不相等”一行的 T 检验值为0.543（大于0.05），说明男性与女性对体面劳动感知、心理所有权、主管支持感、组织公民行为及其各维度无明显的感知差异。

8.5.2 婚姻状况的独立样本 *T* 检验

本书采用独立样本 T 检验来对婚姻状况变量进行检测，用以判断不同婚姻状况的被试对调查的某类变量的感知是否存在差别。在本书的有效样本中，已婚148人，未婚112人，其抽样数据相互独立，符合独立样本 T 检验的检验条件。婚姻状况独立样本 T 检验结果如表8.23所示。

表8.23 婚姻状况独立样本 T 检验结果

变量		方差方程的 Levene 检验		均值方程的 T 检验						
		F	Sig.	T	df	Sig.(双侧)	均值差值	标准误差值	差分的 95% 置信区间	
									下限	上限
体面劳动感知	假设方差相等	0.001	0.970	-2.194	258.000	0.029	-0.209 33	0.095 43	-0.397 25	-0.021 42
	假设方差不相等			-2.190	237.655	0.029	-0.209 33	0.095 58	-0.397 64	-0.021 03
心理所有权	假设方差相等	0.000	0.985	-3.527	258.000	0.000	-0.380 77	0.107 97	-0.593 39	-0.168 15
	假设方差不相等			-3.528	239.537	0.001	-0.380 77	0.107 93	-0.593 38	-0.168 17
主管支持感	假设方差相等	0.069	0.794	-0.715	258.000	0.475	-0.088 44	0.123 76	-0.332 14	0.155 26
	假设方差不相等			-0.711	233.871	0.478	-0.088 44	0.124 47	-0.333 66	0.156 78

表8.23(续)

变量		方差方程的 Levene 检验		均值方程的 *T* 检验						
		F	Sig.	*T*	df	Sig.(双侧)	均值差值	标准误差值	差分的 95% 置信区间	
									下限	上限
组织公民行为	假设方差相等	0.827	0.364	-3.065	258.000	0.002	-0.209 30	0.068 29	-0.343 78	-0.074 83
	假设方差不相等			-3.039	231.111	0.003	-0.209 30	0.068 88	-0.345 01	-0.073 60
组织认同	假设方差相等	1.038	0.309	-2.098	258.000	0.037	-0.222 01	0.105 84	-0.430 43	-0.013 59
	假设方差不相等			-2.062	222.122	0.040	-0.222 01	0.107 69	-0.434 23	-0.009 79
协助同事	假设方差相等	2.753	0.098	-2.474	258.000	0.014	-0.227 26	0.091 86	-0.408 14	-0.046 37
	假设方差不相等			-2.405	210.278	0.017	-0.227 26	0.094 49	-0.413 52	-0.040 99
尽责性	假设方差相等	1.537	0.216	-3.258	258.000	0.001	-0.253 67	0.077 87	-0.407 00	-0.100 34
	假设方差不相等			-3.218	227.360	0.001	-0.253 67	0.078 83	-0.408 99	-0.098 34
人际和谐	假设方差相等	0.933	0.335	-1.568	258.000	0.118	-0.145 63	0.092 88	-0.328 52	0.037 26
	假设方差不相等			-1.615	256.947	0.108	-0.145 63	0.090 17	-0.323 20	0.031 94
保护组织资源	假设方差相等	0.273	0.602	-1.957	258.000	0.051	-0.179 50	0.091 73	-0.360 14	0.001 15
	假设方差不相等			-1.942	231.918	0.053	-0.179 50	0.092 45	-0.361 64	0.002 64

由表 8.23 可看出，所有变量 *F* 统计量的 *p* 值均大于 0.05，说明已婚员工与未婚员工对体面劳动感知、心理所有权、主管支持感、组织公民行为及其各维度的感知无明显的差异。

由表 8.24 可看出，所有变量 *F* 统计量的 *p* 值均大于 0.05，说明员工是否工会会员对体面劳动感知、心理所有权、主管支持感、组织公民行为及其各维度的感知无明显的差异。是否工会会员独立样本 *T* 检验结果见表 8.24。

表 8.24　是否工会会员独立样本 *T* 检验结果

变量		方差方程的 Levene 检验		均值方程的 *T* 检验						
		F	Sig.	*T*	df	Sig.(双侧)	均值差值	标准误差值	差分的 95% 置信区间	
									下限	上限
体面劳动感知	假设方差相等	1.101	0.295	-1.610	258.000	0.109	-0.162 37	0.100 86	-0.360 98	0.036 25
	假设方差不相等			-1.554	154.616	0.122	-0.162 37	0.104 50	-0.368 80	0.044 06
心理所有权	假设方差相等	0.536	0.465	0.257	258.000	0.797	0.029 89	0.116 33	-0.199 19	0.258 97
	假设方差不相等			0.252	160.917	0.801	0.029 89	0.118 66	-0.204 44	0.264 22
主管支持感	假设方差相等	2.197	0.140	-0.827	258.000	0.409	-0.107 64	0.130 21	-0.364 05	0.148 76
	假设方差不相等			-0.783	147.494	0.435	-0.107 64	0.137 48	-0.379 32	0.164 03
组织公民行为	假设方差相等	0.632	0.427	0.107	258.000	0.915	0.007 84	0.073 17	-0.136 25	0.151 92
	假设方差不相等			0.103	154.689	0.918	0.007 84	0.075 79	-0.141 89	0.157 56

表8.24（续）

变量		方差方程的Levene检验		均值方程的 *T* 检验						
		F	Sig.	*T*	df	Sig.（双侧）	均值差值	标准误差值	差分的95%置信区间	
									下限	上限
组织认同	假设方差相等	0.016	0.901	0.208	258.000	0.835	0.023 39	0.112 33	-0.197 82	0.244 59
	假设方差不相等			0.207	166.901	0.836	0.023 39	0.112 98	-0.199 67	0.246 45
协助同事	假设方差相等	0.932	0.335	0.175	258.000	0.861	0.017 14	0.097 81	-0.175 47	0.209 75
	假设方差不相等			0.175	169.144	0.861	0.017 14	0.097 88	-0.176 08	0.210 36
尽责性	假设方差相等	0.071	0.790	0.909	258.000	0.364	0.075 89	0.083 49	-0.088 51	0.240 29
	假设方差不相等			0.905	167.480	0.367	0.075 89	0.083 86	-0.089 67	0.241 45
人际和谐	假设方差相等	1.469	0.227	-0.081	258.000	0.935	-0.007 99	0.098 21	-0.201 39	0.185 42
	假设方差不相等			-0.079	159.316	0.937	-0.007 99	0.100 57	-0.206 60	0.190 63
保护组织资源	假设方差相等	0.839	0.361	-1.208	258.000	0.228	-0.117 15	0.096 99	-0.308 14	0.073 84
	假设方差不相等			-1.201	166.843	0.232	-0.117 15	0.097 56	-0.309 77	0.075 47

8.5.3 年龄、受教育程度、月均收入、现单位工作年限等单因素方差分析

根据表8.25的单因素方差分析结果显示，各变量在年龄、受教育程度、月均收入以及现单位工作年限中存在差异。本书依据方差齐性检验和方差显著性检验的结果，再选择Tamhane或LSD多重比较法两两比较各个组别。本书中单因素方差分析的结果汇总见表8.25。

表8.25 本书中单因素方差分析的结果汇总

变量	年龄	受教育程度	月均收入	现单位工作年限	是否与所在企业签订劳动合同
体面劳动感知	0.232		0.001	0.580	0.055
心理所有权	0.036	0.267	0.699	0.468	0.138
主管支持感	0.006	0.973	0.298	0.482	0.519
组织公民行为	0.057	0.589		0.272	0.742
组织认同	0.180	0.719		0.319	0.103
协助同事	0.136	0.507	0.019	0.913	0.980
尽责性	0.016	0.212		0.003	0.548
人际和谐			0.057	0.626	
保护组织资源		0.875		0.383	0.894

注：方差齐性检验的显著性水平是0.05。

（1）在年龄分布上，方差齐性检验的结果显示，除人际和谐与保护组织资源外的各变量，方差齐性检验 P 值均大于 0.05。随后，本书对人际和谐和保护组织资源两个变量采用 Tamhane 比较法，结果显示不存在显著差异。而方差显著性检验的结果表明，心理所有权、主管支持感、尽责性的 P 值均小于 0.05，表示不同年龄的一线员工在这几个变量的感知上存在显著差异。接下来，本书通过 LSD 多重比较法进行分析，结果表明：21~25 周岁、26~30 周岁和 46 周岁及以上组别员工的心理所有权感知均显著小于 41~45 周岁的员工，26~30 周岁和 46 周岁及以上组别员工的心理所有权感知均显著低于 36~40 周岁的员工；在主管支持感上，46 周岁及以上的员工显著小于其他年龄阶段的员工；在尽责性方面，21~25 周岁的员工明显低于 31~35 周岁、41~45 周岁和 46 周岁及以上的员工，26~30 周岁的员工明显低于 31~35 周岁和 41~45 周岁的员工。

（2）在受教育程度上，体面劳动感知与人际和谐的方差齐性检验 P 值均小于 0.05，表明不具有方差齐性。随后，本书又对体面劳动感知和人际和谐两个变量采用 Tamhane 比较法，结果显示不存在显著差异。而方差显著性检验的结果表明在这个控制变量上剩余变量均无显著差异，因而不再一一列出。

（3）在月均收入上，组织公民行为、组织认同、尽责性和保护组织资源的方差齐性检验 P 值均小于 0.05，表明不具有方差齐性。本书又对这 4 个变量采用 Tamhane 比较法，结果显示不存在显著差异。方差显著性检验的结果表明，只有体面劳动感知和协助同事的 P 值小于 0.05，即月均收入的高低会显著影响到一线员工的体面劳动感知以及他们协助同事的程度。接下来，本书进一步通过 LSD 多重比较法分析，结果表明：月均收入 2 000~3 000 元的一线员工，其体面劳动感知显著低于其他所有组别的员工；月均收入 2 000~3 000 元的一线员工，其协助同事的程度显著低于月均收入 3 001~4 000 元和 4 001~5 000 元的员工。

（4）在现单位工作年限分布上，所有变量均具有方差齐性。而方差显著性检验的结果表明，尽责性的 P 值小于 0.05，表示不同工作年限的一线员工在这个变量的感知上存在显著差异。接下来，本书进一步通过 LSD 多重比较法分析，结果表明：就尽责性而言，工作 1~3 年的员工显著低于工作 4~6 年和 7 年及以上的员工。

（5）另外，本书对是否与所在企业签订劳动合同进行检验，结果显示只有人际和谐的方差齐性检验 P 值小于 0.05，表明不具有方差齐性。随后，本书又对这个变量采用 Tamhane 比较法，结果显示不存在显著差异。而其余各变量在这个控制变量上均无显著差异，因而不再一一列出。

综上所述，年龄、月均收入和现单位工作年限是对本书的研究变量具有显著影响的人口统计变量。因此，本书将年龄、月均收入、现单位工作年限作为主要的控制变量引入后续的回归分析之中。

8.6 假设检验

8.6.1 体面劳动感知对组织公民行为影响的主效应检验

本书采用 Enter 回归法进行操作，选取相应的因变量，首先放入年龄、月均收入和现单位工作年限这 3 个控制变量，其次放入体面劳动感知作为自变量进行回归。体面劳动感知与组织公民行为的回归分析结果如表 8.26 所示。

表 8.26 体面劳动感知与组织公民行为的回归分析结果

模型	Beta	T	P 值	Beta	T	P 值
年龄	-0.028	-0.321	0.748	-0.021	-0.282	0.778
月均收入	0.010	0.151	0.880	-0.073	-1.320	0.188
现单位工作年限	0.129	1.459	0.146	0.099	1.311	0.191
体面劳动感知				0.533***	9.950	0.000
F 值	1.133			25.927		
R^2	0.013			0.289		
R^2 adj	0.002			0.278		
ΔR^2 adj				0.276		

注：①预测变量（控制变量），即体面劳动感知；②因变量，即组织公民行为；③* 表示 $P<0.05$，** 表示 $P<0.01$，*** 表示 $P<0.001$。

由上述分析可以看出，放入体面劳动感知后，其对应的 P 值为 0.000<0.001，回归系数为 0.533，且调整后的模型对因变量的解释度提升了 27.6%，因而在本书中，体面劳动感知对组织公民行为的正向影响在 $P<0.001$ 的水平下显著（$F=25.927$，$P=0.000$，$\beta=0.533$）。因此，假设 1（体面劳动感知对组织公民行为具有正向影响）得到证实。

采用同样方法，本书对假设 1 的 5 个子假设进行检验。体面劳动感知与组织认同的回归分析结果见表 8.27。

表 8.27 体面劳动感知与组织认同的回归分析结果

模型	Beta	T	P 值	Beta	T	P 值
年龄	0.024	0.276	0.783	0.031	0.431	0.667
月均收入	0.017	0.258	0.796	−0.070	−1.278	0.202
现单位工作年限	0.051	0.575	0.566	0.019	0.260	0.795
体面劳动感知				0.557***	10.534	0.000
F 值	0.491			28.267		
R^2	0.006			0.307		
R^2 adj	−0.006			0.296		
ΔR^2 adj				0.302		

注：①预测变量（控制变量），即体面劳动感知；②因变量，即组织认同；③* 表示 $P<0.05$，** 表示 $P<0.01$，*** 表示 $P<0.001$。

由表 8.27 可以看出，加入体面劳动感知后，对应的 P 值为 $0.000<0.001$，回归系数为 0.557，调整后的模型对结果的解释度提升了 30.2%，所以体面劳动感知对组织认同的正向影响在 $P<0.001$ 的水平下显著（$F=28.267$，$P=0.000$，$\beta=0.557$）。因此，假设 $H1a$（体面劳动感知对组织认同有正向影响）被验证。体面劳动感知与协助同事的回归分析结果见表 8.28。

表 8.28 体面劳动感知与协助同事的回归分析结果

模型	Beta	T	P 值	Beta	T	P 值
年龄	−0.079	−0.911	0.363	−0.074	−0.919	0.359
月均收入	−0.025	−0.394	0.694	−0.084	−1.395	0.164
现单位工作年限	0.088	0.983	0.327	0.066	0.795	0.428
体面劳动感知				0.382***	6.491	0.000
F 值	0.376			10.862		
R^2	0.004			0.146		
R^2 adj	−0.007			0.132		
ΔR^2 adj				0.139		

注：①预测变量（控制变量），即体面劳动感知；②因变量，即协助同事；③* 表示 $P<0.05$，** 表示 $P<0.01$，*** 表示 $P<0.001$。

由表 8.28 可知，加入体面劳动感知后，所对应的 P 值为 $0.000<0.001$，回归系数为 0.382，调整后的模型对结果的解释度由原先的−0.7%提升至 13.2%，因而体面劳动感知对协助同事的正向影响在 $P<0.001$ 的水平下显著（$F=10.862$，$P=0.000$，$\beta=0.382$）。因此，假设 $H1b$（体面劳动感知对协助同事有正向影响）得到验证。体面劳动感知与尽责性的回归分析结果见表 8.29。

表 8.29 体面劳动感知与尽责性的回归分析结果

模型	Beta	T	P 值	Beta	T	P 值
年龄	0.114	1.328	0.185	0.119	1.525	0.128
月均收入	−0.050	−0.799	0.425	−0.114	−1.958	0.051
现单位工作年限	0.119	1.368	0.173	0.096	1.204	0.230
体面劳动感知				0.411***	7.262	0.000
F 值	3.935			16.731		
R^2	0.044			0.208		
R^2 adj	0.033			0.195		
ΔR^2 adj				0.162		

注：①预测变量：控制变量，体面劳动感知；②因变量：尽责性；③* 表示 $P<0.05$，** 表示 $P<0.01$，*** 表示 $P<0.001$。

由表 8.29 可知，加入体面劳动感知后，其对应的 P 值为 0.000<0.001，回归系数为 0.411，调整后的模型对结果的解释度提升了 16.2%，因而体面劳动感知对尽责性的正向影响在 $P<0.001$ 的水平下显著（$F=16.731$，$P=0.000$，$\beta=0.411$）。因此，假设 $H1c$（体面劳动感知对尽责性有正向影响）得到验证。体面劳动感知与人际和谐的回归分析结果见表 8.30。

表 8.30 体面劳动感知与人际和谐的回归分析结果

模型	Beta	T	P 值	Beta	T	P 值
年龄	−0.142	−1.639	0.102	−0.138	−1.658	0.099
月均收入	0.089	1.394	0.165	0.046	0.742	0.459
现单位工作年限	0.135	1.534	0.126	0.120	1.405	0.161
体面劳动感知				0.277***	4.584	0.000
F 值	1.902			6.791		
R^2	0.022			0.096		
R^2 adj	0.010			0.082		
ΔR^2 adj				0.072		

注：①预测变量（控制变量），即体面劳动感知；②因变量，即人际和谐；③* 表示 $P<0.05$，** 表示 $P<0.01$，*** 表示 $P<0.001$。

由表 8.30 可知，加入体面劳动感知后，所对应的 P 值为 0.000<0.001，回归系数为 0.277，调整后的模型对结果的解释度由原先的 1.0% 提升至 8.2%，因而体面劳动感知对人际和谐的正向影响在 $P<0.001$ 的水平下显著（$F=6.791$，$P=0.000$，$\beta=0.277$）。因此，假设 $H1d$（体面劳动感知对人际和谐有正向影响）得到验证。体面劳动感知与保护组织资源的回归分析结果见表 8.31。

表 8.31　体面劳动感知与保护组织资源的回归分析结果

模型	Beta	T	P 值	Beta	T	P 值
年龄	-0.043	-0.489	0.625	-0.038	-0.463	0.643
月均收入	0.010	0.149	0.882	-0.043	-0.708	0.480
现单位工作年限	0.100	1.123	0.263	0.080	0.957	0.340
体面劳动感知				0.343***	5.750	0.000
F 值	0.540			8.722		
R^2	0.006			0.120		
R^2 adj	-0.005			0.107		
ΔR^2 adj				0.112		

注：①预测变量（控制变量），即体面劳动感知；②因变量，即保护组织资源；③* 表示 $P<0.05$，** 表示 $P<0.01$，*** 表示 $P<0.001$。

由表 8.31 可知，加入体面劳动感知后，所对应的 P 值为 0.000<0.001，回归系数为 0.343，调整后的模型对结果的解释度由原先的-0.5%提升至 10.7%，因而体面劳动感知对保护组织资源的正向影响在 $P<0.001$ 的水平下显著（$F=8.722$，$P=0.000$，$\beta=0.343$）。因此，假设 $H1e$（体面劳动感知对保护组织资源有正向影响）得到验证。

8.6.2　体面劳动感知与心理所有权的关系检验

体面劳动感知与心理所有权的回归分析结果见表 8.32。

表 8.32　体面劳动感知与心理所有权的回归分析结果

模型	Beta	T	P 值	Beta	T	P 值
年龄	0.032	0.372	0.710	0.040	0.572	0.568
月均收入	-0.011	-0.176	0.860	-0.103	-1.973	0.050
现单位工作年限	0.079	0.888	0.375	0.045	0.624	0.533
体面劳动感知				0.597***	11.690	0.000
F 值	0.899			35.196		
R^2	0.010			0.356		
R^2 adj	-0.001			0.346		
ΔR^2 adj				0.347		

注：①预测变量（控制变量），即体面劳动感知；②因变量，即心理所有权；③* 表示 $P<0.05$，** 表示 $P<0.01$，*** 表示 $P<0.001$。

由表 8.32 可知，本书以心理所有权作为因变量，第一步加入控制变量，第二步在模型中将体面劳动感知作为自变量放入并进行回归。分析结果表明，加入体面劳动感知后，对应的 P 值为 0.000<0.001，回归系数为 0.597，调整

后的模型对结果的解释度提升了34.7%，因而体面劳动感知对心理所有权的正向作用在 $P<0.001$ 的水平下显著（$F=35.196$，$P=0.000$，$\beta=0.597$）。因此，假设*H2*（体面劳动感知对心理所有权有正向影响）得到验证。

8.6.3 心理所有权与组织公民行为的关系检验

心理所有权与组织公民行为的回归分析结果见表8.33。

表8.33 心理所有权与组织公民行为的回归分析结果

模型	Beta	*T*	*P* 值	Beta	*T*	*P* 值
年龄	-0.028	-0.321	0.748	-0.047	-0.664	0.507
月均收入	0.010	0.151	0.880	0.016	0.313	0.754
现单位工作年限	0.129	1.459	0.146	0.083	1.154	0.249
心理所有权				0.585***	11.540	0.000
F 值		1.133			34.581	
R^2		0.013			0.352	
R^2 adj		0.002			0.342	
ΔR^2 adj					0.340	

注：①预测变量（控制变量），即心理所有权；②因变量，即组织公民行为；③* 表示 $P<0.05$，** 表示 $P<0.01$，*** 表示 $P<0.001$。

由表8.33可知，本书以组织公民行为作为因变量，第一步放入控制变量，第二步放入心理所有权作为自变量，并进行回归分析。放入心理所有权后，对应的显著性水平 *P* 值为 $0.000<0.001$，回归系数为0.585，调整后的模型对结果的解释度提升了34.0%，因此，心理所有权对组织公民行为的正向影响在 $P<0.001$ 的水平下显著（$F=34.581$，$P=0.000$，$\beta=0.585$）。因此，假设*H3*（心理所有权对组织公民行为具有正向影响）得到证实。

本书采用同样方法，对假设3的5个子假设进行检验。心理所有权与组织认同的回归分析结果见表8.34。

表8.34 心理所有权与组织认同的回归分析结果

模型	Beta	*T*	*P* 值	Beta	*T*	*P* 值
年龄	0.024	0.276	0.783	0.004	0.059	0.953
月均收入	0.017	0.258	0.796	0.024	0.466	0.642
现单位工作年限	0.051	0.575	0.566	0.002	0.034	0.973
心理所有权				0.619***	12.532	0.000

表8.34(续)

模型	Beta	T	P 值	Beta	T	P 值
F 值	0.491			39.857		
R^2	0.006			0.385		
R^2 adj	-0.006			0.375		
ΔR^2 adj				0.381		

注：①预测变量（控制变量），即心理所有权；②因变量，即组织认同；③ * 表示 $P<0.05$，** 表示 $P<0.01$，*** 表示 $P<0.001$。

由表 8.34 可知，加入心理所有权后，对应的 P 值为 0.000<0.001，回归系数为 0.619，调整后的模型对结果的解释度提升了 38.1%，因而心理所有权对组织认同的正向影响在 $P<0.001$ 的水平下显著（$F=39.857$，$P=0.000$，$\beta=0.619$）。因此，假设 *H3a*（心理所有权对组织认同有正向影响）被验证。心理所有权与协助同事的回归分析结果见表 8.35。

表 8.35　心理所有权与协助同事的回归分析结果

模型	Beta	T	P 值	Beta	T	P 值
年龄	-0.079	-0.911	0.363	-0.093	-1.184	0.238
月均收入	-0.025	-0.394	0.694	-0.020	-0.351	0.726
现单位工作年限	0.088	0.983	0.327	0.053	0.663	0.508
心理所有权				0.432***	7.620	0.000
F 值	0.376			14.861		
R^2	0.004			0.189		
R^2 adj	-0.007			0.176		
ΔR^2 adj				0.183		

注：①预测变量（控制变量），即心理所有权；②因变量，即协助同事；③ * 表示 $P<0.05$，** 表示 $P<0.01$，*** 表示 $P<0.001$。

由表 8.35 可知，加入心理所有权后，所对应的 P 值为 0.000<0.001，回归系数为 0.432，调整后的模型对结果的解释度由原先的 -0.7% 提升至 17.6%，因而心理所有权对协助同事的正向影响在 $P<0.001$ 的水平下显著（$F=14.861$，$P=0.000$，$\beta=0.432$）。因此，假设 *H3b*（体面劳动感知对协助同事有正向影响）得到验证。心理所有权对尽责性的回归分析结果见表 8.36。

表 8.36　心理所有权对尽责性的回归分析结果

模型	Beta	T	P 值	Beta	T	P 值
年龄	0.114	1.328	0.185	0.097	1.328	0.185
月均收入	−0.050	−0.799	0.425	−0.045	−0.829	0.408
现单位工作年限	0.119	1.368	0.173	0.079	1.055	0.292
心理所有权				0.517***	9.883	0.000
F 值	3.935			28.486		
R^2	0.044			0.309		
R^2 adj	0.033			0.298		
ΔR^2 adj				0.265		

注：①预测变量（控制变量），即心理所有权；②因变量，即尽责性；③* 表示 $P<0.05$，** 表示 $P<0.01$，*** 表示 $P<0.001$。

由表 8.36 可知，加入心理所有权后，其对应的 P 值为 $0.000<0.001$，回归系数为 0.517，调整后的模型对结果的解释度提升了 26.5%，因而心理所有权对尽责性的正向影响在 $P<0.001$ 的水平下显著（$F=28.486$，$P=0.000$，$\beta=0.517$）。因此，假设 *H3c*（体面劳动感知对尽责性有正向影响）得到验证。心理所有权对人际和谐的回归分析结果见表 8.37。

表 8.37　心理所有权对人际和谐的回归分析结果

模型	Beta	T	P 值	Beta	T	P 值
年龄	−0.142	−1.639	0.102	−0.151	−1.815	0.071
月均收入	0.089	1.394	0.165	0.092	1.502	0.134
现单位工作年限	0.135	1.534	0.126	0.113	1.332	0.184
心理所有权				0.281***	4.703	0.000
F 值	1.902			7.073		
R^2	0.022			0.100		
R^2 adj	0.010			0.086		
ΔR^2 adj				0.076		

注：①预测变量（控制变量），即心理所有权；②因变量，即人际和谐；③* 表示 $P<0.05$，** 表示 $P<0.01$，*** 表示 $P<0.001$。

由表 8.37 可知，加入心理所有权后，所对应的 P 值为 $0.000<0.001$，回归系数为 0.281，调整后的模型对结果的解释度由原先的 1.0%提升至 8.6%，因而心理所有权对人际和谐的正向影响在 $P<0.001$ 的水平下显著（$F=7.073$，$P=0.000$，$\beta=0.281$）。因此，假设 *H3d*（心理所有权对人际和谐有正向影响）得到验证。心理所有权对保护组织资源的回归分析结果见表 8.38。

表 8.38 心理所有权对保护组织资源的回归分析结果

模型	Beta	T	P 值	Beta	T	P 值
年龄	-0.043	-0.489	0.625	-0.052	-0.617	0.538
月均收入	0.010	0.149	0.882	0.013	0.207	0.836
现单位工作年限	0.100	1.123	0.263	0.078	0.906	0.366
心理所有权				0.282***	4.677	0.000
F 值	0.540			5.906		
R^2	0.006			0.085		
R^2 adj	-0.005			0.070		
ΔR^2 adj				0.075		

注：①预测变量（控制变量），即心理所有权；②因变量，即保护组织资源；③* 表示 $P<0.05$，** 表示 $P<0.01$，*** 表示 $P<0.001$。

由表 8.38 可知，加入心理所有权后，所对应的 P 值为 0.000<0.001，回归系数为 0.282，调整后的模型对结果的解释度由原先的-0.5%提升至 7.0%，因而心理所有权对保护组织资源的正向影响在 $P<0.001$ 的水平下显著（$F=5.906$，$P=0.000$，$\beta=0.282$）。因此，假设 *H3e*（心理所有权对保护组织资源有正向影响）被证实。

8.6.4 心理所有权中介效应的检验

Baron 和 Kenny（1986）提出的中介效应检验法分为以下 3 个步骤：①将自变量对因变量进行回归，检验回归系数是否显著。②使用自变量对中介变量进行回归，检验回归系数是否显著。③自变量和中介变量同时对因变量进行回归，检验两者的回归系数是否显著，并将两者的回归系数进行比较，若中介变量的回归系数显著，同时自变量的回归系数减小，那么中介效应成立；若此时自变量的回归系数减小至不显著水平，则可判断为完全中介；若自变量的回归系数减小但仍然显著，则可判断为部分中介。本书采用这种方法检验心理所有权在体面劳动感知与组织公民行为关系之间的中介效应。在上文中，本书已验证了第 1 步和第 2 步，因此接下来着重对第 3 步开始检验。

本书将组织公民行为当成因变量，第一步放入控制变量，第二步放入体面劳动感知作为自变量，第三步放入心理所有权作为自变量，并采用 Enter 分析方法进行回归。其中，体面劳动感知的容忍度为 0.632，VIF 为 1.583，心理所有权的容忍度为 0.644，VIF 为 1.552，均符合容忍度值介于 0~1、VIF 值低于 10 的判断标准，说明两者不具有共线性。Durbin-Watson 检验值为 1.896，因此，本书认为变量自相关不显著。心理所有权在体面劳动感知与组织公民行为之间的中介效应分析见表 8.39。

表 8.39　心理所有权在体面劳动感知与组织公民行为之间的中介效应分析

模型	Beta	T	P 值	Beta	T	P 值	Beta	T	P 值
年龄	-0.028	-0.321	0.748	-0.021	-0.282	0.778	-0.038	-0.555	0.579
月均收入	0.010	0.151	0.880	-0.073	-1.320	0.188	-0.029	-0.575	0.566
现单位工作年限	0.129	1.459	0.146	0.099	1.311	0.191	0.080	1.155	0.249
体面劳动感知				0.533***	9.950	0.000	0.283***	4.641	0.000
心理所有权							0.419***	6.938	0.000
F 值	1.133			25.927			34.201		
R^2	0.013			0.289			0.402		
R^2 adj	0.002			0.278			0.391		
ΔR^2 adj				0.276			0.113		

注：①预测变量（控制变量），即体面劳动感知，心理所有权；②因变量，即组织公民行为；③* 表示 $P<0.05$，** 表示 $P<0.01$，*** 表示 $P<0.001$。

由表 8.39 可知，当在原模型中加入心理所有权后，原模型主效应在 $P<0.001$ 的水平上显著，心理所有权对组织公民行为的影响同样显著，对模型的解释力从原 27.8%上升至 39.1%。加入心理所有权后，体面劳动感知对组织公民行为的回归系数由 0.533 变为 0.283，影响显著降低却依然显著。根据 Baron 和 Kenny（1986）的中介效应检验法则，判断此时中介效应是存在的，并且心理所有权在两者间具有部分中介作用。因此，假设 $H4$（心理所有权在体面劳动感知与组织公民行为之间具有中介作用）得到部分证实。

本书采用同样的方法，对假设 $H4$ 的 5 个子假设进行检验。心理所有权在体面劳动感知与组织认同之间的中介效应分析见表 8.40。

表 8.40　心理所有权在体面劳动感知与组织认同之间的中介效应分析

模型	Beta	T	P 值	Beta	T	P 值	Beta	T	P 值
年龄	0.024	0.276	0.783	0.031	0.431	0.667	0.013	0.203	0.840
月均收入	0.017	0.258	0.796	-0.070	-1.278	0.202	-0.023	-0.464	0.643
现单位工作年限	0.051	0.575	0.566	0.019	0.260	0.795	-0.001	-0.012	0.991
体面劳动感知				0.557***	10.534	0.000	0.289***	4.883	0.000
心理所有权							0.450***	7.671	0.000
F 值	0.491			28.267			39.511		
R^2	0.006			0.307			0.438		
R^2 adj	-0.006			0.296			0.426		
ΔR^2 adj				0.302			0.130		

注：①预测变量（控制变量），即体面劳动感知，心理所有权；②因变量，即组织认同；③* 表示 $P<0.05$，** 表示 $P<0.01$，*** 表示 $P<0.001$。

由表 8.40 可知，当在原模型中加入心理所有权之后，原模型主效应在 $P<0.001$ 的水平上显著（$P=0.000$，$\beta=0.289$），心理所有权对组织认同的影响在 $P<0.001$ 水平上显著（$P=0.000$，$\beta=0.450$），对模型的解释力上升了 13.0%，体面劳动感知对组织认同的回归系数由原来的 0.557 下降为 0.289。因而中介效应存在，并且可判断心理所有权在两者间具有部分中介作用。因此，假设 *H4a*（心理所有权在体面劳动感知与组织认同间起中介作用）得到部分验证。心理所有权在体面劳动感知与协助同事之间的中介效应分析见表 8.41。

表 8.41　心理所有权在体面劳动感知与协助同事之间的中介效应分析

模型	Beta	T	P 值	Beta	T	P 值	Beta	T	P 值
年龄	-0.079	-0.911	0.363	-0.074	-0.919	0.359	-0.087	-1.119	0.264
月均收入	-0.025	-0.394	0.694	-0.084	-1.395	0.164	-0.051	-0.872	0.384
现单位工作年限	0.088	0.983	0.327	0.066	0.795	0.428	0.051	0.645	0.520
体面劳动感知				0.382***	6.491	0.000	0.190**	2.713	0.007
心理所有权							0.321***	4.622	02.000
F 值	0.376			10.862			13.657		
R^2	0.004			0.146			0.212		
R^2 adj	-0.007			0.132			0.196		
ΔR^2 adj				0.139			0.064		

注：①预测变量（控制变量），即体面劳动感知，心理所有权；②因变量，即协助同事；③* 表示 $P<0.05$，** 表示 $P<0.01$，*** 表示 $P<0.001$。

由表 8.41 可知，当在原模型中加入心理所有权之后，原模型主效应在 $P<0.01$ 的水平上显著（$P=0.007$，$\beta=0.190$），心理所有权对协助同事的影响在 $P<0.001$ 水平上显著（$P=0.000$，$\beta=0.321$），对模型的解释力从 13.2%上升至 19.6%，体面劳动感知对协助同事的回归系数由原来的 0.382 下降为 0.190。因而中介效应存在，并且可判断心理所有权在两者间具有部分中介作用。因此，假设 *H4b*（心理所有权在体面劳动感知与协助同事间起中介作用）得到部分证实。心理所有权在体面劳动感知与尽责性之间的中介效应分析见表 8.42。

表 8.42　心理所有权在体面劳动感知与尽责性之间的中介效应分析

模型	Beta	T	P 值	Beta	T	P 值	Beta	T	P 值
年龄	0.114	1.328	0.185	0.119	1.525	0.128	0.102	1.410	0.160
月均收入	-0.050	-0.799	0.425	-0.114	-1.958	0.051	-0.070	-1.288	0.199
现单位工作年限	0.119	1.368	0.173	0.096	1.204	0.230	0.077	1.041	0.299
体面劳动感知				0.411***	7.262	0.000	0.157*	2.422	0.016
心理所有权							0.425***	6.620	0.000
F 值	3.935			16.731			24.397		
R^2	0.044			0.208			0.324		
R^2 adj	0.033			0.195			0.311		
ΔR^2 adj				0.162			0.116		

注：①预测变量（控制变量），即体面劳动感知，心理所有权；②因变量，即尽责性；③* 表示 $P<0.05$，** 表示 $P<0.01$，*** 表示 $P<0.001$。

由表 8.42 可知，当在原模型中加入心理所有权之后，原模型主效应在 P<0.05 的水平上显著（P=0.016，β=0.157），心理所有权对尽责性的影响在 P<0.001 水平上显著（P=0.000，β=0.425），对模型的解释力上升了 11.6%，体面劳动感知对尽责性的回归系数由原来的 0.411 下降为 0.157。因而中介效应存在，并且可判断心理所有权在两者间具有部分中介作用。因此，假设 *H4c*（心理所有权在体面劳动感知与尽责性之间起中介作用）得到部分验证。心理所有权在体面劳动感知与人际和谐之间的中介效应分析见表 8.43。

表 8.43　心理所有权在体面劳动感知与人际和谐之间的中介效应分析

模型	Beta	T	P 值	Beta	T	P 值	Beta	T	P 值
年龄	-0.142	-1.639	0.102	-0.138	-1.658	0.099	-0.146	-1.763	0.079
月均收入	0.089	1.394	0.165	0.046	0.742	0.459	0.065	1.048	0.295
现单位工作年限	0.135	1.534	0.126	0.120	1.405	0.161	0.111	1.321	0.188
体面劳动感知				0.277***	4.584	0.000	0.168*	2.268	0.024
心理所有权							0.183*	2.486	0.014
F 值	1.902			6.791			6.779		
R^2	0.022			0.096			0.118		
R^2 adj	0.010			0.082			0.100		
ΔR^2 adj				0.072			0.018		

注：①预测变量（控制变量），即体面劳动感知，心理所有权；②因变量，即人际和谐；③* 表示 $P<0.05$，** 表示 $P<0.01$，*** 表示 $P<0.001$。

由表 8.43 可知，当在原模型中加入心理所有权之后，原模型主效应在 $P<0.05$的水平上显著（$P=0.024$，$\beta=0.168$），心理所有权对人际和谐的影响在 $P<0.05$ 水平上显著（$P=0.014$，$\beta=0.183$），对模型的解释力从 8.2%上升至 10.0%，体面劳动感知对人际和谐的回归系数由原来的 0.277 下降为 0.168。因而中介效应存在，并且可判断心理所有权在两者间具有部分中介作用。因此，假设 *H4d*（心理所有权在体面劳动感知与人际和谐之间起中介作用）得到部分验证。心理所有权在体面劳动感知与保护组织资源之间的中介效应分析见表 8.44。

表 8.44　心理所有权在体面劳动感知与保护组织资源之间的中介效应分析

模型	Beta	T	P 值	Beta	T	P 值	Beta	T	P 值
年龄	−0.043	−0.489	0.625	−0.038	−0.463	0.643	−0.043	−0.526	0.599
月均收入	0.010	0.149	0.882	−0.043	−0.708	0.480	−0.030	−0.496	0.621
现单位工作年限	0.100	1.123	0.263	0.080	0.957	0.340	0.075	0.893	0.373
体面劳动感知				0.343***	5.750	0.000	0.269***	3.648	0.000
心理所有权							0.125+	1.709	0.089
F 值	0.540			8.722			7.614		
R^2	0.006			0.120			0.130		
R^2 adj	−0.005			0.107			0.113		
ΔR^2 adj				0.122			0.007		

注：①预测变量（控制变量），即体面劳动感知，心理所有权；②因变量，即保护组织资源；③* 表示 $P<0.05$，** 表示 $P<0.01$，*** 表示 $P<0.001$。

由表 8.44 可知，当在原模型中加入心理所有权之后，原模型主效应在 $P<0.001$的水平上显著（$P=0.000$，$\beta=0.269$），体面劳动感知对保护组织资源的系数由原来的 0.343 下降到 0.269，但心理所有权对保护组织资源的影响在 5%的显著水平下不显著（$P=0.089>0.05$，$\beta=0.125$）。本书为追求假设的精准度，之前的回归分析采用的最低显著性水平均为 5%。尽管心理所有权对保护组织资源的影响在这个显著性水平下不显著（$P=0.089>0.05$），但是却在 10%的显著性水平下显著（$P=0.089<0.1$）。而在管理学领域的研究中，10%的显著性水平也是被广泛接受的。因此，为进一步探讨心理所有权在体面劳动感知与保护组织资源之间的中介效应是否存在，本书采用 MacKinnon et al.（2002）提出的中介效应检验方法再次进行验证。MacKinnon et al.（2002）指出，在检验中介效应时，直接测验“自变量到中介变量的关系（a）”和“中

介变量到因变量的关系（b）”，若两者乘积 $a \times b \neq 0$，则中介效应存在。该方法的逻辑依据是若“自变量到中介变量的关系”为零（$a=0$）或者“中介变量到因变量的关系”是零（$b=0$），则 $a \times b=0$；反之，若 $a \times b \neq 0$，就说明 a 和 b 都不为0，即 M 是 X 和 Y 的中介变量。本书之前已经探讨了“体面劳动感知到心理所有权的关系”“心理所有权到保护组织资源的关系”以及“体面劳动感知到保护组织资源的关系”，则体面劳动感知、心理所有权与保护组织资源之间的作用机理模型如图 8.1 所示。

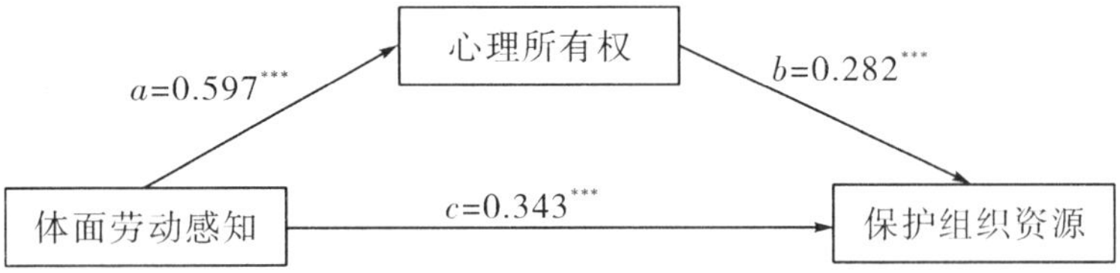

图 8.1　体面劳动感知、心理所有权与保护组织资源之间的作用机理模型

由图 8.1 可知，依据 MacKinnon et al.（2002）关于中介作用的检验方法，$a \times b=0.168$ 不为 0，即心理所有权是体面劳动感知与保护组织资源之间的中介变量。因此，之前根据 Baron 和 Kenny（1986）的检验方法得出的结论，即心理所有权在体面劳动感知与保护组织资源之间具有部分中介作用在 10% 显著性水平下显著可以被接受。也因此，假设 *H4e*（心理所有权在体面劳动感知与保护组织资源之间起中介作用）得到部分验证。

8.6.5　主管支持感调节效应的检验

当调节效应存在时，自变量 X 与因变量 Y 之间关系的强弱或方向会受到来自调节变量的影响。在对调节效应进行检测时，如果在自变量或调节变量中存在类别变量，则需要对原变量进行虚拟化，并采用标准化处理方式对其中的连续变量做标准化操作；计算自变量与调节变量的乘积，再对数据进行回归。本书中所使用的变量均为连续变量，因而需要采用标准化的方式对变量进行处理。

本书采用 Enter 回归法，将体面劳动感知、心理所有权、主管支持感标准化：首先将心理所有权作为因变量，放入控制变量；其次将标准化的体面劳动感知、主管支持感放入模型进行回归；最后放入标准化的体面劳动感知、主管支持感及它们的乘积项进行回归。主管支持感在体面劳动感知与心理所有权之间调节作用的检验如表 8.45 所示。

表 8.45　主管支持感在体面劳动感知与心理所有权之间调节作用的检验

模型	Beta	T	P 值	Beta	T	P 值	Beta	T	P 值
年龄	0.032	0.372	0.710	0.089	1.343	0.180	0.098	1.492	0.137
月均收入	−0.011	−0.176	0.860	−0.073	−1.481	0.140	−0.047	−0.944	0.346
现单位工作年限	0.079	0.888	0.375	0.044	0.657	0.512	0.039	0.581	0.562
前因：体面劳动感知				0.339***	5.328	0.000	0.330	5.229	0.000
调节：主管支持感				0.387***	6.149	0.000	0.432***	6.600	0.000
体面劳动感知×主管支持感							0.116*	2.288	0.023
F 值	0.899			39.784			34.579		
R^2	0.010			0.439			0.451		
R^2 adj	−0.001			0.428			0.438		
ΔR^2 adj				0.429			0.010		

注：①预测变量（控制变量），即体面劳动感知，主管支持感；②因变量，即心理所有权；③* 表示 $P<0.05$，** 表示 $P<0.01$，*** 表示 $P<0.001$。

由表 8.45 可知，当在模型中加入标准化的体面劳动感知及标准化的主管支持感时，体面劳动感知对心理所有权的正向作用显著（$P=0.000$，$\beta=0.339$）；主管支持感对心理所有权有正向预测作用（$P=0.000$，$\beta=0.387$），在体面劳动感知与主管支持感的共同作用下，提升了原模型 42.9%的解释力。当在模型中加入体面劳动感知与主管支持感的乘积项进行回归时，乘积项对心理所有权的作用同样显著（$P=0.023<0.05$，$\beta=0.116$），对模型的解释力为 43.8%，与未加入乘积项时相比上升了 1.0%，因而主管支持感对体面劳动感知与心理所有权之间关系的调节作用显著。因此，假设 *H*5（主管支持感在体面劳动感知与心理所有权之间具有调节作用）通过检验。

8.7　研究假设检验结果汇总

本书通过正式调研获取 260 份有效问卷，并运用相应的统计方法检验了所有的研究假设。研究假设检验结果汇总如表 8.46 所示。

表 8.46　研究假设检验结果汇总

序号	假设内容	结果
*H*1	体面劳动感知对组织公民行为有正向影响	支持
*H*1*a*	体面劳动感知对组织认同有正向影响	支持
*H*1*b*	体面劳动感知对协助同事有正向影响	支持
*H*1*c*	体面劳动感知对尽责性有正向影响	支持
*H*1*d*	体面劳动感知对人际和谐有正向影响	支持
*H*1*e*	体面劳动感知对保护组织资源有正向影响	支持
*H*2	体面劳动感知对心理所有权有正向影响	支持
*H*3	心理所有权对组织公民行为有正向影响	支持
*H*3*a*	心理所有权对组织认同有正向影响	支持
*H*3*b*	心理所有权对协助同事有正向影响	支持
*H*3*c*	心理所有权对尽责性有正向影响	支持
*H*3*d*	心理所有权对人际和谐有正向影响	支持
*H*3*e*	心理所有权对保护组织资源正向向影响	支持
*H*4	心理所有权在体面劳动感知与组织公民行为之间起中介作用	支持
*H*4*a*	心理所有权在体面劳动感知与组织认同之间起中介作用	支持
*H*4*b*	心理所有权在体面劳动感知与协助同事之间起中介作用	支持
*H*4*c*	心理所有权在体面劳动感知与尽责性之间起中介作用	支持
*H*4*d*	心理所有权在体面劳动感知与人际和谐之间起中介作用	支持
*H*4*e*	心理所有权在体面劳动感知与保护组织资源之间起中介作用	支持
*H*5	主管支持感在体面劳动感知与心理所有权之间具有调节作用	支持

9 研究结论与管理对策

本章依据第 6 章和第 8 章的“数据分析与假设检验”结果，阐述本书得出的结论，并结合企业一线员工的特点，探究研究结论带来的实践意义，最后指出本书的研究局限性并对后续研究进行展望。

9.1 研究结论与讨论

9.1.1 揭示了企业一线员工体面劳动感知的内涵

本书从体面劳动的文化价值入手，揭示了结构化体面劳动的绝对意义和相对意义，构建了体面劳动感知的内涵。体面劳动感知就是企业一线员工通过自身的需求机制以及通过参照物选择和社会化的历史、文化等因素影响而产生的对自身工作的一种感知。其主要包括：劳动者对自己的职业能够自由的选择；劳动者对自己的基本权利和人格尊严能够充分享受；劳动者感受到其自身的价值得到认可；劳动者在劳动过程中能够享受到快乐；劳动者对所从事工作的安全性有充分信心。

本书以意义建构理论为基础开始对体面劳动感知进行研究，从员工的角度来反观企业制定的措施是否符合一线员工的要求，从绝对意义和相对意义两个层面来探讨企业一线员工体面劳动感知的构建意义。其中，绝对意义上的体面劳动感知，代表企业能够保障员工维持生存、安全性的需要，包括劳动过程、劳动关系运行机制时劳动保障方面的体面；而相对意义上的体面劳动感知，反映了能够彰显成就、地位和自尊方面的作用效用上的意义。体面劳动感知作为一种主观感受，会极大地受认知主体的价值观念、知识经验、意识形态、世界观等的影响（Marsden et al., 1994）。例如，不同个体对同种报酬的效用、同种投入的价值的评价可能存在不同。不过从社会网络理论来看，如果个体处于相似的生产结构体系内，这可能有利于个体在公平感知上的认知聚合，提升这些个体结果的可比性（Roberson et al., 2005）。其主要的原因在于，处于同一位置的个体一方面可能具有类似的交流结构（Burt, 1987）；另一方面也更加容易将本身所处的环境同其他个体所处的环境进行假想性的思考（Burt, 1987）。此外，Roberson et al.（2005）认为，不完全信息可能使“比较”脱离客观实际。从社会网络理论的视角来讲，这种比较信息可能来源于结构同等的人以及关系密切的人。所谓结构同等的人，是指那些在工作中和自己处于同一地位、具有类似交流习惯的个体（Erickson, 1988），而关系密切的人是指那些交流频率相对较高、具有亲密关系的直接交流的个体（Burt, 1987）。在现实生活中，结构同等的个体通常表现为收入、工作相似的个体。“投入”和“产出”形式的多样性使得“比较”难以进行（Roberson et al., 2005；Erickson, 1988）。按照亚当斯的公平理论，投入和产出均具有很多种具体的表现形式。投入可能包括个体自身的努力程度、忠诚度、技能、容忍度等；而在产出上，个体可能实现有形和无形的资源的获得（有形的资源包括金钱等；无形的资源包括认同、名气、责任、工作保障等）。在现实生活中，由于个体本身在个体特征上不尽相同，在本身的投入上肯定会存在一定的差异，而且无形资源相对难以比较，因此，对于最初产出的比较也就显得难以形成直接的对比标准。所以，本书从绝对意义和相对意义上构建体面劳动感知的内涵，具有一定的合理性。

9.1.2 开发了企业一线员工体面劳动感知的量表

研究发现，体面劳动感知是三维结构，包括尊重认可、共存包容、骄傲自信。本书通过对企业一线员工深入访谈的方式编制了企业一线员工体面劳动感知的初始问卷，并通过小样本测试，确定了《企业一线员工体面劳动感知》的正式调查问卷。本书通过电子邮件等方式对57家企业员工发放问卷，回收有效问卷1 188份，其中，对650项问卷进行探索性因子分析，对538份问卷进行验证性因子分析，最终确定了体面劳动感知的3个维度（尊重认可、共存包容和骄傲自信）。此外，本书通过对部分问卷进行的验证性因子分析，验证了体面劳动感知三维度的区分效度和聚合效度以及进行了二阶验证分析，结果显示，最终都达到统计学上的要求。虽然国际劳工组织已经制定出体面劳动的测量指标，但都是基于国家或企业的标准制定的，并未从员工角度来制定，员工对体面的关注重点未体现出来。本书针对企业一线员工体面劳动感知的3个维度进行了合理解释。

首先针对共存包容这个维度。对于个体来讲，具有高度包容的分配系统能够有效体现生产系统内部各个利益相关者的利益。在这样的系统下，能够有效提升各个利益相关者之间的信任、交流以及相互之间的生产预期，提升个体对这个系统的认同感。作为社会生产中的个人，这种相互间的交流、信任度的提升不仅体现了其在物质成果之外的价值，按照马斯洛需求层次理论来讲，还有利于其在基本需求得到满足后向更高层次的需求发展，从而提升其社会生活中的满意度。此外，作为一个能够兼顾各方利益的分配系统，将体现出个体间的能力差异以及由于能力差异带来的收入差距。在这样的情况下，社会的不公平分配出现的可能性就相对较小，而且社会的收入差距或者两极分化的问题可能在一定程度上得到控制。这对于通常倾向于对比本身的收益同他人投入的收益的个体来讲，会在一定程度上降低这种不平衡感，所以共存包容这个维度符合对体面劳动感知内涵的理解。

其次针对尊重认可这个维度。员工工作的直接动机是赚取薪资，这是员工最现实的利益。因此，在人力资源管理中，维护员工尊严的核心就是守护员工的薪资权利；否则，员工的生活质量就无法获得保证，体面和尊严更是无从谈起。良好的工作氛围是保证员工自尊自信、彼此信任的基础，不仅是员工感知体面的前提，也是团队高效运作的重要条件。除此之外，企业是否给员工提供健康的工作环境，是否把一线员工放到重要的位置，赢得外部认可，被外部所尊重。除此之外，个体的体面劳动感知还要有自由的生产参与的机会，符合本身价值观念的竞争系统。因为作为一个个体，其本身体面感的来源可能来自社会系统的认可、外部责任的给予以及不断发展的机会，所以尊重认可这个维度符合对体面劳动感知维度的理解。

最后针对骄傲自信这个维度。员工对当前的工作感到很自豪，在他人面前提及自己所从事的工作能够得到别人的称赞，从而使自己感觉到很有面子；企业具有很好的社会知名度或者声望，在这样的企业工作，员工感到很自豪，因为自己就代表着这个企业，所以企业的好名声很大程度上也成为自己的好名声；相比过去自己所从事的工作，员工感觉当前的工作更加适合自己，让自己更能游刃有余地施展才华，从而能使自己的生活状况变得更好；当员工有了骄傲自信的感觉之后，更能够发现自身所应有的价值，认识到自身的存在，感觉到自己活得快乐充实。因此，骄傲自信维度符合对体面劳动感知的理解。

9.1.3 揭示了体面劳动感知对敬业度的影响机理

结构方程模型分析显示，体面劳动感知对工作动机和敬业度都有促进作用。工作动机在体面劳动感知和敬业度之间发挥了中介作用，心理需求也在体面劳动感知和敬业度之间发挥了调节作用。这说明，管理者应当对这些内在的激励因素予以充分重视，在此基础上，薪酬、福利、晋升等外在激励因素才能更好地发挥作用。在具体的人力资源管理实践中，管理者可以通过体面劳动感知提升工作本身的激励潜能以及重视员工的心理需求等几个方面来促进内在激励和增加员工敬业度。

9.1.3.1 体面劳动感知是员工敬业度的重要前因变量

在体面劳动感知理论体系下，个体体面劳动感知不仅来自外部的对比，同时还来自个体在这一系统的价值体现。从研究结论可以看出，尊重认可、共存包容、骄傲自信的增加都会提升自身的工作动机，促进自身发展和被尊重的要求等。这意味着提升员工的体面劳动感知能够帮助一线员工更好地实现自身的价值，能够最大化地实现自身的发展，能够让自身具有被社会认可并不断向个体目标迈进的能力。当然，最为重要的是，体面劳动感知对于社会的可持续发展具有非常显著的价值。

体面劳动感知各维度对敬业度的影响有显著差异，其中骄傲自信对敬业度的影响系数为-0.18；共存包容对敬业度的影响系数为 0.33；尊重认可对敬业度的影响系数为 0.65。体面劳动感知的三维度对敬业度的影响都达到 p 值为 0.000 的显著水平，其中：①尊重认可对敬业度的影响最大。其原因在于，企业为员工提供了舒适的环境，能够让员工产生感恩的心态，于是只有更加地敬业，才能回报企业。另外，企业对员工的职业发展和工作条件的改善也会使员工的心态更加平和，所以能更好地对待工作，增加敬业度。②共存包容对敬业度的影响为正。其原因可能是员工得到了社会的认可和尊重，得到了家人的理解和支持，得到了企业更优惠的政策。这不仅来自身边的人，还包括社会对自己的包容，员工不仅是在维护自己的声誉，同样也是在为企业维护声誉，没有这样的包容，企业的发展也会出现问题。所以，员工会更加敬业，更加认真地对待自己的工作。③骄傲自信对敬业度的影响为负。其原因可能在于，骄傲自信会让员工在得到别人的称赞和夸奖时出现浮躁的心态，这种浮躁的心态可能会导致其对敬业度产生负面影响。

因为敬业度反映的是员工与组织的双向契约关系，员工在组织互动中认同自己的工作角色并在工作中进行生理、认知和情感上的投入与付出，而组织有义务向员工提供资源和利益（包括经济方面和社会情感方面）以维持和促进这种投入行为；而体面劳动感知则反映了员工对组织所给予自己的资源的认知。简单地说，当员工从组织中得到所需的经济或是情感资源时，他们内心感到自己受到了重视，感觉到有义务也有能力以更高程度的敬业回报组织。但是，一旦组织没有提供这些资源，员工则更可能从他们的角色中将自我投入的程度根据不同情况撤回，此时就会处于一种不敬业的状态甚至是怠工的状态。其实，体面劳动涵盖了工作的自主性、参与性、独立性、机会及支持等多个方面，不仅体现了工作内容，也体现了组织中“人”的因素。所以，如果员工工作体面性得不到满足，那么员工敬业度就会降低。只有当员工认为自己的工作是体面的，员工才能投入自身的精力、智力和努力，从而激励员工高度敬业，即达到情感层面的满意和忠诚，还要做到无私奉献。体面劳动感知同敬业度之间的关系验证最为重要的价值在于，对企业通过改变一线员工更加关注的方面来直接提升员工敬业度的路径提供无限的指导价值。事实上这意味着对生活在社会中的个体来说，其可以通过有效的外因影响实现个体内部感知的改变，这对我们现实的管理决策具有非常直接的指导意义。

9.1.3.2　工作动机在体面劳动感知和员工敬业度之间的中介效应

通过中介效应的验证发现，体面劳动感知对工作动机的作用主要通过直接作用达成，而对敬业度的作用则通过工作动机这一中介作用达成。这不仅证明了工作动机确实在体面劳动感知和敬业度之间起到桥梁作用，也说明尊重认同、共存包容和骄傲自信 3 个维度并不是直接作用于员工的敬业度的，关键的心理状态起了中介作用。

Vallerand（1979）根据动机层级模型中提出三种心理需求对员工情感、认知和行为产出具有远端的促进作用，内在动机对员工情感、认知和行为具有近端促进作用。Eby（1990）以大样本的实证研究证明了内在动机对情感、态度和行为的近端促进作用。他们均强调了内在动机对员工心理和行为积极产出的促进作用。敬业度反映了员工被工作吸引，愿意为工作奉献的程度，这一概念本身就具有内在激励的成分。员工的工作动机是一种心理状态，直接决定个体为企业贡献的愿望和程度，是员工敬业度的影响因素，也是激励的作用基础。作为积极心理学研究的重要内容，内在动机强调员工在工作中积极的情感体验，这对于从根本上解决我国目前企业员工“爱岗敬业”水平普遍不高有积极作用。不体面是员工内在认知矛盾的外在表征，它能够引起员工内在的冲突，打破已有认知结构的平衡状态，唤起对体面性的追求和欲望。所以，不体面的感知主要起着引发认知动力的作用，只有在感知到不体面的条件下才会被感受到主观上的疑难。随着市场经济在我国的深入，企业管理者普遍认识到，可以通过外在报酬激发员工的工作动机。但这种外在的报酬并不是激发动机的“万能药”，它存在着明显的边际效用递减规律，效果难以持久。内在激励才是员工工作热情和积极性的源泉，有效开展内在激励才能使企业获得持久的绩效和竞争优势。

9.1.3.3 心理需求在体面劳动感知和敬业度之间的调节效应

本书通过回归分析对心理需求在体面劳动感知与敬业度关系中的调节作用进行了验证，验证结果显示。自变量（体面劳动感知）与调节变量（心理需求）的乘积项与因变量（敬业度）之间的关系显著；同时满足第二个条件，即自变量（体面劳动感知）与调节变量（心理需求）的乘积项与中介变量（工作动机）的关系显著；并且，中介变量（工作动机）与因变量（敬业度）之间的关系显著。因此，我们判断心理需求在体面劳动感知与敬业度之间有显著的调节作用。

实证分析的结果表明，心理需求的满足会通过提升员工内在的工作动机来提升敬业度。Gagn 和 Deci（2005）研究表明，促进自主、胜任和关系需求的组织氛围有助于一线员工将工作的规则、标准以及程序等外在化的要求内在化，行为更具有创造性和主动性。动机推动的工作行为是极少见的，大多数工作行为都是由物质奖励、晋升、监督管理等外在动机推动的，对工作的初始兴趣和乐趣也会随时间的推移、对工作的熟悉而减少。所以相较于内在动机，自主性的外部动机在工作场所中更常见，对员工工作行为的激励作用更显著。自我决定理论是唯一阐述外在动机内化机理的工作动机理论。本书提出满足胜任、自主与关系 3 种心理需要的信息性环境因素，有助于增强内在动机并滋养自主性外部动机的产生，从而为动机转化的管理性干预提供了明确路径。

如果一线员工心理需求低，这可能说明其更重视薪酬、福利等外在的激励手段，所以企业能通过一线员工心理需求的高低来预测他与未来岗位的匹配程度：如果关系需求高，则表示员工更加胜任团队的工作；如果胜任需求高，则表示员工更加胜任绩效反馈明确的工作；如果员工的自主需求强，那么该员工可能更愿意从事一些复杂性、程序化要求较高的工作。因此，对于关系需求较高的员工，企业要善于改变他们的工作认同感，增强他们对工作重要性的感知、促进其同事之间的沟通交流等；对胜任需求高的一线员工，企业需要通过培训使他们的技能水平得以提升，通过授权、参与决策等提升他们的工作自主性；对于自主需求高的员工，企业需要通过给予他们更多的自主支持，使他们感知到工作成果以及自己的工作对他人和组织产生的重要影响。SDT 中的心理需求的实质是个体对成长、发展的需求，这种需求受到工作环境的影响进而影响积极的工作产出，对自主、关系和胜任的研究对促进员工内在激励有重要的指导作用。

9.1.3.4 人口统计变量对相关变量及其维度的影响

一线员工体面劳动目标的实现在很大程度上要取决于员工自身的客观条件

和能力素质，其差异直接影响一线员工的就业层次、工作中的基本权利实现、权益的保障以及与资方谈判的力量等方面的状况。一线员工的合法权益的获取，归根到底还是需要通过员工与用人单位之间不断试错和重复博弈的过程来实现。一线员工合法权益的实现程度取决于博弈双方的力量对比和技巧运用。能力素质高、人力资本较强的劳动者，由于其对用人单位而言属于稀缺资源，具有较高的人力资本价值，在与用人单位博弈、争取自己的合法权益的过程中，话语权较强。相应地，用人单位为了留住这些人力资本，也愿意提供更好的劳动保护及待遇。相比而言，那些能力素质低、人力资本存量较少的劳动者，其对用人单位而言，替代性很大，用人单位不愁再雇佣其他劳动者，因此这部分劳动者的谈判力量就相对较弱，这些人在争取自己利益方面的能力也相对较弱。由此可见，员工自身的知识与技能以及人力资本投资状况等，影响其在劳动力市场上的竞争力，从而影响其利益实现程度。而员工的能力素质、人力资本投资状况可以通过其文化性别、年龄、受教育程度、是否工会会员、是否签订劳动合同以及具备的法律法规知识等因素反映出来。

从性别这一控制变量的统计结果来看，性别对敬业度的影响系数为-0.06，不显著，女性与男性相比，关系不显著。这可能是因为女性在就业过程中更容易受到歧视和不公正的待遇，但是女性员工受到传统文化“女主内，男主外”思想的影响，女性的家庭观念往往很重，她们对自己成功的定义不全部是在工作上，所以造成在工作中很容易满足，受到不公正待遇也顺其自然。调查发现，大多数女性认为自己是女性，所以薪酬待遇、职位晋升等方面比男性差一点是应该的。在这种观念主导下，她们对自己工作体面性的认识就降低了标准，所以最终女性对敬业度的影响也许就高于男性。

从年龄这一控制变量的统计结果来看，年龄对敬业度的影响系数为0.02，这可能是因为随着员工年龄的增长，员工的知识技能水平会在日常工作实践中逐步提升，其工资待遇也会随之相应地增长。此外，员工在企业的工作年限越长，企业与员工的劳动关系越趋于稳定，企业也越愿意对稳定性较强、为企业做出过贡献的员工提供更高的薪资待遇以及更好的劳动保护。年轻员工的忠诚度远远低于老员工，他们希望马上能够负起责任并得到重用，尤其是刚刚工作的80后、90后员工，他们对自尊和自身权利的追求明显高于其他代际。但刚工作的新员工往往不能承担企业的重要岗位，而是从事一些简单的、重复性的工作，在现实与理想之间的巨大反差下，新员工的敬业度比较低。作为在企业工作时间比较久、相对成熟的员工尤其是40~50周岁的员工，他们的阅历增加了，办事也更加稳重，也承担了企业的重要岗位职责，拥有一定的权利，所以这个年龄段的员工敬业度会更高。

从受教育程度这一控制变量的统计结果来看，受教育程度对敬业度影响的路径系数为0.00，并没有达到显著性要求，可见受教育程度的差异并未对敬业度影响产生作用。虽然受教育程度的高低是找工作的敲门砖，但是在具体的工作中，并非学历高的人就会更敬业。

从是否工会会员这一控制变量的统计结果来看，是否工会会员这一控制变量对敬业度的影响路径系数为0.003，具有显著差异。因为企业工会往往代表的是员工的权益，维护劳动者合法利益起到应有作用，所以如果一线员工是工会会员，那么其敬业程度会大一些。但是从我国实际情况来看，工会被习惯性地列为“三类”部门，有的甚至在企业改制过程中被撤销或合并到政工部门，这样的企业地位势必注定工会想“作为”又无法“作为”的结局。在非公有制企业，劳资关系明确，劳资利益对立，工会主席或工会干部作为企业的雇员，受制于企业，职工代表就有关权益与企业主及管理者进行谈判、交涉时，不可避免地会触及对方的利益。这样雇主往往以不再续订劳动合同的方式解雇工会干部，或者给予其他不公正的待遇。所以在我国企业工会相对较为弱势，发挥的作用也非常有限，对员工的敬业度影响作用比较小。

从是否签订劳动合同这一控制变量的统计结果来看，是否签订劳动合同这一控制变量对敬业度的影响为-0.07，且达到显著水平，说明签订了劳动合同的员工与没有签订劳动合同的员工相比，存在显著差异；但是影响为负值，说明签订了劳动合同的员工反而不如没有签订劳动合同的员工敬业。可能的原因是因为没有签订劳动合同的员工由于没有编制，没有安全感，所以对待工作会更加认真；而签订了劳动合同的员工知道企业不会轻易地辞退自己，且个人职责已经在合同上有所明确，所以往往缺乏对在组织内与他人积极协作的劲头，自然就不如没有签订劳动合同的员工敬业了。

9.1.4 厘清了体面劳动感知对组织公民行为的影响机理

9.1.4.1 体面劳动感知对组织公民行为的影响

本书的分析结果显示，员工的体面劳动感知对其组织公民行为具有显著的正向预测作用，且进一步分维度检验，发现体面劳动感知对组织公民行为的组织认同、协助同事、尽责性、人际和谐和保护组织资源5个维度都具有正向的影响。

本书以年龄、月均收入、现单位工作年限作为控制变量，将体面劳动感知作为自变量，对组织公民行为这个因变量进行回归。分析结果表明，将体面劳动感知加入回归方程之后，回归结果在 $P<0.001$ 的水平上显著（$P=0.000$，$\beta=0.533$），并且调整后的模型对因变量的解释度提升了 27.6%，说明体面劳动感知对组织公民行为具有正向影响。同理，本书分别对 5 个分维度进行分析，回归结果在 $P<0.001$ 的水平上均显著，因此证实了体面劳动感知对组织公民行为的所有分维度均有正向预测作用。

依据社会交换理论，当员工的体面劳动感知水平较高的时候，表明他们能够从组织获得工作所需要的经济或情感资源，内心认为组织对他们是重视与关注的，因此会表现出更多的对组织有益的角色外行为来回报组织，如组织公民行为；而当员工体面劳动感知水平较低时，他们无法从组织获取相应的资源，感受不到组织对自己的给予和帮助，就会减少其组织公民行为。

9.1.4.2 体面劳动感知对心理所有权的影响

本书通过数据分析发现，体面劳动感知对心理所有权有显著的正向影响。以心理所有权为因变量，在先后放入控制变量和自变量体面劳动感知后，回归结果在 $P<0.001$ 的水平下显著（$P=0.000$，$\beta=0.597$），对原模型的总体解释度提升了 34.7%，表明体面劳动感知对心理所有权具有显著的正向预测作用。

首先，体面劳动强调员工在组织工作时的自主性和参与度，所以有助于提高员工的效能感；其次，体面劳动涵盖了工作的安全性和公平性，让员工能从组织中获得所需的支持；最后，体面劳动还要求公司为员工提供积极向上的工作氛围，使员工在工作环境中能够得到大家的尊重和关爱。且在中国情境下，中国人通常具有泛家族主义倾向，上述一系列的积极情感使得个体很容易对所在组织产生“归属感”和“所有感”，视组织为自己的“家”，与之融为一体，荣辱与共，形成对组织的心理所有权。

9.1.4.3 心理所有权对组织公民行为的影响

本书的分析结果表明，心理所有权是组织公民行为的重要前因变量，对组织公民行为及其各分维度都有显著的正向影响。我们首先放入本书的控制变量，其次将心理所有权作为自变量，对组织公民行为这个因变量进行回归。分析结果表明，将心理所有权加入回归方程之后，回归结果在 $P<0.001$ 的水平上显著（$P=0.000$，$\beta=0.585$），并且调整后的模型对因变量的解释度提升了 34%，说明体面劳动感知对组织公民行为具有正向影响。同理，本书分别对 5 个分维度进行分析，回归结果在 $P<0.001$ 的水平上均显著，因此证实了心理所有权对组织公民行为的所有分维度均有正向预测作用。

心理所有权正向影响组织公民行为及其各维度的结论与 Vandewalle et al.（1995）、Van Dyne et al.（2004）、吕福新等（2007）、刘芳等（2010）的研究结论基本一致。当员工对于组织的心理所有权较强时，对组织的占有感，即“我的”情感会激发出保护和改善心理所有权目标的积极行为（Wagner et al.，2003），例如角色外期望的利组织行为（Pierce et al.，2001），也就是组织公民行为。

9.1.4.4 中介效应的验证

本书的数据分析结果显示，心理所有权在体面劳动感知与组织公民行为之间起到部分中介作用，并且部分中介体面劳动感知与组织公民行为各分维度之间的关系。

在本书的数据分析部分，本书将组织公民行为当成因变量，第一步放入控制变量，第二步放入体面劳动感知作为自变量，第三步放入心理所有权作为自变量，并采用Enter分析方法进行回归。回归结果显示，当在原模型中加入心理所有权后，原模型主效应在 $P<0.001$ 的水平上显著，心理所有权对组织公民行为的影响显著，对模型的解释力从原27.8%上升至39.1%，同时体面劳动感知对组织公民行为的回归系数由0.533变为0.283，影响显著降低却依然显著。因此，证实了心理所有权部分中介体面劳动感知与组织公民行为之间的关系。同理，本书进一步验证心理所有权在体面劳动感知与组织公民行为各分维度之间是否同样发挥着中介效应，结果发现，心理所有权部分中介体面劳动感知与组织认同、协助同事、尽责性和人际和谐之间的关系。虽然心理所有权在体面劳动感知与保护组织资源之间的中介作用在5%的显著性水平下未能通过检验，但却在10%的显著性水平下显著。因此，为进一步探究心理所有权在体面劳动感知与保护组织资源之间的中介效应是否存在，本书采用MacKinnon et al.（2002）提出的中介效应检验方法再次进行验证。综合两种中介作用检验方法得出的结论，我们发现，心理所有权在体面劳动感知与保护组织资源之间的确存在部分中介的作用。

依据认知行为理论的“S—C—R”模型，体面劳动感知作为一种外部环境刺激，当员工感受到在组织中的工作是体面的、有尊严的时候，他们会感觉自身价值得到了认可并对组织产生强烈的认同感与归属感，进而增强其主人翁意识，认知到组织是“我们的”，并最终为组织发展而承担更多角色之外的行为。

9.1.4.5 调节效应的验证

本书的数据分析结果显示，主管支持感对体面劳动感知与心理所有权之间具有调节作用。本书将心理所有权作为因变量，首先放入控制变量，其次将标准化的体面劳动感知、主管支持感放入模型进行回归，最后放入标准化的体面劳动感知、主管支持感及它们的乘积项进行回归。结果表明，当加入体面劳动感知与主管支持感的乘积项进行回归时，乘积项对心理所有权的作用同样显著（$P=0.023<0.05$，$\beta=0.116$），对模型的解释力为 43.8%，与未加入乘积项时相比上升了 1.0%，因而主管支持感对体面劳动感知与心理所有权之间关系的调节作用显著。

主管支持感正向调节体面劳动感知与心理所有权之间的关系。当员工在组织中的工作是体面劳动时，员工感知到的主管支持越强，越会强化体面劳动感知对心理所有权的正向影响；反之，员工感知到主管支持感越弱，越会弱化体面劳动感知对心理所有权的正向影响。

9.1.4.6 人口统计变量对相关变量的影响

本书通过独立样本 T 检验的方法，检验了个体的性别、婚姻状况和是否工会会员这 3 个人口统计变量对所研究变量产生的影响；通过单因素方差分析方法，检验了年龄、受教育程度、月均收入、现单位工作年限以及是否与所在企业签订劳动合同等对所研究变量的影响，分析结果表明：

（1）年龄影响心理所有权、主管支持感以及尽责性：21~25 周岁、26~30 周岁、46 周岁及以上的一线员工心理所有权显著低于 36~40 周岁和 41~45 周岁的一线员工。36~40 周岁和 41~45 周岁的员工正是组织一线员工中的中坚力量，他们技术娴熟、业务精通，在组织中能获取的资源更广，决策参与度也更高，因而主人翁意识更强，对组织的心理所有权较高；21~25 周岁以及 26~30 周岁的一线员工进入组织不久，对于工作业务和人际关系还不够熟悉，相应地能得到的组织支持较少，也不容易参与到组织的重要决策之中，所以其心理所有权可能较低；而 46 周岁及以上的一线员工年龄已经偏大，但还在一线从事工作，可能是其自身的综合素质不强造成的，他们在组织中的发展面临着很大的困难，很容易就被别人替代，因此对组织的心理所有权较低。

在主管支持感上，46 周岁及以上的员工显著小于其他年龄阶段的员工。46 周岁及以上的一线员工已逐渐进入职业生涯末期，他们未来能进一步提升和发展的可能性较小，因而主管对他们的关注较少，对他们的支持相比于其他年龄阶段的员工就更小。

在尽责性方面，21~25 周岁的员工明显低于 31~35 周岁、41~45 周岁和 46 周岁及以上的员工，26~30 周岁的员工明显低于 31~35 周岁和 41~45 周岁的员工。21~25 周岁和 26~30 周岁的员工较 31~35 周岁、41~45 周岁和 46 周岁及以上的员工而言年龄偏小，他们的生活阅历和工作经验都偏少，使得其承担责任的意识不强；同时，他们加入组织的时间不长，可能对组织的承诺偏低，因而其尽责性相较于年长的员工较低。

（2）月均收入影响体面劳动感知和协助同事：在体面劳动感知方面，月均收入 2 000~3 000 元的一线员工，其体面劳动感知显著低于其他所有组别的员工。在中国人传统的价值观中，收入的高低往往是衡量一个人能力以及社会地位的重要指标。相较于更高收入的员工，月均收入 2 000~3 000 元的一线员工面临的生存压力更大，其生活质量也较低，因而体面感和尊严不如收入更高的员工。

就协助同事而言，月均收入 2 000~3 000 元的一线员工显著低于月均收入 3 001~4 000 元以及 4 001~5 000 元的员工。分配公平和薪水满意度都会对协助同事产生影响，而月均收入低的员工在这两个方面均低于收入较高的员工，所以其协助同事的程度较低。

（3）现单位工作年限影响尽责性：工作 1~3 年的员工显著低于工作 4~6 年和 7 年及以上的员工。刚进入组织工作的员工，工作时间短、工作经验少，他们的责任意识较弱、对组织的承诺偏低，因此相较于工作年限长的员工来说尽责性偏低。

9.2 管理对策

从体面劳动感知的内涵可以看出，体面包含绝对意义和相对意义的体面。绝对意义下的体面主要代表着能够保障员工维持生存、安全以及生活的条件；相对意义下的体面能彰显成就、地位、尊严等方面。体面劳动的本质含义反映着一种社会劳动关系，而这种劳动关系并不是一种纯粹的经济利益关系，它是一种反映了组织内部与外部、组织与员工之间所体现的劳动地位、劳动者行为和价值观念的文化，体现的是包括社会政治、价值、法律、道德、习俗、礼仪等在内的范畴。首先，政府作为整个市场的宏观调控者，在实施体面劳动政策方面负有重要责任。体面劳动目标的实现在很大程度上依赖于政府的劳动政策推动，体面劳动实现状况与国家法律、法规颁布状况有密切联系。其次，员工体面劳动的感知更多的是来自企业层面。一个企业或组织没有和谐的劳动关系就难以实现“体面劳动”，企业的重视和努力是员工体面劳动实现的前提条件。尤其在我国工会较为弱势的现实条件下，企业人力资源政策对员工体面劳动实现的范围以及实现水平的影响作用是不容置疑的。最后，素质不高的员工则体会不到劳动的愉悦和幸福，员工素质高低决定了“体面劳动”的社会价值。本书从政府、企业和员工三重视角提出实现体面劳动的对策建议。

9.2.1 政府发挥保障职责，营造体面劳动实现的宏观环境

政府作为超越于企业与员工利益之上的上层建筑，其基本职能在于协调劳动关系的矛盾，调节、控制劳资双方间的关系和劳资双方之间有关收入、管理权谈判的一系列协定、准则和规则。其在实现体面劳动的过程中扮演的是宏观层次的引导和监督者的角色，是实现体面劳动的制度保障，在劳资双方间起仲裁的角色，为创造体面劳动的宏观社会环境发挥重大作用。

9.2.1.1 构建共存包容的社会机制

从体面劳动的内涵可以看出，共存包容就是让一线员工更多地享受改革和发展带来的成果。在现有的研究前提下，包容性发展被定义为消除一线员工群体权利的贫困和所面临的社会排斥，实现机会平等和公平参与，使包括一线员工群体在内的所有群体都能参与经济增长并做出贡献，同时合理分享增长成果。在这个过程中，个体不仅要求能够公平参与到社会体系中去，同时还能够实现成果的公平分享。包容性发展的理论是来自对社会发展中的社会排斥性和社会不均衡问题的重视，因为排斥现象在全球普遍存在。

政府、制度被认为是协调劳资矛盾的最为重要的基础（Ali et al., 2007a; Ali et al., 2007b）。在这一研究的基础上，Femando（2008）提出了包容性发展的 4 个基本方面：①可持续的平等的增长；②社会包容；③为一线员工赋予权力；④提供安全的环境。提高一线员工的收入水平被看作包容性发展的必要基础，而为了能够实现最为有效的可持续的发展，企业各部门必须能够有机地结合，能够调动各方面的资源，最大限度地实现资源的有效利用。在这样的背景下，就需要消除社会生产过程中的各种体制性壁垒、提升一线员工参与到各个生产体系中的机会等。而为了让一线员工能够拥有发展的权利，这就需要为那些一线员工提供足够的上升渠道和发展空间，使得他们能够有效地积累各类发展资源：①能够有效地提升一线员工的生活水平；②能够提升一线员工个体在把握机会上的能力；③能让贫困个体获得更加多的健康服务；④拥有专门为一线员工群体打造的培训项目，以提升他们参与竞争及生产的能力；⑤拥有良好的管理治理能力；⑥为一线员工群体提供有效的安全保障。

9.2.1.2 建立符合我国国情的劳动法律体系，完善社会保障体系

从签订劳动合同状况是否对敬业度有显著影响这一控制变量所起的作用可以看出，政府有责任制定劳动政策，在国际劳动立法指引下，深入贯彻和继续完善《中华人民共和国劳动合同法》《中华人民共和国就业促进法》《中华人民共和国劳动争议调解仲裁法》《中华人民共和国工会法》 和《中华人民共和国

社会保险法》等相关劳动法律制度，保证员工在安全健康的环境中劳动，保障员工在劳动的过程中权益不受到侵害，消除劳动关系中劳资不对等的现象，保障工会能独立地、坚定地代表劳动者的权益，维护劳动者的利益。同时，政府应加快出台《集体合同法》《反就业歧视法》等配套法律制度，不断地提高劳工权利和保障标准，为实现体面劳动、建立和谐稳定的劳动关系提供良好的法律制度保障。

我国目前已经初步建立包括养老、医疗、失业、工伤和生育保险在内的社会保障总体框架，但是在社会保障制度实施的过程中还存在很多违法行为，如单位不为职工投保、拖欠社会保险费等现象，继而引发许多社会保险纠纷，侵犯到劳动者的社会保障权利；而权利救济时也没有更为有效、及时、便捷的解决方式。我们应进一步完善社会保障制度，扩大保障的覆盖率和保障水平，拓宽社会保险投资渠道，增加享受社会保障待遇的人群，并提高社会保障待遇的标准；确保劳动者获得安全的工作条件和适度的休息休假，促进职业安全管理，减少工伤事故的发生，对就业困难人员或丧失劳动能力的人员给予特殊、适度的救济和补偿，保证所有劳动者的劳动力能够得到充分的承认和有效的保护。

9.2.1.3 深化工会组织的职能建设，有效促进社会对话

从是否工会会员这一控制变量对敬业度的影响路径系数可以看出工会对维护劳动者合法权益的作用。目前，工会在切实维护一线员工权益方面还有很多要做的事，工会应该以宪法为根本活动准则，按照《中华人民共和国工会法》和《中国工会章程》独立自主地开展工作，依法行使权利和履行义务。就目前我国的实际情况而言，各级工会组织的领导者同时是企业的负责人之一，工会组织的行为会受到企业决策层的影响和干预，工会没有充分的话语权，难以独立地开展工作，从而其服务能力就会在一定程度上受到制约。从国外的经验得知，如德国，作为福利国家的代表者之一，工会组织是独立于企业的，工会的话语权十分充分，从而工会维权职能的发挥非常顺畅，职工的权益受到了切实的保障。因此，各地区的各级工会组织需要不断进行体制改革，摆脱“花瓶状态”，积极建立各级职工代表大会制度，增强工会工作的独立性；加强博弈能力，实行民主管理，善于、敢于向企业提出各种实现“体面劳动”的合理化建议；让一线员工“体面劳动”得到最大程度的落实，让更多一线员工参与到工会的组织建设和决策团队中来，让一线员工的声音充分体现在工会的工作中来，从而让工会组织全身心地服务于广大一线员工，充分发挥《中华人民共和国工会法》和《中国工会章程》等赋予的各项维权职能；在推动企

业劳动合同、集体合同、社会保险工作的开展过程中，增强与企业的沟通协调能力，不定期进行职工安全调查，加强法律法规执行监督和企业民主管理，为实现一线员工的“体面劳动”发挥应有的作用。

9.2.2 企业承担社会责任，营造和谐包容的工作氛围

本书的对象为企业一线员工，所以体面劳动感知更多地来源于企业，具有高度包容的分配系统，能够有效体现生产系统内部各个利益相关者的利益。公司提供的工资、福利、政策、工作氛围等都是员工体面劳动感知的源泉，企业只有建立和谐的劳资关系，巩固和发展好企业文化，加强民主管理，“体面劳动”才能在发展过程中得以体现。具体来讲，企业需做好以下几个方面：

9.2.2.1 关注员工心理需求动机

一线员工心理需求动机与企业人力资源管理之间存在内在的联系，了解员工的心理需求动机，才能让企业组织的人力资源管理活动更加有的放矢。工作动机是影响员工工作积极性的一个基本的内部因素，培养和提高自我愿望等成就动机水平，将有助于改变他们对工作的消极态度，提高自我的工作积极性。强烈的成就动机使人具有很高的工作积极性，渴望将事情做得更为完美，最终实现组织和员工的共同进步。

对每个个体而言，各种需要的强度在不同时期和不同发展阶段是不尽相同的，企业管理者应对所属一线员工的需要进行细致的分析和划分，从而找到激励的切入点。有效的激励必须有针对性，否则就会事与愿违。只有抓住一线员工需求的特点，对其最强烈的需求进行激励，才能使员工产生最强的动机，解决激励不足的问题。为此，企业内部应实施有弹性的激励机制，根据本企业实际情况，针对不同员工的需要和动机，制定分类激励的措施。

9.2.2.2 履行企业社会责任，加强企业伦理建设

从现代经济学的观点来看，企业不仅担负着创造利润的经济责任，而且还担负着保障员工权益的社会责任。员工利益是企业社会责任中最直接和最主要的内容。加强企业的伦理建设，使企业经营者认识到盈利不是企业的唯一目的，企业还承担着包括保障体面劳动等社会职责。通过各种机制使企业切实感受到，推进体面劳动受益的不只是一线员工，还包括企业自身的可持续发展。引导企业转型，逐步放弃以压低劳动报酬、实行低工资为特征的企业发展模式。企业是劳动者的组织和管理单位，是实现体面劳动的基层单位。企业应该在内部建立和谐的气氛，注重加强各方利益主体之间的关系，在管理者与管理者之间、员工与员工之间、管理者与员工之间建立和谐的、合作的人际关系。

树立以人为本的思想，贯彻执行国家的各项方针政策，落实各项劳动法律法规，严格执行劳动基准。企业不仅要充分解决就业、缴纳税款、改善工作环境、加强安全生产，还要关注环境保护、维护市场秩序、扶助社会弱势群体、保障员工权益、发挥参与社区发展和推动社会进步的作用，让一线员工成为体面的劳动者。

9.2.2.3　转变企业经营理念，加强企业文化建设

企业不仅是提供产品与服务的，而且还是实现人的发展目标的社会组织，保障劳动者体面劳动、获得尊重是其应有的义务，企业应成为劳动者的精神家园。企业应树立良好的形象，加强企业文化建设，为实现体面劳动做出贡献；同时，也在为自身的发展开创广阔的未来。从可持续发展的角度来看，体面劳动的实现能促进企业健康持续的发展，改善企业的生产环境及条件，使企业加强环境保护、安全生产管理的同时，也注重对劳动者地位与权利的保护，也为企业培养了一批忠诚于企业、主动为企业服务、主动为企业的发展献计献策、无私奉献的劳动者，使企业的生产经营活动在可持续发展的基础上健康地发展。

9.2.2.4　打造信息共享平台，建立参与式管理

企业由于拥有信息优势，往往成为合同履行中占据主导的一方，但是一线员工对工作的体面感决定了其履约程度。在履约过程中，当企业的承诺逐步兑现且一线员工能够充分了解其兑现程度并表示满意和认可，这样就会使企业和一线员工之间的劳动关系更加和谐稳定。要提升一线员工对工作的体面感，必须建立员工了解和掌握企业经营管理等信息的渠道，特别是与一线员工切身利益相关的信息，更应当及时发布，并做好沟通和解释，这样就能防止一线员工因信息不对称或不完全而对企业产生不满。因此，企业若要在内部打造其与一线员工的信息共享平台，必须通过宣传导向、转换观念，加强对一线员工参与管理的重要性认识，明确员工参与的地位以及参与管理面临的困难。企业通过适当的授权，创造各种良好的机会，把握员工参与管理的度。企业广开渠道、完善信息公开制度，增加企业决策、经营、财务等的公开性和透明度是企业参与管理的基本条件。企业应根据实际情况，灵活采用或创造各种不同的一线员工参与管理的形式。

9.2.2.5　建立公平分配制度及弹性的用工制度

建立合理的具备长期激励作用的收入分配制度，促使企业与一线员工建立稳定的合约关系，从而促进一线员工体面劳动。因此，企业应根据自身的实际条件考虑收入分配制度。首先，企业可以实行年功序列薪酬制度，即主要是根

据员工在企业工作的年限支付报酬。其次，企业可以实行延期支付制度，对员工在企业工作初期先减额支付薪酬，待一线员工在企业工作达到一定年限后，再超额支付薪酬，从而增强对员工的激励和毁约成本约束，减少员工毁约行为的发生，稳定企业与一线员工的劳动关系。最后，企业可以实行股权激励制度。由于企业与员工有股权纽带的联结，一线员工既是企业的劳动者，也是企业的所有者，股权既是一种激励机制同时也是一种约束机制，是促进一线员工体面劳动的有效工具。

当企业面临经济低迷的市场环境时，企业一般会通过减少雇佣人员来进行成本压缩，而一部分一线员工仍然愿意接受稍低于当前薪酬水平的薪酬继续为企业工作。传统的企业固定用工模式刚性大，不利于缓解用工压力，而灵活多样的弹性用工方式，不仅为劳动者进入劳动力市场或留在劳动力市场提供了可能，还让劳动者能够分享有限的工作，有助于解决尖锐的失业问题，也让劳动者享受到更多的闲暇时间，更好地照顾到家庭与生活，为实现员工体面劳动奠定基础。

9.2.2.6 营造和谐包容的工作氛围

企业对内还要营造和谐包容的工作氛围。舒适安全的工作环境、友好和谐的同事关系、积极向上的组织氛围，都能使一线员工感受到工作是有尊严的、是体面的，也能够让他们在组织中感受到家的温暖，对组织产生强烈的归属感与认同感，从而自觉地去促进组织绩效的提升和组织目标的实现。企业可以通过文化建设、环境保护、安全管理等，将这种和谐包容的理念渗透到企业的方方面面，进一步提升一线员工的体面劳动感知。

9.2.3 一线员工树立体面意识和尊严观，增强敬业意识

本书从感知的视角探讨了体面劳动感知的内涵以及其对敬业度的影响，如何让一线员工自身体会到“体面劳动”的存在，对于一线员工素质的要求尤为重要。不具备高素质的一线员工便不能体会到工作的愉悦和幸福。高素质的员工就要具备劳模精神，以工作为荣，爱岗敬业，甘于奉献；就要具备新观念，适应新发展；具有自觉意识和创造力，好学上进，技术精湛，自觉从严，一丝不苟。高素质的员工，实际上就是“德才”兼备之人。因此，要实现体面劳动，不仅要在保护一线员工的权益、体现一线员工的价值、创造劳动工作环境等打造体面劳动的氛围上下功夫，还要在打造“德才”兼备的一线员工队伍、提高劳动者素质上努力。具体来讲，需要从以下几个方面努力：

9.2.3.1　树立体面意识和正确的尊严观

首先，要有自尊自爱意识，克服“劳力者治于人”的心理，树立“体面劳动就是最好的劳动”理念，理性看待自己的职业，勇于维护自己的合法权益，做到不亢不卑。正确的尊严观念的形成，对公民人格尊严的实现具有前提性意义。如果没有对尊严的正确认识与端正的尊严观念，人格尊严的实现几乎是不可能的。在这个过程中，思想道德教育的地位与作用不容忽视。为此，我们要创造一个能够提高涵养、提升人性、注重尊严的教育系统，并实施系统的尊严观教育。要注意消除传统尊卑观念、等级特权、市场经济和体制改革等给人格尊严实现带来的各种消极影响，真正树立科学、正确的尊严观念。要让一线员工对尊严与面子、虚荣、自傲等有正确的区分与认识，让一线员工明白什么是真正的尊严；同时，要使一线员工意识到自尊以及尊重他人的必要性，认识到对人格尊严的追求是自己的道德权利和道德义务，认识到他人也和自己一样有实现尊严的权利与主张。这些正确的尊严观念的树立、尊严意识的培养与提高，对保证自身人格的高尚与伟大，以及尊重他人人格的独立与平等具有重要的前提性意义。

9.2.3.2　提高自我认知

一线员工在面对社会需求时，应首先更多地去考虑“我想干什么”“能干什么”，充分了解自己所要从事的职业性质、特征及发展前景。只有在充分了解自身能力的情况下，才有助于找到令自身满意的工作，实现体面就业。体面劳动的实现，使人性最深处的自我实现需求得到了孕育的土壤，而自我实现需求是注重发挥潜力和创造力的一种需求。如果一线员工能够立足于这片沃土，将大大激发其智力资源和创造潜能。

9.2.3.3　增强敬业意识

提高一线员工敬业度，实际上就是让员工在情感与知识方面对企业有承诺和投入。敬业的员工对企业所关注的经营业绩指标影响最大，包括效率、顾客忠诚度、员工保留率、安全和产值等。企业可以通过一系列的措施提高员工的敬业度，如制定与绩效挂钩的奖励制度、建立过硬的人力资本基础设施、与一线员工互动的知识管理、建立良好的员工关系管理等。一线员工通过适应企业的这些管理手段来实现其生活保障、自我价值的实现等基本要求后，会由满意而转向敬业，从而为企业创造价值。因此，增强一线员工的敬业度，让员工努力工作，会给企业带来一系列正面影响。

9.2.4　一线员工树立正确的工作价值观，提高组织公民行为

9.2.4.1　树立正确的工作价值观

一线员工应该树立正确的工作价值观。由于每个人的教育背景、知识水平、能力素质、社会阅历等的不同，人与人之间的社会分工也会有差别。但是职业不分高低，工作不分贵贱。因而一线员工不应该盲目攀比，一味追求表面光鲜、收入待遇高的工作，更不能因为自己身处基层、从事一线的工作就感到自卑。首先，一线员工要学着理性看待自己的工作，勇于正视自身的缺点和不足，努力学习科学文化知识，全面提升自我的能力和素质，才能最终发挥自我价值，实现体面劳动。其次，一线员工还要树立主人翁意识。尽管一线员工做的绝大部分工作是基础性的，但是这也是企业持续发展不可或缺的一部分。因此，一线员工也是组织的一分子，是这个大集体中的重要成员。一线员工尽职尽责地完成好自己的本职工作，在促进企业发展的同时也是为了自我价值得以实现。

9.2.4.2　增强维权意识

目前，一线员工普遍缺乏安全防护意识，连自己所处的生产环境可能使自己患上什么职业病都不知道，甚至连什么是职业病也不懂，对他们而言，维护自身权利是相当困难的。因此，一线员工作为体面劳动的主体，必须充分认识到自身享有的权益，认识到实现体面劳动对其自身的重要意义，学会依法保护自己的各项权利，通过签订劳动合同等多种合法形式改善自己在劳动就业、劳动保护、劳动报酬和社会保障等方面的条件。只有这样，在其权益受到侵害时，才会自觉地维护自身的合法权益，积极主动地与侵害其体面劳动权益的行为做斗争。

同时，一线员工要提高参与组织建设的意识，既要主动参与企业的内部活动，依靠组织的力量来实现一线员工体面劳动，还要主动参与到企业政策的制定、执行、调节和反馈过程中去，扩大自身的参与面。其实，职工与资方相比，其最大的优势就在于数量。那么，只有将众多的一线员工组织起来，使个别劳权汇集成集体劳权，才能达到劳动关系双方力量均衡的要求，才能使所有员工的权益得到根本保障，这样才能保障体面劳动的实现。因此，一线员工要有主动加入工会组织的意识，自觉加入工会，并依靠组织的力量来维权，使维权成本最低化，维权成效最大化。

9.2.4.3　增加组织公民行为

一线员工需提高主人翁意识，加强对企业目标和价值观的认同感，使认同

感不断得到延伸和发展，逐渐形成企业归属感。在此基础上，进一步由归属感和认同感驱动，转化为自发、主动的组织公民行为。21 世纪企业间的竞争，归根到底是人才的竞争，员工为组织运作和发展贡献个人力量，增加组织公民行为，是帮助企业获得持续性竞争优势的关键。

9.3 研究局限和展望

体面劳动感知的研究，不仅对满足广大一线员工全面实现自我价值有巨大的推动作用，同时还有助于提升一线员工的敬业意识、人力资源结构的合理配置以及劳资关系的稳定度。本书对体面劳动的国内外发展现状进行阐述，结合意义建构理论，构建了体面劳动感知的内涵以及开发了体面劳动感知的量表，同时深化了体面劳动感知对敬业度的影响机制。以下为本书的一些不足之处，以及对未来研究的展望：

第一，在研究结论的普适性方面，本书针对企业一线员工对体面劳动感知进行意义构建和体面劳动感知的量表开发，由于在选取行业、地域和抽样方式上受到了一些限制，本书结论的普适性可能也受到了限制。本书的样本全部来自一线员工，研究结论是否完全适用于其他层次的员工则需要进一步研究。因此，今后我们对开发的体面劳动感知量表的三个维度（尊重认可、共同包容和骄傲自信），还需要针对不同层次的员工进行进一步的验证。

第二，在体面劳动感知量表开发的研究中，本书主要采用质化研究和问卷调查的方式。因此，在今后的研究中，我们可以考虑结合现场干预和实验研究，以进一步验证体面劳动的量表维度。

第三，对体面劳动感知实施效果的探索，本书仅以敬业度和组织公民行为为代表。在未来的研究中，我们首先可以丰富不同类群劳动者的体面劳动感知对敬业度和组织公民行为的影响研究，并且可以进一步从其他视角探寻其间关系的作用机理，打开其中的黑箱；其次，除敬业度和组织公民行为之外，体面劳动感知还可能对其他工作态度、行为产生影响，如组织认同、组织承诺、离职倾向、工作退缩行为、工作偏离行为等，对此，未来我们还可以做进一步探索与研究。

第四，目前学术界对于动机理论的研究多用于心理学、教育学等领域，工作场所中员工内在动机的研究往往关注于其外部动机的区分与联系上，针对体面劳动感知这一变量与内在动机的研究目前还比较少；在构建体面劳动感知对敬业度的影响机制方面多是以自我决定理论为基础，并选择了自主、胜任和关系三种心理需求作为调节变量，是否存在其他调节变量，在今后的研究中需要进一步的扩展，从而得到更为丰富的作用机制。

第五，本书采用横截面的研究设计，主要是调查某个点员工的各种感知状态；而员工体面劳动感知、敬业度、组织公民行为、工作动机、心理需求、心理所有权等是一种可持续的心理状态，追踪式的研究方法更适合用来测量这种心理状态。因此，如果条件允许，建议未来的研究者可以针对同一个样本群体进行长期性的追踪研究，以此为组织的管理和决策提供依据和方法上的借鉴。

9.4 研究总结

体面劳动还没有统一的、固定的标准，且有一个动态的、不断发展的过程。虽然不同的国家在不同的阶段赋予了体面劳动不同的含义，但是实现体面劳动的工作战略，必须制定一定的衡量标准或衡量体面工作进步的标尺。因此，在一定程度上，体面劳动应该有一个标准，不同的国家要根据不同的国情来制定，统一的标准也是不可取的，并且全球制定统一的标准也是不恰当的。本书依据中国历史发展特点和各行业的发展状况，以企业一线员工为研究对象，以意义建构理论为基础界定了体面劳动感知的内涵，并开发了体面劳动感知量表，最终确定了尊重认同、共存包容、骄傲自信三个维度，为深层次探讨体面劳动感知的实证研究奠定了基础。本书通过构建体面劳动感知对员工态度和行为的影响机制，验证了体面劳动感知的可操作性，为后续开展体面劳动的研究奠定了一定的基础。

参考文献

佘云霞，傅麟，2002. “体面的劳动” [J]. 工会理论与实践（4）：40-43.

刘海燕，闫荣双，郭德俊，2003. 认知动机理论的新进展：自我决定论 [J]. 心理科学（6）：1115-1116.

张剑，郭德俊，2003. 内部动机与外部动机的关系 [J]. 心理科学进展（5）：545-550.

姜万军，2004. 体面工作 留住人才：对北京知识生产者的调查、分析 [J]. 北京社会科学（1）：35-39.

马永堂，2004. 国外促进就业的政策措施 [J]. 中国劳动（9）：26-28.

涂富秀，2004. 我国妇女体面就业法律保障机制的构建 [J]. 福建行政学院福建经济管理干部学院学报（S1）：38-40.

石金涛，王莉，2004. 管理技能的因子分析及其对绩效影响的实证研究 [J]. 管理工程学报（18）：76-79.

刘素华，2005. 就业质量：概念、内容及其对就业数量的影响 [J]. 人口与计划生育（7）：29-31.

王沛，陈淑娟，2005. 组织心理所有权与工作态度和工作行为的关系 [J]. 心理科学进展，13（6）：774-779.

曾晖，韩经纶，2005. 提高员工敬业度 [J]. 企业管理（5）：99-101.

郭志刚，李伟，郭嘉，2006. 体面工作：吸引与保留高级航海人才的良策 [J]. 航海技术（6）：73-74.

曲波，曲晶，2006. 渔民“体面劳动”问题探析 [J]. 湛江海洋大学学报，26（5）：10-13.

杨乃莲，扈洁琼，2006. 体面的工作 安全的工作 艾滋病预防 [J]. 现代职业安全（4）：54.

周慧珍，罗新兴，2006. 员工的胜任能力及其与主管的背景特征相似性对离职倾向之影响：知觉主管支持的中介效果［J］. 国防管理学报，27（2）：143–156.
柯丽菲，黄远仪，姚建明，2007. 服务性企业员工组织公民行为与组织承诺、组织公平感关系实证研究［J］. 软科学，21（5）：17–21.
吕福新，顾姗姗，2007. 心理所有权与组织公民行为的相关性分析：基于本土企业的视角和浙江企业的实证［J］. 管理世界（5）：94–103.
乔志华，2007. 心理所有权与员工工作态度及组织公民行为的关系研究［D］. 天津：天津商业大学.
熊佳，2007. 企业员工组织心理所有权结构及其相关研究［D］. 广东：暨南大学.
杨红明，廖建桥，2007. 企业员工内在工作动机研究述评［J］. 外国经济与管理（3）：33–39.
余敏，佘云霞，2007. 体面劳动在中国［J］. 中国劳动关系学院学报，6：68–71.
张培峰，2007. 组织价值观与员工敬业度关系的实证研究［D］. 北京：对外经济贸易大学.
郭晓薇，2008. 责任意识、公平感与组织公民行为之关系研究［J］. 南京师大学报（社会科学版），3（2）：99–103.
李锐，凌文辁，2008. 主管支持感研究述评及展望［J］. 心理科学进展，16（2）：340–347.
曹科岩，曹树基，龙君伟，2009. 心理所有权对员工工作绩效的影响机制研究［J］. 人类工效学，15（3）：11–13，41.
代利凤，2009. 倡导体面劳动 驱散职业阴霾：关注职业病的一个新视角［J］. 工会论坛（山东省工会管理干部学院学报），15（6）：19–20.
黄海艳，陈松，2009. 心理所有权与员工离职倾向的相关性［J］. 现代管理科学（10）：22–24.
马桂萍，卜红双，2009. 体面劳动视域中的工会工作［J］. 中国劳动关系学院学报，23（6）：47–50.
杨胜昔，2009. 对国际金融危机下促进职工体面劳动的思考［J］. 企业经济（10）：63–65.
吴继红，赵璧全，王玲，2009. 绩效管理认知对高校中层干部敬业度影响实证研究［J］. 软科学，23（12）：113–117.
曾晖，赵黎明，2009. 企业员工敬业度的结构模型研究［J］. 心理科学，32

(1)：231-235.
曹慧，梁慧平，2010. 员工公平感对组织公民行为的影响：组织支持的中介作用［J］. 科技管理研究，30（14）：186-189，192.
丁开杰，2010. 社会排斥与体面劳动问题研究［M］. 北京：中国社会出版社.
韩玉兰，2010. 中国情境下的意义建构：中层管理者的管理觉知及其影响［D］. 北京：北京大学.
李小波，2010. 我国体面劳动指标探析［J］. 前沿（3）：164-166.
林静，宁丙文，2010. 安全健康是“体面劳动”的前提：访国际劳工组织北京局局长霍百安［J］. 劳动保护（4）：10-12.
刘芳，王浩，2010. 组织心理所有权与工作态度、行为和结果的关系研究［J］. 软科学，24（9）：124-128.
申晓梅，凌玲，2010. 体面劳动的多层面测评指标体系建设探析［J］. 中国劳动（11）：23-25.
王如华，2010. 对劳动者实现体面劳动的再认识［J］. 中国劳动关系学院学报，24（5）：8-14.
吴隆增，刘军，许浚，2010. 职场排斥与员工组织公民行为：组织认同与集体主义倾向的作用［J］. 南开管理评论，13（3）：36-44.
吴明隆，2010a. 统计分析方法丛书［M］. 重庆：重庆大学出版社.
吴明隆，2010b. 问卷统计分析实务：SPSS操作与应用［M］. 重庆：重庆大学出版社.
陈浩，2011. 心理所有权如何影响员工组织公民行为：组织认同与组织承诺作用的比较［J］. 商业经济与管理，20（7）：24-30.
谢延浩，2011. 个体差异、参照体选择与意义建构对薪酬满意的作用机理研究［D］. 江苏：南京理工大学.
颜西平，2011. 自尊与员工敬业度关系研究［D］. 湖北：武汉理工大学.
张左己，2011. 关于劳动保障改革的几个问题［J］. 理论前沿（1）：3-6.
曹兆文，2012. 体面劳动基本概念与衡量指标的关系［J］. 重庆理工大学学报，26（1）：32-38.
陈浩，惠青山，奚菁，2012. Avey心理所有权问卷的修订及与相关工作态度的关系［J］. 广东工业大学学报（社会科学版），12（1）：31-38.
贾传秋，2012. 组织公平、心里所有权与组织公民行为之间的关系研究［D］. 长春：吉林大学.
李锐，凌文辁，柳士顺，2012. 组织心理所有权的前因与后果：基于“人—境互动”的视角［J］. 心理学报，44（9）：1202-1216.
刘永明，李艳萍，2012. 组织公正感对员工心理所有权影响的实证研究［J］. 金融经济（4）：60-63.
苗仁涛，孙健敏，刘军，2012. 基于工作态度的组织支持感与组织公平对组织公民行为的影响研究［J］. 商业经济与管理，21（9）：29-40.
杨红明，刘耀中，2012. 工作特征对知识员工敬业度作用的实证研究：基于内在动机视角［J］. 科技管理研究，32（11）：169-174.
王震，孙健敏，张瑞娟，2012. 管理者核心自我评价对下属组织公民行为的影响：道德式领导和集体主义导向的作用［J］. 心理学报，44（9）：1231-1243.
张苏串，2012. 新教工作伦理及其中国情境下的比较研究［D］. 山西：山西大学.
周红云，2012. 工作特征、组织公民行为与公务员工作满意度［J］. 中南财经政法大学学报，33（6）：131-136.
周浩，龙立荣，2012. 变革型领导对下属进谏行为的影响：组织心理所有权与传统性的作用［J］. 心理学报，44（3）：388-399.
方园，2013. 创业团队成员组织变革认知对工作绩效的影响研究：心理所有权的中介作用和领导成员关系的调节作用［D］. 上海：华东理工大学.
柳士顺，凌文辁，李锐，2013. 群体规模与领导对群体组织公民行为的影响［J］. 心理科学，36（6）：1441-1446.
杨连杰，2013. 组织支持感对员工心里所有权的影响研究：以沈阳市餐饮行业为例［D］. 沈阳：辽宁大学.
温燕飞，2013. 劳动关系氛围对组织公民行为影响的实证研究［D］. 长沙：湖南大学.
刘伟，2014. 体面劳动感知对新生代员工敬业度的影响研究［D］. 武汉：湖北大学.
黄维德，岳林洋，2014. 知识员工体面劳动结构与测量研究：基于个体层面的视角［J］. 华东理工大学学报（社会科学版）（2）：47-57.
姜薇薇，2014. 员工组织支持感、心理所有权与建言行为关系研究［D］. 长春：吉林大学.
梁果，李锡元，陈思，2014. 领导—部属交换和心理所有权中介作用的感恩对个体主动性的影响［J］. 管理学报，11（7）：1014-1020.
毛冠凤，刘伟，宋鸿，2014. 体面劳动感知研究：量表编制与检验［J］. 统计观察，14：86-89.
李明，2015. CPM领导行为对和谐组织的影响：情感承诺和心理所有权的中介效应［J］. 暨南学报（哲学社会科学版），17（5）：86-95.
邱敏，胡蓓，2015. 内/外在激励、心理所有权与员工敬业度关系研究［J］. 软科学，29（12）：87-91.
张红丽，胡成林，2015. 组织支持感对组织公民行为的影响机制：基于心理资本中介效应模型的研究［J］. 商业研究（7）：112-120.
郎艺，王辉，2016. 授权赋能领导行为与组织公民行为：员工的领导认同感和组织心理所有权的作用［J］. 心理科学，39（5）：1229-1235.
徐岩，刘盾，2017. 体面劳动的内涵与结构之再建构：对北京市271名工作者的质性访谈研究［J］. 社会科学，6：59-70.
王春国，陈刚，2018. 体面劳动、创新自我效能与员工创造力：中国情境下组织文化的调节作用［J］. 管理评论，30（3）：140-149.
闫燕，等，2019. 体面劳动研究现状、整合与未来展望［J］. 中国人力资源开发，36（11）：93-109.
MURRAY H A，1938. Explorations in personality［M］. Oxford，England：Oxford University Press.
HULL C L，1943. Principles of behavior：An introduction to behavior theory［M］. Oxford，England：Appleton-Century.
MASLOW A H，1943. A theory of human motivation［J］. Psychological Review，50（4）：370-396.
STOUFFER S A，1949. An analysis of conflicting social norms［J］. American Sociological Review，14（6）：707-717.
MARCH J G，SIMON H A，1958. Organizations［M］. New Jersey：Wiley-Blackwell Press.
GOULDNER A W，1960. The Norm of reciprocity：A preliminary statement［J］. American Sociological Review，25（2）：161-178.
KAISER H F，1960. The application of electronic computer to factor analysis［J］. Educational and Psychological Measurement，20（1）：141-151.
HUNT J MCV，1961. Intelligence and experience［M］. New York：Ronald Press.
KATZ D，1964. The motivational basis of organizational behavior［J］. Behavioral Science，9（2）：131-146.
HUNT J MCV，1965. Intrinsic motivation and its role in psychological development

[M]. New York: Ronald Press.
BORUCH R F, et al., 1974. A descriptive study of an employment and training program [M]. Social Welfare, University of Calgary.
BANDURA A, 1977. Social learning theory [M]. Englewood Cliffs, N. J. Prentic-Hall.
NUNNALLY J C, 1978. Psychometric Theory [M]. New York: Mc Graw-Hill.
BATES M J, 1979. Information search tactics [J]. Journal of the American Society for Information Science, 30 (4): 205-214.
KANUNGO R N, 1979. The concepts of alienation and involvement revisited [J]. Psychological Bulletin, 86 (1): 119-138.
HILLS J G, 1980. The effect of mass loss on the dynamical evolution of a stellar system-Analytic approximations [J]. Astrophysical Journal, 235: 986-991.
JASSO G, 1980. A new theory of distributive justice [J]. American Sociological Review, 45 (1): 3-32.
BATEMAN T S, ORGAN D W, 1983. Job satisfaction and the good soldier, the relationship between affect and employee "Citizenship" [J]. Academy of Management Journal, 26 (4): 587-595.
SMITH C A, ORGAN D W, NEAR J P, 1983. Organizational citizenship behavior: It's nature and antecedents [J]. Journal of Applied Psychology, 68 (4): 653-663.
BARON R M, KENNY D A, 1986. The moderator-mediator variable distinction in social psychological research: Conceptual, strategic, and statistical considerations [J]. Journal of Personality and Social Psychology, 51 (6): 1173-1182.
EISENBERGER R, et al., 1986. Perceived organizational support [J]. Journal of Applied Psychology, 71 (2): 500-507.
MORELAND, 1987. Mathematical approaches to problems in resource management and epidemiology [J]. Proceedings of a conference held at Ithaca, NY, Oct, 28-30.
RUDMIN F, BERRY J, 1987. Semantics of ownership: A free-recall study of property [J]. Psychological Record, 37 (2): 257-268.
CONGER1 J A, KANUNGO R N, 1988. The empowerment process: Integrating theory and practice [J]. Academy of Management Review, 13 (3): 471-482.
KOTTKE J L, SHARAFLNSKI C E, 1988. Measuring perceived supervisory and or-

ganizational support [J]. Educational and Psychological Measurement, 48 (4): 1075-1079.

KAHN W A, 1990. Psychological conditions of personal engagement and disengagement at work [J]. Academy of Management Journal, 33 (4): 692-724.

WOOLFOLK A E, HOY W K, 1990. Prospective teachers'sense of efficacy and beliefs about control [J]. Journal of Educational Psychology, 82 (1): 81-91.

DE VELLIS R F, 1991. Scale development: Theory and applications [M]. London: SAGE.

FURBY L, 1991. Understanding the psychology of possession and ownership: A personal memoir and an appraisal of our progress [J]. Journal of Social Behavior and Personality, 6 (6): 457-463.

LEE V E, DEDRICK R F, SMITH J B, 1991. The effect of the social organization of schools on teachers' efficacy and satisfaction [J]. Sociology of Education, 4: 190-208.

PEDHAZUR E J, SCHMELKIN L P, 1991. Measurement, Design, and Analysis: An Integrated Approach [M]. New Jersey: Lawrence Erlbaum Associates Inc.

PIERCE J L, RUBENFELD S A, MORGAN S, 1991. Employee ownership: A conceptual model of process and effects [J]. Academy of Management Review (16): 121-144.

WILLIAMS L, ANDERSON S E, 1991. Job satisfaction and organizational commitment ss predictors of organizational citizenship and in-role behaviors [J]. Journal of Management, 17 (3): 601-617.

GEORGE J M, BRIEF A P, 1992. Feeling good-doing good: A conceptual analysis of the mood at work-organizational spontaneity relationship [J]. Psychology Bulletin, 112 (2): 310-329.

MCFARLIN D B, SWEENEY P D, 1992. Distributive and procedural justice as predictors of satisfaction with personal and organizational outcomes [J]. The Academy of Management Journal, 35 (3): 626-637.

LIND E A, et al., 1993. individual and corporate dispute resolution: Using procedural fairness as a decision heuristic [J]. Administrative Science Quarterly, 38 (2): 224-251.

SHORE L M, WAYNE S J, 1993. Commitment and employee behavior: Comparison of affective commitment and continuance commitment with perceived organizational support [J]. Journal of Applied Psychology, 78 (5): 774-780.

AMABILE T M, et al., 1994. The Work Preference Inventory: assessing intrinsic and extrinsic motivational orientations [J]. Journal of Personality and Social Psychology, 66 (5): 950-967.

MOTOWIDLO S J, VAN SCOTTER J R, 1994. Evidence that task performance should be distinguished from contextual performance [J]. Journal of Applied Psychology, 79 (4): 475-480.

ORGAN D W, RYAN K A, 1995. Meta-analytic review of attitudinal and dispositional predictors of organizational citizenship behavior [J]. Personnel Psychology, 48 (4): 775-802.

VANDEWALLE D, VAN DYNE L, KOSTOVA T, 1995. Psychological ownership: An empirical examination of its consequences [J]. Group and Organization Management, 20 (2): 210 -226.

PODSAKOFF P M, MACKENZIE S B, BOMMER W H, 1996. Meta-analysis of the relationships between Kerr and Jermier's substitutes for leadership and employee job attitudes, role perceptions, and performance [J]. Journal of Applied Psychology, 81 (4): 380-399.

DEV P C, 1997. Intrinsic motivation and academic achievement what does their telationship imply for the classroom teacher? [J]. Remedial and Special Education, 18 (1): 12-19.

FARH J L, EARLEY P C, LIN S C, 1997. Impetus for action: A cultural analysis of justice and organizational citizenship behavior in Chinese society [J]. Administrative Science Quarterly, 42 (3): 421-444.

MASLACH C, LEITER M P, 1997. The truth about burnout [M]. San Francisco: Jossey Bass.

ORGAN D W, 1997. Organizational citizenship behavior: It's construct clean-up time [J]. Human Performance, 10 (2): 85-97.

VALLERAND R J, 1997. Toward a hierarchical model of intrinsic and extrinsic motivation [J]. Advances in Experimental Social Psychology, 29: 271-360.

WAYNE S J, SHORE L M, LIDEN R C, 1997. Perceived organizational support and leader-member exchange: A social exchange perspective [J]. Academy of Management Journal, 40 (1): 82-111.

SHEEHAN D V, et al., 1998. The mini-international neuropsychiatric interview

(MINI): the development and validation of a structured diagnostic psychiatric interview for DSM-IV and ICD-10 [J]. Journal of Clinical Psychiatry, 59: 22-33.

DERVIN B, 1999. On studying information seeking methodologically: the implications of connecting metatheory to method [J]. Information Processing & Management, 35 (6): 727-750.

INTERNATIONAL LABOUR ORGANIZATION, 1999. Report of the director-general: Decent work [C]. International Labor Conference, 87thsession, Geneva: ILO.

PENDRY J B, et al., 1999. Magnetism from conductors and enhanced nonlinear phenomena [J]. Microwave Theory and Techniques, IEEE Transactions on, 47 (11): 2075-2084.

SIMON S K, LAMA C H, 1999. Organizational citizenship behavior: Comparing perspectives of supervisors and subordinates across four international sample [J]. Journal of Applied Psychology, 84 (4): 594-601.

ANAND S, SEN A, 2000. Human development and economic sustainability [J]. World Development, 28 (12): 2029-2049.

DECI E L, RYAN R M, 2000. The "what" and "why" of goal pursuits: Human needs and the self-determination of behavior [J]. Psychological Inquiry, 11 (4): 227-268.

PLAN R K, 2000. The big picture at big blue: Total rewards at IBM [J]. Work Span, 43 (8): 26-28.

PODSAKOFF P M, et al., 2000. Organizational citizenship behaviors, a critical review of the theoretical and empirical literature and suggestions for future research [J]. Journal of Management, 26 (3): 513-563.

REIS H T, et al., 2000. Daily well-being: The role of autonomy, competence, and relatedness [J]. Personality and Social Psychology Bulletin, 26 (4): 419-435.

RYAN R M, DECI E L, 2000. Self-determination theory and the facilitation of intrinsic motivation, social development, and well-being [J]. American Psychologist, 55 (1): 68-78.

SARGENT L D, TERRY D J, 2000. The moderating role of social support in Karasek's job strain model [J]. Work & Stress, 14 (3): 245-261.

SEN A, 2000. Work and Rights [J]. International Labour Review, 139 (2): 119-128.

YOON J, SHANE T, 2000. Supervisor support in the work place: Legitimacy and positive affectivity [J]. Journal of Social Psychology, 140 (3): 295-316.

ALLEN T D, 2001. Family-supportive work environments: The role of organizational perceptions [J]. Journal of Vocational Behavior, 58 (3): 414-435.

BRITT T W, ALDER A B, BARTONE P T, 2001. Deriving benefits from stressful events: The role of engagement in meaningful work and hardiness [J]. Journal of Occupational Health Psychology, 6 (1): 53-63.

DECI E L, et al., 2001. Need satisfaction, motivation, and well-being in the work organizations of a former Eastern Bloc country [J]. Personality and Social Psychology Bulletin, 27 (8): 930-942.

FRESE M, FAY D, 2001. Personal initiative: An active performance concept for work in the 21st century [J]. Research in Organizational Behavior, 23 (2): 133-187.

LESSER J, MADABHUSHI L, 2001. Measuremnt of consumer intrinsic motivation: exploratory assement of its TWO primary dimension and theoretical bases [J]. Marketing Management Journal, 11 (2): 81-96.

MASLACH C, SCHAUFELI W B, LEITER M P, 2001. Job burnout [J]. Annual Review of Psychology, 52 (1): 397-422.

PIERCE J L, KOSOVO T, DIRKS K T, 2001. Forthcoming: Toward a theory of psychological ownership in organizations [J]. Academy of Management Review, 26 (2): 298-310.

ANKER R, 2002. Peoples's security surveys: An outline of methodology and concepts [J]. International Labour Review, 141 (4): 309-329.

EGGER P, 2002. Perspectives: Towards a policy framework for decent work [J]. International Labour Review, 142 (1): 161-174.

HARTER J K, SCHMIDT F L, HAYES T L, 2002. Business-unit-level relationship between employee satisfaction, employee engagement, and business outcomes: A meta-analysis [J]. Journal of Applied Psychology, 87 (2): 268-79.

LUTHANS F, 2002. The need for and meaning of positive organizational behavior [J]. Journal of Organizational Behavior, 23 (6): 695-706.

STANDING G, 2002. From people's security survey to a decent work index [J]. International Labour Review, 141 (4): 441-454.

SCHAUFELI W B, et al., 2002a. Burnout and engagement in university students: A cross-national study [J]. Journal of Cross Cultural Psychology, 33 (5): 464-481.

SCHAUFELI W B, et al., 2002b. The measurement of engagement and burnout: A two sample confirmatory factor analytic approach [J]. Journal of Happiness Studies, 3 (1): 71-92.

ANKER R, et al., 2003. Measuring decent work with statistical indicators [J]. International Labour Review, 142 (2): 147-178.

BESCOND D, 2003. Seven indicators to measure decent work: An international comparison [J]. International Labour Review, 142 (2): 179-212.

BLYLER M, COFF R W, 2003. Dynamic capabilities, social capital, and rent appropriation: Ties that split pies [J]. Strategic Management Journal, 24 (7): 677-686.

BONNET F, FIGUEIREDO J B, STANDING G, 2003. A family of decent work indexes [J]. International Labour Review, 142 (2): 213-238.

CHENG B S, JIANG D Y, RILEY J H, 2003. Organizational commitment, supervisory commitment, and employee outcomes in the Chinese context: proximal hypothesis or global hypothesis? [J]. Journal of Organizational Behavior, 24 (3): 313-334.

EGGER P, 2003a. Measuring decent work with statistical indicators [J]. International Labor Review, 142: 147-148.

EGGER P, 2003b. Decent work and competitiveness: Labour dimensions of accession to the European Union [J]. International Labour Review, 142 (1): 5-28.

EGGER P, SENGENBERGER W, 2003c. Decent work in Denmark: Employment, social efficiency and economic security [R]. International Labor Office, Geneva, Switz.

FIELDS G S, 2003. Decent work and development policies [J]. International Labor Review, 142 (2): 239-262.

GHAI D, 2003. Decent work: Concept and indicators [J]. International Labour Review, 142 (2): 113-145.

KIM Y, KASSER T, LEE H, 2003. Self-concept, aspirations, and well-being in South Korea and the United States [J]. Journal of Social Psychology, 143 (3):

277-290.

KORCZYNSKI M, 2003. Communities of coping: Collective emotional labor in service work [J]. Organization, 10 (1): 55-79.

SCHAUFELI, 2003. The measurement of engagement and burnout: A two sample confirmatory factor analytic approach [J]. Journal of Happiness Studies, 3 (1): 71-92.

STINGLHAMBER F, VANDENBERGHE C, 2003. Organizations and supervisors as sources of support and targets of commitment: A longitudinal study [J]. Journal of Organizational Behavior, 24 (3): 251-270.

SUBRAMANI M R, VENKATRAMAN N, 2003. Safeguarding investments in asymmetric interorganizational relationships: Theory and Evidence [J]. The Academy of Management Journal, 46 (1): 46-62.

WAGNER S H, PARKER C P, CHRISTIANSEN N D, 2003. Employees that think and act like owners: effects of ownership beliefs and behaviors on organizational effectiveness [J]. Personnel Psychology, 56 (4): 847-871.

COMMINS P, 2004. Poverty and social exclusion in rural areas: Characteristics, processes and research Issues [J]. Sociologia Ruralis, 44 (1): 60-75.

FARH J L, ZHONG C B, ORGAN D W, 2004. Organizational citizenship behavior in the People´s Republic of China [J]. Organization Science, 15 (2): 241-253.

JENSEN R, SZULANSKI G, 2004. Stickiness and the adaptation of organizational practices in cross-border knowledge transfers [J]. Journal of International Business Studies, 35 (6): 508-523.

KANFER1 R, ACKERMANL P L, 2004. Aging, adult development, and work motivation [J]. ACAD Management Review, 1 (29): 440-458.

MAY D R, GILSON R L, HARTER L M, 2004. The psychological conditions of meaningfulness, safety and availability and the engagement of the human spirit at work [J]. Journal of Occupational and Organizational Psychology, 77 (1): 11-37.

PIERCE J L, O´DRISCOLL M P, COGHLAN A, 2004. work environment structure and psychological ownership: the mediating effects of control [J]. The Journal of Social Psychology, 144 (5): 507-534.

ROBINSON D, PERRYMAN S, HAYDAY S, 2004. The driver of employee engagement [J]. Institute for Employment Studies, 12: 78-98.

WERNER S, WARD S G, 2004. Recent compensation research: An eclectic review [J]. Human Resource Management Review, 14 (2): 201-227.

SERVAIS J M, 2004. Globalization and decent work policy: Reflections upon a new legal approach [J]. International Labor Review, 143 (1): 185-207.

SOMECH A, DRACH-ZAHAVY A, 2004. Exploring organizational citizenship behaviour from an organizational perspective: The relationship between organizational learning and organizational citizenship behaviour [J]. Journal of Occupational and Organizational Psychology, 77 (3): 281-298.

VAN DYNE L, PIERCE J L, 2004. Psychological ownership and feelings of possession: Three field studies predicting employee attitudes and organizational citizenship behavior [J]. Journal of Organizational Behavior, 25 (4): 439-459.

GAGNON M A, MICHAEL J H, 2005. Outcomes of perceived supervisor support for wood production employees [J]. Forest Product Journal, 54 (12): 172-177.

HULT G T M, KETCHEN D J, SLATER S F, 2005. Market orientation and performance: An integration of disparate approaches [J]. Strategic Management Journal, 26 (12): 1173-1181.

JACOBIDES M G, WINTER S G, 2005. The co-evolution of capabilities and transaction costs: explaining the institutional structure of production [J]. Strategic Management Journal, 26 (5): 395-413.

JEANNETT W L, POLLIN R, JAMES H, 2005. Decent work in America: The 2005 Work Environment Index [J]. EconPaper, 2 (1): 1-4.

LATHAM G P, PINDER C C, 2005. Work motivation theory and research at the dawn of the twenty-first century [J]. Annual Review of Psychology, 56 (1): 485-516.

PATTERSON M G, et al., 2005. Validating the organizational climate measure: links to managerial practices, productivity and innovation [J]. Journal of Organizational Behavior, 26 (4): 379-408.

BLUSTEIN D L, 2006. The psychology of working: A new perspective for career development, counseling and public policy [M]. New York, NY: Routledge.

CHAN D, 2006. Interactive effects of situational judgment effectiveness and proactive personality on work perceptions and work outcomes [J]. Journal of Applied Psychology, 91 (2): 475-481.

LITTLE B, LITTLE P, 2006. Employee engagement: Conceptual Issues [J]. Journal of Organizational Culture, Communications and Conflict, 10 (1): 111-120.

GU S L, LUNDVALL B A, 2006. China's innovation system and the move toward harmonious growth and endogenous innovation [J]. DRUID Working Papers, 8 (6-7).

O'DRISCOLL M P, et al., 2006. The psychology of ownership: Work environment structure organizational commitment, and citizenship behaviors [J]. Group & Organization Management, 31 (3): 388-416.

PURVANOVA R K, BONO J E, DZIEWECZYNSKI J, 2006. Transformational leadership, Job characteristics, and organizational citizenship performance [J]. Human Performance, 19 (1): 1-22.

WU L, YUE X, SIM T, 2006. Supply clusters: A key to China's cost advantage [J]. Supply Chain Management Review, 10 (2): 46-51.

SACKS A M, 2006. Antecedents and consequences of employee engagement [J]. Journal of Managerial Psychology, 21 (7): 600-619.

SHANOCK L R, EISENBERGER R, 2006. When supervisors feel supported: Relationships with subordinates' perceived supervisor support, perceived organizational support and performance [J]. Journal of Applied Psychology, 91 (3): 689-695.

GIL M P, et al., 2007. Decent work in Santo Andre: Results of a multi-method case study [J]. Habitat International, 32 (2): 172-179.

KING A, 2007. Cooperation between corporations and environmental groups: A transaction cost perspective [J]. Academy of Management Review, 32 (3): 889-900.

LOU Y D, 2007. The independent and interactive roles of procedural, distributive and interactional justice in strategic alliances [J]. Academy of Management Journal, 50 (3): 644-664.

WILLIAMS M L, MCDANIEL M A, FORD L R, 2007. Understanding multiple dimensions of compensation satisfaction [J]. Journal of Business and Psychology, 21 (3): 429-459.

BOEMER C S, MACHER J T, 2008. Transaction cost economics: An assessment of empirical research in the social sciences [J]. Business and Political, 10 (1):

1-65.
BRAUW A D, ROZELLE S, 2008. Reconciling the returns to education in off-farm wage employment in rural China [J]. Review of Development Economics, 12 (1): 57-71.
BROECK A V D, et al., 2008. Explaining the relationships between job characteristics, burnout, and engagement: The role of basic psychological need satisfaction [J]. Work & Stress, 22 (3): 277-294.
HUANG Z H, ZHANG X B, ZHU Y W, 2008. The role of clustering in rural industrialization: A case study of the footwear industry in Wenzhou [J]. China Economic Review, 19 (3): 409-420.
LAWRENCE R J, et al., 2008. Promoting decent work in the construction sector: the role of local authorities [J]. Habitat International, 32 (2): 160-171.
MACEY W H, SCHNEIDER B, 2008. The meaning of employee engagement [J]. Industrial and Organizational Psychology, 1 (1): 3-30.
RENARD M K, 2008. It's all about the money: Chris and pat compare salaries [J]. Journal of Management Education, 32 (2): 248-261.
AVEY G, JAMES B, BRUCE J A, 2009. Psychological ownership: Theoretical extensions, measurement and relation to work outcomes [J]. Journal of Organizational Behavior, 30 (2): 173-191.
SIMPSON M R, 2009. Engagement at work: A review of the literature [J]. International Journal of Nursing Studies, 46 (7): 1012-1024.
DECI E L, RYAN R M, 2010. Self-Determination [J]. Corsini Encyclopedia of Psychology, 30.
FLEISHER B, et al., 2010. The evolution of an industrial cluster in China [J]. China Economic Review, 21 (3): 456-469.
ZHU H, et al., 2010. Psychlogical ownership and the importance of manager-owner relationship in family businesses [C]. Academy of Management Annual Meeting, Montreal.
CHIABURU D S, et al., 2011. The five-factor model of personality traits and organizational citizenship behaviors: A meta-analysis [J]. Journal of Applied Psychology, 96 (6): 1140-1166.
DAMILL M, FRENKEL R, MAURIZIO R, 2011. Macroeconomic policy for full and productive employment and decent work for all: An analysis of the Argentine

experience [J]. International Labor Organization, 12 (109): 1-94.

LONG C, ZHANG X B, 2011. Cluster-based industrialization in China: Financing and performance [J]. Journal of International Economics, 84 (1): 112-123.

SRIVASTAVA R, 2012. Changing employment conditions of the Indian workforce and implications for decent work [J]. Global Labor, 3 (1): 63-90.

GUICHARD J, 2013. Career guidance, education, and dialogues for a fair and sustainable human development [C]. In Inaugural Conference of the UNESCO (Chair) of Lifelong Guidance and Counseling, University of Wroclaw, Wroclaw, Poland.

BLUSTEIN D L, et al., 2016. Decent work: A psychological perspective [J]. Frontiers in Psychology, 7: 1-10.

DUFFY R D, et al., 2016. The psychology of working theory [J]. Journal of Counseling Psychology, 63: 127-148.

POUYAUD J, 2016. For a psychosocial approach to decent work [J]. Front Psychology, 7: 422.

WU C H, et al., 2016. Why and when workplace ostracism inhibits organizational citizenship behaviors: An organizational identification perspective [J]. Journal of Applied Psychology, 101 (3): 362-378.

DUFFY R D, et al., 2017. The development and initial validation of the decent work scale [J]. Journal of Counseling Psychology, 64 (2): 206-221.

FERRARO T, et al., 2017a. Decent work and work motivation in knowledge workers: The mediating role of psychological capital [J]. Applied Research in Quality of Life, 13 (2): 501-523.

FERRARO T, et al., 2017b. Decent work and work motivation in lawyers: An empirical research [J]. Revista Psicologia Organizações e Trabalho, 17 (4): 192-200.

STEERS R M, SANCHEZ-RUNDE C J, 2017. Culture, motivation, and work behavior [J]. The blackwell handbook of cross-cultural management: 190-216.

FERRARO T, et al., 2018. The decent work questionnaire: Development and validation in two samples of knowledge workers [J]. International Labor Review, 157 (2): 243-265.

INTERNATIONAL LABOUR ORGANIZATION, (2018-03-18) (2020-07-15). Decent Work and the 2030 Agenda for Sustainable Development [R/OL].

http: //www. ilo. org/global/topics/sdg-2030/ lang--en/index. htmILO.
BLUSTEIN D L, et al., 2019. Expanding the impact of the psychology of working [J]. Journal of Career Assessment, 27 (1): 3-28.
BUYUKGOZE-KAVAS A, AUTIN K L, 2019. Decent work in Turkey: Context, conceptualization, and assessment [J]. Journal of Vocational Behavior, 112: 64-76.
DI FABIO A, KENNY M E, 2019. Decent work in Italy: Context, conceptualization, and assessment [J]. Journal of Vocational Behavior, 110: 131-143.
DODD V, HOOLEY T, BURKE C, 2019. Decent work in the UK: Context, conceptualization, and assessment [J]. Journal of Vocational Behavior, 112: 270-281.
FERREIRA J A, et al., 2019. Decent work in Portugal: Context, conceptualization, and assessment [J]. Journal of Vocational Behavior, 112: 77-91.
Masdonati J, et al., 2019. Decent work in Switzerland: Context, conceptualization, and assessment [J]. Journal of Vocational Behavior, 110: 12-27.
RIBEIRO M A, TEIXEIRA M A P, AMBIEL R A M, 2019. Decent work in Brazil: Context, conceptualization, and assessment [J]. Journal of Vocational Behavior, 112: 229-240.
FERRARO T, et al., 2020. Decent work, work motivation, work engagement and burnout in physicians [J]. International Journal of Applied Positive Psychology, 5: 13-35.

附录

附录1　访谈提纲

（1）首先能不能简单说一下自己的工作，觉得这份工作好的、吸引自己的地方是什么，还有一些不好的、不满意的地方是什么，就是从这份工作本身来讲。换句话说，为什么要选择这份工作？您提出的这个情况是整个行业的情况，还是自己公司的情况？

（2）您是如何理解“劳动光荣、劳动伟大”这句话的？您怎样看待现阶段一线劳动者的尊严和地位，它处于一个怎样的水平？您在工作中面临哪些压力？

（3）您是如何理解“体面劳动”的？您认为体面的工作应该是什么样的，不体面的工作又是什么样的？请您谈谈对劳动体面性的认识。

（4）一般状态下，跟朋友也好，社会上的人也好，您会不会很自豪、自信地跟别人说您是××公司员工？（您的这种自信来源于什么地方？）那您觉得社会普遍认同度怎么样？

（5）您认为您周围朋友或家人的工作差异会改变您对您目前工作的看法吗？您会经常与他们的工作比较吗？一般都比较哪些方面？您喜欢跟哪些人进行比较？在哪些场合下进行比较？当您比较的结果对自己工作不满意时，会对您的工作产生影响吗？会产生哪些方面的影响？

（6）社会化机制如文化、历史、风俗习惯等会对您的工作态度产生影响吗？您在乎社会上的人对您工作的看法吗？当面临社会这种不公平的偏见时，您是如何应对的？

（7）您觉得工作中最重要的是什么？您怎么看待荣誉感，荣誉感会让您严格要求自己吗？

（8）您觉得要想全情投入自己的工作，想干好自己的事情，对于您来说什么样的素质和能力是最重要的？

（9）在日常工作中，您有没有印象特深的，让您特别不理解，或者特别不开心的一次经历？举几个例子。节约、服务、安全，您认为哪个是最重要的？

（10）现在年轻人自我情绪很难调解，如被别人骂两句，心里就像炸了一样。您遇到类似的事情该怎么自我调解？

（11）您和其他员工有没有在闲聊时抱怨过？或是回家或者跟朋友出去吃饭喝酒的时候会不会说这个事？

（12）遇到不开心的时候，来自公司领导、家人、同事的支持多不多？感觉公司在这方面的支持多不多？

（13）干这么多年，您觉得对您的工作是不是所有的制度都是管控和限制的，就是不行就会被惩罚，有没有过人性化的制度？从来没有过扶持或者心理疏导吗？

（14）您工作几年中感觉工作中最大的不同是什么？

（15）日常生活中您是怎么看待自己的？有没有遇到粗鲁对待和不平等对待的时候？有没有心情波动的时候？

（16）能不能举个例子，就是您的同事感觉平时特别压抑，公司各个部门又监管、控制他们，他们心里可能有特别大的压力，虽然其有一些释放的手段，但还是不能完全释放出来，有没有发现最后哪个员工真的崩溃了，或者行为很极端的？

（17）您对工作的看法会对自己的行为产生什么影响（如跳槽、不奉献）？如果工作不满意，会影响您的敬业度吗？如果您对现在的工作不满意，那是什么因素导致您还在这儿继续工作的呢？您认为目前的工作中什么因素让您对工作充满活力和干劲儿，让您具有奉献精神？您认为哪些因素能够影响您目前的看法？

（18）您认为应该从哪些方面改进，以此提升您对目前工作体面性的认知呢？您认为什么因素影响了您的奉献精神？如何做才能提升您的奉献精神？

（19）现在做这个职业并不容易，那您觉得主要支持您的动力是什么？

附录2　体面劳动感知初始题项

下面是根据体面劳动感知的绝对意义和相对意义整理出的124条能够代表体面劳动感知的题项：

（1）工作比较稳定（$X1$）

（2）工作有挑战性（$X2$）

（3）能够实现自己的理想（$X3$）

（4）能够实现自我的价值（$X4$）

（5）符合自己能力的工作（$X5$）

（6）对员工的仪容仪表有严格要求（$X6$）

（7）不用经常加班（$X7$）

（8）工作时间比较灵活（$X8$）

（9）报酬是通过自己辛苦劳动得到的（$X9$）

（10）工作流程比较简单（$X10$）

（11）工作符合自己的兴趣（$X11$）

（12）工作的压力在自己可承受的范围之内（$X12$）

（13）有畅通的职位晋升通道（$X13$）

（14）工作是自己擅长的（$X14$）

（15）工作有助于自己的学习和成长（$X15$）

（16）工作能够锻炼自己的能力（$X16$）

（17）工作能够施展自己的能力和才华（$X17$）

（18）人性化的管理环境（$X18$）

（19）满意的薪酬福利（$X19$）

（20）工作能够带给自己成就感（$X20$）

（21）精神上不受压抑（$X21$）

（22）职业技能得到提升（$X22$）

（23）能让自己有动力工作（$X23$）

（24）付出和获得是匹配的（$X24$）

（25）有完整的培训体系（$X25$）

（26）工作氛围融洽（$X26$）

（27）工作强度适中（$X27$）

（28）能够获得成长体验的工作（X28）
（29）能够把自己的特长发挥出来（X29）
（30）能够提高自己的生活质量（X30）
（31）能够实现自己的理想（X31）
（32）工作中没有性别歧视（X32）
（33）工作中没有工资歧视（X33）
（34）工作中没有户籍歧视（X34）
（35）能够和企业领导保持持续的信息反馈（X35）
（36）相比同龄人待遇较好（X36）
（37）受到领导的理解（X37）
（38）受到朋友羡慕（X38）
（39）工作受到领导的尊重（X39）
（40）社会认可度较高（X40）
（41）得到家人的支持（X41）
（42）得到客户的尊重（X42）
（43）同事之间关系融洽（X43）
（44）与领导相处得融洽（X44）
（45）上司的工作能力强（X45）
（46）上司在工作上指导下属（X46）
（47）上司知道并理解下属的问题（X47）
（48）工资在同行业中具有吸引力（X48）
（49）福利在同行业中具有吸引力（X49）
（50）对员工餐厅条件和服务满意（X50）
（51）对员工宿舍条件和环境满意（X51）
（52）对工作环境和条件满意（X52）
（53）自己喜欢这份工作（X53）
（54）提起自己的工作觉得有面子（X54）
（55）内心充实（X55）
（56）能够结交很多朋友（X56）
（57）能够真诚待人（X57）
（58）能够让自己快乐（X58）
（59）能够得到及时的激励（X59）
（60）能够树立职业自信（X60）

（61）能够带来职业满足（X61）
（62）工作中感知到自我存在的价值（X62）
（63）有职业安全感（X63）
（64）我的工作对企业而言是很重要的一部分（X64）
（65）公司的地位、形象让自己骄傲（X65）
（66）公司重视对员工的人文关怀（X66）
（67）公司的政策比较稳定（X67）
（68）公司的制度是透明的（X68）
（69）工作提供给员工自我表现的机会（X69）
（70）公司有完善的制度和规范的管理模式（X70）
（71）公司制度能够严格执行（X71）
（72）公司制度能够公平执行（X72）
（73）公司有科学的绩效评估体系（X73）
（74）公司重视员工的心理辅导（X74）
（75）有向领导学习的机会（X75）
（76）能够受到公司保护（X76）
（77）有为员工利益而考虑的制度（X77）
（78）领导对员工充满信心（X78）
（79）为员工提供健康娱乐的中心（X79）
（80）有为员工考虑的完善的职业发展规划（X80）
（81）受到爱岗敬业的员工教育（X81）
（82）能够得到人性的尊重和关爱（X82）
（83）能够为员工创造幸福（X83）
（84）员工能够得到企业的认同（X84）
（85）有积极向上的工作氛围（X85）
（86）能够促进身心健康发展（X86）
（87）国家有对自己所处工作的保护政策（X87）
（88）公司对自己的工作有更优惠的政策支持（X88）
（89）和我一起争取机会的人所面临的要求是相同且被广泛认可的（X89）
（90）所处的工作环境是开放自由的（自由的话语权、参与权）（X90）
（91）工作结果能够明显区分出人的能力差异（X91）
（92）能够顺利获取工作所需的资源（X92）
（93）所处的行业成长性很高（X93）

（94）能够在公司顺利获取工作相关的信息（$X94$）

（95）所从事的工作的竞争规则被广泛认可（$X95$）

（96）和别人竞争的环境是相对透明的（$X96$）

（97）所处的行业的市场秩序是公正有序的（$X97$）

（98）工作竞争的制度是长久以来一直采用的（$X98$）

（99）工作中有利于发展同事之间的伙伴关系（$X99$）

（100）同事关系令人满意（$X100$）

（101）依据工作绩效进行提升（$X101$）

（102）工作结果是以价值多元化为基础的（$X102$）

（103）竞争制度是符合伦理道德标准的（$X103$）

（104）分配过程的规则是公平的（$X104$）

（105）公司的公共品的供应是充足的（$X105$）

（106）能够得到足够的社会福利保障支持（$X106$）

（107）公司的回报能够反映我对工作所投入的多少（$X107$）

（108）公司的分配制度兼顾了一线员工的利益（$X108$）

（109）企业能够履行对我的承诺（$X109$）

（110）企业提供的服务符合我的期待（$X110$）

（111）企业领导推动和营造公平的工作氛围（$X111$）

（112）内部信息公开（$X112$）

（113）内部信息沟通顺畅（$X113$）

（114）能够共享知识经验和好的建议（$X114$）

（115）公司很关注我在工作和生活中的幸福感（$X115$）

（116）上级经常要求员工参与决策（$X116$）

（117）公司为员工提供合理建议的机会（$X117$）

（118）上级与员工之间保持公开的交流（$X118$）

（119）在制定利润分享政策的过程汇总中，公司有章可循，前后一致（$X119$）

（120）在制定晋升政策的过程中，公司有章可循，前后一致（$X120$）

（121）对于已经制定好的晋升政策，员工有权提出质疑的申诉（$X121$）

（122）工作和家庭之间能够平衡，几乎不会发生冲突（$X122$）

（123）工作环境比较健康、安全（$X123$）

（124）公司不会拖欠工资（$X124$）

附录3　体面劳动感知的测量题项

经过整理的体面劳动感知的测量题项（共24个）如下所示：

（1）公司提供的工资或福利待遇对我有足够的吸引力（A1）

（2）在朋友面前提到我的工作感觉有面子（A2）

（3）公司没有制定任何对一线员工的歧视政策（A3）

（4）公司的地位、形象让我感到骄傲（A4）

（5）公司的制度是透明并严格执行的（A5）

（6）一线员工的付出和获得是匹配的（A6）

（7）我在工作中能够得到大家的尊重和关爱（A7）

（8）公司提供的工作环境是安全舒适的（A8）

（9）一线员工能够顺利获得与工作相关的资源（A9）

（10）公司的竞争规则是透明公平的（A10）

（11）一线员工在工作中内心感到充实快乐（A11）

（12）公司为员工提供了积极向上的工作氛围（A12）

（13）领导的个人魅力能够鼓舞下属（A13）

（14）一线员工是有职业安全感的（A14）

（15）目前的工作让我感觉到自身价值的存在（A15）

（16）我的工作能够得到社会的普遍认可和尊重（A16）

（17）公司关注一线员工的心理健康（A17）

（18）我的工作能够得到家人的理解和支持（A18）

（19）公司为我提供足够多的参与机会（参与决策和项目）（A19）

（20）公司制定了偏向一线员工的政策（A20）

（21）公司的绩效分配是公平的（A21）

（22）一线员工感到自己的工作充满活力（A22）

（23）一线员工与领导的沟通渠道是畅通无阻的（A23）

（24）公司的同事是相处融洽的（A24）

附录 4　体面劳动感知对敬业度影响的调查问卷

尊敬的先生/女士：您好！

首先感谢您在百忙之中参与我们的问卷调查。本次调查的目的在于了解企业员工体面劳动感知及对敬业度的影响，本次调查采取无记名方式进行，烦请您根据自己的实际情况为我们提供宝贵的研究资料。本问卷调查结果仅作为学术研究，不会将您的任何信息另作其他用途。我们会对您的回答严格保密，请您仔细阅读下列题目，在符合您实际情况的选项上打√或涂红，问卷答案没有对错之分，只需要根据您的实际情况填写即可。谢谢您的配合与支持！

第一部分　个人基本信息

性别	①男　②女
婚姻状况	①已婚　②未婚
年龄	①20 周岁及以下　②21~25 周岁　③26~30 周岁　④31~35 周岁 ⑤36~40 周岁　⑥41~45 周岁　⑦46 周岁及以上
教育程度	①初中及以下　②高中及中专　③大专　④本科 ⑤硕士　⑥博士
收入状况	①2 000 元以下　②2 000~3 000 元　③3 001~4 000 元 ④4 001~5 000 元　⑤5 000 元以上
工作年限	①1 年以下　②1~3 年　③4~6 年　④7~10 年 ⑤10 年以上
是否与所在企业签订劳动合同	①签订书面劳动合同　②仅口头合同　③两项都没有
是否工会会员	①是　②否

第二部分　体面劳动感知对敬业度的影响

本部分是针对您的体面劳动感知对敬业度的影响进行调研，请您根据自己的真实感受进行选择，每题为单选，请在相应的选项上打√或涂红。其中：1 代表“完全不同意”、2 代表“基本不同意”、3 代表“不确定”、4 代表“基本同意”、5 代表“完全同意”。

体面劳动感知

序号	问题描述	完全不同意	基本不同意	不确定	基本同意	完全同意
1	公司提供的工资或福利待遇对我有足够的吸引力	1	2	3	4	5
2	公司没有制定任何对一线员工的歧视政策	1	2	3	4	5
3	我在工作中能够得到大家的尊重和关爱	1	2	3	4	5
4	公司为员工提供了积极向上的工作氛围	1	2	3	4	5
5	一线员工是有职业安全感的	1	2	3	4	5
6	公司为我提供足够多的参与机会（参与决策和项目）	1	2	3	4	5
7	我的工作能够得到社会的普遍认可和尊重	1	2	3	4	5
8	我的工作能够得到家人的理解和支持	1	2	3	4	5
9	公司制定了偏向一线员工的政策	1	2	3	4	5
10	一线员工与领导的沟通渠道是畅通无阻的	1	2	3	4	5
11	一线员工能够顺利获得与工作相关的资源	1	2	3	4	5
12	在朋友面前提到我的工作感觉有面子	1	2	3	4	5
13	公司的地位、形象让我感到骄傲	1	2	3	4	5
14	一线员工在工作中内心感到充实快乐	1	2	3	4	5
15	目前的工作让我感觉到自身价值的存在	1	2	3	4	5

心理需求

序号	问题描述	完全不同意	基本不同意	不确定	基本同意	完全同意
1	我能够决定自己的工作如何开展	1	2	3	4	5
2	工作时，我感觉受到了强制	1	2	3	4	5
3	工作中，我能自由表达自己的观点和想法	1	2	3	4	5
4	工作中，我不得不做别人吩咐我做的事	1	2	3	4	5
5	我没机会决定自己如何开展工作	1	2	3	4	5
6	我喜欢和我一起工作的人	1	2	3	4	5
7	我与周围人相处融洽	1	2	3	4	5
8	我认为和我一起工作的人是我的朋友	1	2	3	4	5
9	工作中，我很少接触他人	1	2	3	4	5
10	和我一起工作的人不喜欢我	1	2	3	4	5
11	当我熟练掌握工作技能时会产生满足感	1	2	3	4	5
12	当我掌握了一些有难度的工作技能时我感到很满意	1	2	3	4	5
13	当我克服工作中的困难时我感到满足	1	2	3	4	5

内在动机

序号	问题描述	完全不同意	基本不同意	不确定	基本同意	完全同意
1	我在工作中感到快乐	1	2	3	4	5
2	这项工作带给我可以学习新事物的乐趣	1	2	3	4	5
3	我有真正投入工作中的愉悦感	1	2	3	4	5
4	这项工作带给我可以发展自身技能的乐趣	1	2	3	4	5

敬业度量表

序号	问题描述	完全不同意	基本不同意	不确定	基本同意	完全同意
1	工作中，我感到自己迸发出能量	1	2	3	4	5
2	我觉得我所从事的工作目的明确，且很有意义	1	2	3	4	5
3	当我工作时，时间总是过得飞快	1	2	3	4	5
4	工作时，我感到自己强大并且充满活力	1	2	3	4	5
5	我对工作富有热情	1	2	3	4	5
6	当我工作时，我忘记了周围的一切事情	1	2	3	4	5
7	工作激发了我的灵感	1	2	3	4	5
8	早上一起床，我就想去工作	1	2	3	4	5
9	我为自己所从事的工作感到自豪	1	2	3	4	5
10	我可以一次连续工作很长时间	1	2	3	4	5
11	我在工作时会达到忘我的境界	1	2	3	4	5
12	工作时，即使感到精神疲劳，我也能够很快恢复	1	2	3	4	5
13	在工作中，即使事情进展不顺利，我也总能锲而不舍	1	2	3	4	5

问卷调查到此结束！非常感谢您对本书的大力支持。如果您对我们的研究有进一步了解的兴趣，请致信 wting268@ sina. com，我们将非常乐意与您交流。

附录5 体面劳动感知对组织公民行为影响的调查问卷

尊敬的先生/女士：

您好！

首先非常感谢您在百忙之中参与我们的问卷调查。本次调查旨在了解企业员工体面劳动感知与组织公民行为之间的关系。本次调查采取无记名方式进行，烦请您根据自己的实际情况为我们提供宝贵的研究资料。我们保证对您所提供的一切资料绝对保密，并仅作学术研究之用，请您放心作答。

请您仔细阅读题项，在符合您实际情况的选项上打√。选择题均为单选，且回答没有对错之分。您的回答对于我们得到正确的结论非常重要。衷心感谢您的支持与配合！

第一部分 个人基本信息

性别	①男 ②女
婚姻状况	①未婚 ②已婚
年龄	①20周岁及以下 ②21~25周岁 ③26~30周岁 ④31~35周岁 ⑤36~40周岁 ⑥41~45周岁 ⑦46周岁及以上
教育程度	①高中及以下 ②大专 ③本科 ④硕士及以上
月均收入	①2 000元以下 ②2 000~3 000元 ③3 001~4 000元 ④4 001~5 000元 ⑤5 000元以上
现单位工作年限	①1年以下 ②1~3年 ③4~6年 ④7年及以上
是否与所在企业签订劳动合同	①签订书面劳动合同 ②仅口头合同 ③两项都没有
是否工会会员	①是 ②否

第二部分 您对工作环境的体验

序号	问题描述	完全不同意	基本不同意	不确定	比较同意	完全同意
1	公司提供的工资或福利待遇对我有足够的吸引力	1	2	3	4	5
2	公司没有制定任何对一线员工的歧视政策	1	2	3	4	5
3	我在工作中能够得到大家的尊重和关爱	1	2	3	4	5

序号	问题描述	完全不同意	基本不同意	不确定	比较同意	完全同意
4	公司为员工提供了积极向上的工作氛围	1	2	3	4	5
5	一线员工是有职业安全感的	1	2	3	4	5
6	公司为我提供了足够多的参与机会（参与决策和项目）	1	2	3	4	5
7	我的工作能够得到社会的普遍认可和尊重	1	2	3	4	5
8	我的工作能够得到家人的理解和支持	1	2	3	4	5
9	公司制定了偏向一线员工的政策	1	2	3	4	5
10	一线员工与领导的沟通渠道是畅通无阻的	1	2	3	4	5
11	一线员工能够顺利获得与工作相关的资源	1	2	3	4	5
12	在朋友面前提到我的工作时我感觉有面子	1	2	3	4	5
13	公司的地位、形象让我感到骄傲	1	2	3	4	5
14	一线员工在工作中内心感到充实快乐	1	2	3	4	5
15	目前的工作让我感觉到我自身价值的存在	1	2	3	4	5

第三部分　您在工作单位中感受的描述

序号	问题描述	完全不同意	基本不同意	不确定	比较同意	完全同意
1	这是我的组织	1	2	3	4	5
2	我觉得这个组织是我们的组织	1	2	3	4	5
3	我深深觉得这个组织是我的	1	2	3	4	5
4	我觉得这是我的公司	1	2	3	4	5
5	这是我们的公司	1	2	3	4	5
6	大部分为这个组织工作的人感觉这是属于他们的公司	1	2	3	4	5
7	对我来说，很难让我认为这个组织是属于我的	1	2	3	4	5

第四部分　直接上司对您的态度的描述

序号	问题描述	完全不同意	基本不同意	不确定	比较同意	完全同意
1	我的直接上司好像愿意聆听我的问题和困难	1	2	3	4	5
2	我的直接上司很关心下属的内心感受	1	2	3	4	5
3	我可以依靠我的直接上司	1	2	3	4	5
4	我的直接上司挺友善	1	2	3	4	5
5	我的确感觉到我和我的直接上司在为同一个目标共同努力	1	2	3	4	5
6	我的直接上司平易近人	1	2	3	4	5
7	我的直接上司和他的下属对彼此都有信心	1	2	3	4	5

第五部分　您在工作场所中行为的描述

序号	问题描述	完全不同意	基本不同意	不确定	比较同意	完全同意
1	我愿意站出来捍卫公司的声誉	1	2	3	4	5
2	我迫切地向公司以外的人宣扬公司的好消息，或澄清他们对公司的误会	1	2	3	4	5
3	我愿意提出能够改进公司运营的建设性建议	1	2	3	4	5
4	我积极参加公司的会议	1	2	3	4	5
5	我愿意帮助新同事适应工作环境	1	2	3	4	5
6	我愿意帮助新同事解决工作上的问题	1	2	3	4	5
7	必要时，我愿意为同事顶岗，帮他完成工作任务	1	2	3	4	5
8	我愿意与同事协调和交流	1	2	3	4	5
9	即使在无人监管、无人知晓的情况下，我依然遵守公司规则和流程	1	2	3	4	5
10	我工作认真，很少出错	1	2	3	4	5
11	我不介意承担新的或有挑战性的工作任务	1	2	3	4	5
12	为了提高工作水平，我努力自学	1	2	3	4	5
13	我经常上班很早，并且一到公司就立即开始工作	1	2	3	4	5

序号	问题描述	完全不同意	基本不同意	不确定	比较同意	完全同意
14	我用不正当的伎俩寻求个人影响和利益，同时对公司中的人际和谐造成不良影响	1	2	3	4	5
15	我以权谋私	1	2	3	4	5
16	功劳我自己拿，黑锅让别人背，费尽心机谋取私人利益	1	2	3	4	5
17	我经常在背地里说上级或同事的坏话	1	2	3	4	5
18	我在上班时间做自己的私事（如炒股、购物、理发等）	1	2	3	4	5
19	我会把公司的资源私用（如电话、复印机、电脑、汽车等）	1	2	3	4	5
20	我把病假看作一项福利，并且找借口请病假	1	2	3	4	5

——问卷到此结束，非常感谢您对本书的大力支持——